JN042015

新伊藤塾
試験対策
問題集

ITO JUKU
SHIKENTAISAKU
MONDAISHU

論文

伊藤　真［監修］　伊藤塾［著］

刑事訴訟法

弘文堂

はしがき

1 はじめに

『伊藤塾試験対策問題集　論文』シリーズの刊行が始まったのが2009年12月であったが，2012年12月までに行政法までの全７巻が揃い，以後10年近くもの間，大変多くの受験生に活用していただけたのは嬉しいかぎりである。

債権法の大改正を機に開始したこの新シリーズも，徐々に受験生に活用していただき，民事系以外の科目の刊行が待たれていると耳にしている。そこで，論述形式の答案を，どのように書けばよいのか，どのように文章構成すればよいのか悩んでいる受験生に向けて，最新の試験傾向に沿った内容で前作を全面的に刷新して本書を刊行することにした。

新版とするにあたり，前版を構成し直し，基本的な部分を重視し，更に答案の書き方がわかるようにした。たとえば，論述形式の答案を書いたことがない受験生であれば，本書の答案例のような答案を書けるようになるまでに時間を要するだろうから，第１段階では最低限どこまでが書ければよいのかわかるように太い色線でくくることとした。

また，シリーズに『伊藤塾試験対策問題集　予備試験論文』が2018年までに７科目を刊行したことから，これとの差別化を図り，より汎用性の高い問題を登載することとした。これによって，テキストや基本書等で得た知識を，どのように答案に表現すればよいのかが更にわかりやすくなったことだろう。論文式試験において，なかなか点数があがらない受験生に，また，法学部の定期試験対策に効果を発揮するのは間違いない。

今後も，本シリーズを利用して，めざす試験が突破できることを願っている。

【１】合格答案作成のテキスト

本シリーズは，論述形式で答案を作成しなければならない試験対策用のテキストである。一見，単なる問題集のようにみえるが，実は合格答案を書くノウ・ハウが詰まった基本テキストである。司法試験・予備試験，法科大学院入学試験，公務員試験，学年末試験など記述対策を必要とするすべての試験に役立つように作成した。いわば，『伊藤真試験対策講座』（弘文堂）の実践篇である。

法律の学習は，理解──→記憶──→表現という過程をたどる。理解を伴わなければいくら知識を丸暗記しても使い物にならない。また，いかに理解できていても記憶しておかなければ，問題は解けない。そして，どんなに知識をもっていてもそれをわかりやすく表現できなければ，結局，勉強は自己満足に終わり，試験でも合格後にもまったく役に立たない。理解と記憶と表現はそれぞれ別個の対策と努力が必要だからである。本書は，法律学習の最終仕上げの部分である，どう書くかという表現方法を訓練するためのテキストとなっている。

答案を書く際には，エッセイと違って，問題文というものがある。思いつきで書いたのでは答案にならない。問いに答えて，何を，どのような順番で，どの程度深く書くかを考えながら書く必要がある。しかも，時間と字数の制限のなかで，最大の効果をあげなければならない。

そのためには，試験時間を有効に活用する必要がある。与えられた制限時間のなかで，その場でしかできないことに精一杯の時間を掛け，事前に準備できるものは徹底的に準備しておくという発想が必要なのである。これが，伊藤塾で行っているゴールからの発想という勉強方法の基本である。そして，その事前の準備として論証をあらかじめ十分に考え，書き方まで練って用意しておく。伊藤塾でよぶところの「論証パターン」を用意しておくのである。それが結果的に人と同じような論証になったからといって，気にする必要はない。自分が納得したものであれば，堂々と自分の論証として答案に書いてくればいい。要は，自分で理解し納得して書くことである。意味もわからず丸暗記で書いていたのでは合格できるはずもない。

本書では，どの部分を事前に準備すればいいのか，どの部分を試験会場で考えて書かなければならないのかを示している。自分の頭でしっかりと考えた答案を作成する技術を学びとってほしい。

【2】答案作成のノウ・ハウ公開

本書では，答案作成のノウ・ハウを公開している。初版から変わらないが，情報はだし惜しみせずに共有するというのが私の考えである。これは『伊藤真試験対策講座』を上梓したときから変わらない。もちろん，講義に比べて文章であるがために言葉が足りず，うまく伝えきれなかったところもあれば，ノウ・ハウの一部しか盛り込めなかったところもある。

もっとも，伊藤塾の塾生であれば，初学者の段階から本書を利用することによって講義の効果が倍増するであろう。他校で勉強していたり，独学者であっても，本来は伊藤塾で私たちの講義を聴いてほしいところだが，本書を参考に自分の頭で考える訓練を続けていけば，必ず合格答案を書く力がついてくるはずである。重要なことは，一問一問，実際に手を動かして書いてみること，そして，自分でその結果を検証して考えてみることである。こうした地道な努力の積み重ねによって，合格者のだれもが書く力をつけてきたのである。ぜひ頑張ってほしい。

2 本書の特色

【1】本書の構成

各問題は，問題文，解答へのヒント，答案例，そして，解説にあたる出題趣旨，論点，答案作成上の注意点，参考文献の７つのパートによって構成している。

本書に掲載されている問題は，多くの試験で実際に出題されうる応用的な論点について，比較的短めの問題とその答案例を中心に収録している。問題文から論点を抽出し，規範を定立し，事実をあてはめるという答案作成の全般的な練習により，司法試験，公務員試験，大学の定期試験など記述対策を必要とするすべての試験に対応することができる。

そして，本書の特色のひとつとして，重要部分が読者に一目でわかるように黒文字と色文字の２色刷りを採用した点がある。

答案例においては，論証部分を色枠で囲い，規範部分を色文字にしてあるので，伊藤塾でいう「論証パターン」にあたる部分が一目でわかるようになっている。そのため，『伊藤真試験対策講座』内の「論証カード」に掲載されている論証パターンの論述と比較して，答案においてはどのように実践的に用いられているかを確認するのも答案学習には効果があるだろう。

また，２色刷り部分を活用する方法としては，たとえば，試験直前の最終チェックとして，色文字の規範部分や要件事実の部分だけをまとめて読み返したり，記憶用のカードに抜きだして整理したりする方法も有効であろう。これらばかりでなく，各自の工夫によって，学習効果を更に高める使い方をしてほしい。

【２】問題について

⑴　伊藤塾オリジナル問題，旧司法試験の問題および現在の司法試験の問題の一部を改題したものを使用

伊藤塾では，創設当初から実施している全国公開論文答練から始まり，現在実施中のペースメーカー論文答練，コンプリート論文答練など，これまでに多くの答練を実施してきた。これらで出題した伊藤塾オリジナル問題のうち，学習に適切な問題を厳選して使用している。

次に，旧司法試験の問題は，現在の司法試験とは形式が異なるものの，司法試験を解くうえで必要な論点を学習するのに最適の教材である。そこで，旧司法試験の問題をアレンジし，かつ，伊藤塾オリジナル問題および現在の司法試験問題と合わせて刑事訴訟法の論点を網羅できるように厳選して使用した。

なお，すべての問題について，2022年３月までに成立した法改正に対応させた内容としている。

⑵　重要度ランクを示した

法律の学習において，メリハリづけはきわめて重要である。各自の学習レベルに応じてマスターしておいたほうがよい問題が異なる。以下のめやすに従ってほしい。

ア　必ずおさえるべき問題　特A（A+と表記）ランク

法律の学習開始後，最初に取り組むべき問題であり，初学者，上級者を問わず，必ずしっかりと書けるようにしておかなければならない。

イ　基本的な問題　Aランク

法律の学習を始めて１年目であっても学習効果がある問題である。また，上級者は，基本であることを意識して書けるようにしておかなければならない問題である。公務員試験の記述対策としてはこのレベルで足りるであろう。

ウ　一歩進んだ応用問題　Bランク

司法試験の論文式試験などある程度のレベルの試験対策を念頭に，一歩進んで考えることを目的にしている問題である。このレベルの問題がマスターできれば，最低限合格の力はついてきている。

【３】答案例について

⑴　答案例の内容を全面的に見直し，加筆・訂正することにより，更なる内容の充実を図った

このため，過去に本書掲載の問題を解いたことがある人にとっても有意義な学習が可能となった。

⑵　流れのある答案となるように心掛けた

答案の善し悪しは流れで決まる。そこで，本書では接続詞を多用して，論理的な文章を心掛けている。合格答案のイメージづくりの参考にしてほしい。なお，接続詞の重要性は，野矢茂樹（著）『論理トレーニング』（産業図書），苅谷剛彦（著）『知的複眼思考法』（講談社）などでも指摘されているところである。

特に初学者は，初期にしっかりした答案のモデルに触れることが短期合格の秘訣（けつ）である。おおいに参考にしてほしい。

また，答案の論理の流れも，できるだけ単純なロジックを心掛けた。単純明快でわかりやすい答案ほどレベルが高いと考えているからである。シンプルで読みやすい答案ほど評価が高い。そこで，論理の流れは次のように単純化している。これにより，理解が容易になり，さらに，理解した後の

記憶の負担が劇的に減少する。ワンパターンとの批判もありうるであろうが，むしろパターン化したほうが，自分の考えを正確に伝えることができるし，問いに答えた答案を作りやすい。判決文のパターンをまねるべきである。

⑶　積極的に改行して余白部分を作り，視覚的に読みやすい答案をめざした

答案は読んでもらうものである。採点者は１通にそれほど時間をかけられず，しかも，かなりの数の答案を読まなければならない。読み手の負担を軽減する方策をとることは，読み手に対する礼儀である。視覚的に読みやすい印象を与えることはきわめて重要なことだと考えている。

なお，問題によっては，模範答案として書くべき内容が盛りだくさんのものもある。そのような場合は，紙面との関係で，改行せずに１段落が長くなっている答案例もあるが，ご容赦願いたい。実際の試験において，決められた枚数の答案用紙に，答案例と同様の完成度が高い答案を書くのであれば，文字の大きさに十分配慮する必要がある。訓練して試験にのぞんでほしい。

⑷　法的三段論法を意識したナンバリングにした

法律文書の基本は，法的三段論法であるといわれる。法的三段論法とは，論理学における三段論法を法律学に応用したものである。三段論法とは，大前提に小前提となる事実をあてはめて，結論を導く方法である。よくもちだされる例であるが，

大前提：人間はいずれ死ぬ
小前提：ソクラテスは人間である
結　論：ソクラテスはいずれ死ぬ

というものである。一方，これが法的三段論法では，大前提が法規（条文や条文解釈から導き出される規範），小前提が具体的な事実，結論が法適用の結果となる。

たとえば，

大前提：人を殺した者は，死刑または無期もしくは５年以上の懲役に処する（刑法199条）
小前提：AはBを殺した
結　論：Aは，死刑または無期もしくは５年以上の懲役に処せられる

というかたちになる。ここまでが法的三段論法であるが，答案の流れをよくする便宜上，これから何を論ずるかを示してから法的三段論法に入ることが望ましい。この部分を問題提起という。

まとめると，答案は，問題提起──→規範定立──→あてはめ──→(問題提起に対する）結論といったブロックがいくつも積み重なり，最終的に問いに答えるという構造になっていなければならない。

そこで，これらを意識していただくために，問題提起の部分，大前提として規範を立てる部分，小前提としてあてはめをする部分および結論部分とを意識的に改行して項目立てを分けている。特に初学者は，このナンバリングを参考に法的三段論法の書き方をマスターしてほしい。

⑸　右欄のコメント

法的三段論法を意識していただくため，問題提起，規範定立，あてはめ，結論の部分について右欄にコメントで記した。

ア　問題提起

法的三段論法の最初となる問題提起は，本来はどの論述をする際にも書かなければならないものである。しかし，本書では紙面のスペースの関係上，メインの論点でないところでは省略したところもあるため，ご容赦いただきたい。もっとも，本番の試験では時間の余裕があればきちんと記述することが望ましい。

イ　規範

法的三段論法の論証において，あてはめの帰結となるものである。いわゆる論証パターンのなかで，記憶しておくことが望ましい部分ではある。しかし，この部分を機械的に記憶するのは，本番で忘れたとき，未知の論点に遭遇したときに対応できなくなるためお勧めできない。規範は，本来は条文の文言や趣旨から導き出すべき法解釈の部分にあたるものであるから，どのようにこれらから導き出されるのかをしっかりと理解しておく必要がある。そして，この導出過程を理解しておけば，本番で忘れてしまったり，未知の論点に遭遇した時にも対処が可能となるであろう。

ウ　あてはめ

伊藤塾では創立当初から，あてはめの重要性を訴えてきた。具体的な問題を解決するために法律を使いこなすのだから，このあてはめ部分の重要性は明らかである。また，本試験では，問題文を見なければこの部分は書けないのだから，具体的に考えることができるかという本人の実力がそのまま反映される部分でもある。

まず，問題文の事実に評価を加えて認定するのが理想である（事実評価認定）。法的三段論法の特長は，このように小前提たる事実認定にも評価が入る点である。事実を自分がどうみるのかを指摘できればアピールできる。ただ，スペースの関係で評価を加えながら事実を認定した答案例もある。なお，事実を付け加えるのは厳禁である。

そして，あてはめを規範に対応させるべきである。規範定立したのに，それに対応させないのはあまりにもお粗末である。自分の定立した規範に従ってきちんとあてはめをすることである。これは自分の書いた文章に責任をもつということでもある。規範とは道具であって，あてはめがしっかりできることによって道具を使いこなしたことをアピールできるのである。

エ　結論

あてはめの後，問題提起に対応させて，三段論法の帰結を書くのが理想である。ただし，本書ではスペースの関係でできなかったものが多い点はご容赦いただきたい。

オ　形式的に問題文の問い掛けに答える

問題文の問い掛けに形式的に答えることは答案の基本であるが，意外にできていない人が多い。この点は各自の答案ですぐに検証できる部分なので，早い時期から気を遣い，問いに答えられるようにしたい。

問題文：「……は適法か。」

書き方：「以上より，……は適法である。」「違法である。」

悪い例：「以上より，……は許される。」「……は認められない。」など，問いに答えていないもの

(6)　条文，定義，趣旨など基本事項の重要性を指摘した

基本が大切だとはだれもがいうが，何についてどの程度気を遣うべきかは意外にはっきりした指針がない。本書では，何が基本かを意識して答案を作成しているので，基本の重要性を認識している人にはおおいに役立つはずである。

ア　条文

あたり前のこととして軽視されがちなのであるが，すべての出発点は条文である。条文を正確に示すことも実力のうちということを認識してほしい。条数だけでなく，項や前段・後段・本文・ただし書まで正確に引用する方法を参考にしてほしい。

たとえば，刑事訴訟法でいうと，起訴状一本主義（256条），捜査比例の原則（197条１項），逮捕の現場における無令状捜索・差押え（220条１項）などの引用は不正確である。それぞれ，256条６項，197条１項本文，220条１項２号と，正確に引用する必要がある。不正確な条文引用は減点事由となることを認識しておくべきであろう。

イ　定義

定義が不正確だと，採点者に対して，致命的な印象を与えてしまう。いわば不合格推定がはたらくといってもよいだろう。ただ，むやみに丸暗記するのではなく，定義のなかのどの言葉が本質的で重要なのかを意識して記憶するようにしてほしい。

ウ　趣旨

定義とならんで，あるいはそれ以上に重要である。法律の解釈は趣旨に始まり趣旨に終わるといってもよいほどよく使うので，理解して正確に表現しなければいけない要素である。

論点を論述する際には，趣旨から論証できると説得的になり，高い評価が得られるであろう。

⑺　判例（あるいは裁判例）は年月日を摘示することで，読者各自が検索しやすいようにした

実務家登用試験において判例が重要なのはいうまでもない。試験までに時間があるときには，ぜひ判例集にあたってみてほしい。

⑻　答案例左側に，その問題で最低限書いてほしい部分を太い色線でくくった

答案例のように，すべての解答が書けるようになるのが理想ではあるが，最初からすべてを解答するのは難しいだろう。そこで，答案例のなかでも最低限書いてほしい部分を明示した。

【４】解答へのヒント・出題趣旨・答案作成上の注意点

⑴　解答へのヒント

本書は初学者であっても十分取り組むことのできるものであるが，それでも問題によってはまったく解答の見当もつかないものがあるかもしれない。そこで，問題文の下に解答へのヒントを示した。この部分は，解答にいたるまでの思考過程の端緒ともいえる部分であり，答案を書く際の参考としてほしい。

⑵　出題趣旨

本問を出題した趣旨およびその重要性について記述した。これまでの司法試験での出題状況にも触れてあるので，参考にしてほしい。

⑶　答案作成上の注意点

答案を書くにいたるまでの思考過程，答案を書くにあたって必要な知識などを記述している。法律の勉強は特に抽象論が多くなりがちであるため，具体例を示す，図表を多く用いるなど，具体的なイメージをつかめるように工夫した。

また，本書の読者の多くが受験する試験が実務家登用試験であることをふまえ，判例，通説からの記述となるように心掛けた。判例はすべてに掲載書籍（『伊藤真の判例シリーズ』〔弘文堂〕，『判例百選』〔有斐閣〕がある場合は事件の番号）を記した。実務家登用試験である以上，判例の原文にあたることは大変有意義であるから，時間のあるときにぜひ一度目をとおしてほしい。

なお，今後の勉強の便宜のために，問題毎の末尾に参考文献として，拙著『伊藤真試験対策講座』，『伊藤真の判例シリーズ』『伊藤真の条文シリーズ』（いずれも弘文堂）の該当箇所を示した。

【5】論点および論点一覧

①出題趣旨の下に，論点を付した。

②上記論点の一覧を巻頭に示した。

③答案例内に①の各論点を示した。

3 本書の使い方

【1】初学者（まだ答案を書いたことがない，あるいは書き方がわからない人）

まずは，2に記載した答案のノウ・ハウを熟読し，しっかりと理解・記憶してほしい。

そのうえで，Aランクの問題，なかでも，特Aランクの問題を先に解いてみてほしい。

その際，いきなり答案構成をしたり，答案を書いたりすることは，非能率的で，およそ不可能である。まず，問題文と答案例を対照させて，どのように書いたらよいのかを分析してみる。

また，条文，定義，趣旨などの基本事項がいかに重要であるかを認識してほしい。もちろん重要性を認識したら，カードを作るなどして繰り返し覚える努力を惜しまないこと。

特AおよびAランクの問題を理解したら，次にBランクも学習していく。

答案作成の方法がわかったら，実際に答案構成をしてみるか，答案を書いてみるとよい。わかったつもりでいたところが，いざ書いてみようとすると記憶が曖昧で書けないなど，自分の弱点が見えてくるはずである。弱点を突きつけられたとしてもそれに負けずに，一歩一歩確実にしていくことが今後の力となる。

答案構成の見当もつかないような問題は，解答へのヒントを参考にするとよい。答案を書くうえで最初にどのような点に着目すればよいかを把握することができるはずである。

そして，一度答案構成をした問題および答案を書いた問題でも，何度か繰り返してやってみてほしい。それによって他の問題にも応用できる知識や答案の書き方が身についてくる。問題文の右上にCHECK欄を作ったのは，何回勉強したかを自分で記録するためのものである。

【2】中級者以上（いちおう，答案を書いたことがあるが，本試験や答練でよい評価を得られない人など）

まずは，問題を見て，答案を作成してほしい。少なくとも答案構成をしてほしい。その際に解答へのヒントを参照してもかまわない。実際に書いてみることによって，答案例などのコメントが現実的なものとして印象に強く残るからである。次に，答案例と見比べて，どこが違っているかを確認する。

たとえば，事実を引用せずに，いきなり「それでは，……であろうか。」などと問題提起をしていないか（「それでは」は，前の文章を受けないので，論理が飛躍する危険性が高い。「まず，前提として」も同じ)。もちろん，これらを使ってはいけないということではない。本当に「それでは」でつながるのか，本当に「まず，前提」なのかを自分でチェックしてみることである。

また，抽象的な問題提起をしている，趣旨から論証できたのにできがよくなかった，あてはめと規範が対応していない，問いに答えていないなど，自分の欠点を見つけ，改善すべきところを探る。こうして自分の書いた答案を添削するつもりで比較検討するのである。欠点のない人はいないのだから，それを謙虚に認めることができるかどうかで成長が決まる。

そして，答案例や答案作成上の注意点から基本事項の大切さを読み取ってほしい。この点の再認識だけでもおおいに意味があると思う。答案作成にあたって，特別なことを書く必要はないということが具体的に実感できるであろう。ぜひ，基本事項の大切さを知ってほしい。人と違うことを書くと，大成功することもあるが，大失敗する危険もある。そのリスクに配慮して書かない勇気というものもある。また，たとえ加点事由でもあっても，基本事項を抜きにして突然書いてみてもほとんど意味がない。基礎点のないところに加えるべき点数などないことを知るべきである。

最後に，自分の答案の表現の不適切さなどは，自分自身では気づかない場合が多い。できれば合格者に答案を見てもらう機会がもてるとよい。伊藤塾では，スクーリングを実施していて，講師やゼミ長が全国へ行くため，機会があったら参加してみてもよいだろう。なお，受験生同士で答案の読み回しをしても一定の効果があるので，ゼミを組んで議論するのもひとつの手であろう。ほかの人に答案を読んでもらうことによって，独りよがりの部分に気がつくこともしばしばある。ただし，ゼミの目的と終わりの時間をしっかりと決めて参加者で共有しておかないと，中途半端なものとなり時間の無駄に終わることがあるので注意すること。

【3】論点・論点一覧の使い方

学習上の観点から，本文とは別に論点一覧を巻頭においた。

各問題の出題趣旨の下に示されている「論点」の一覧である。勉強が進んだ段階で，自分が知らない論点はないか，理解が不十分な論点はないか，書き方がわからない論点はないかなど，チェックをする材料として利用してほしい。

また，答案例の右欄にある論は，各問題において論ずる必要がある論点のうち，いずれの論点が答案のどの部分をさしているかを示した。初学者であれば，これもめやすに答案の構成を学んでほしい。

4 おわりに

本書は，冒頭でも述べたが論述式試験における合格答案を書くためのノウ・ハウが詰まっている基本テキストである。

試験において合格に要求される能力とは，問題点を把握し，条文を出発点として，趣旨から規範を導き，問題文から必要な具体的事実を抽出し，これを評価してあてはめることによりその解決を図ることである。

これは，法科大学院入学試験，公務員試験，大学および法科大学院における期末試験，予備試験でもまったく変わらないはずである。

考える力は各自の学び舎を介し，または独自で身につけてもらうほかはないが，合格答案が書ける力を養成するものとして，本書を利用してほしい。

そして，その力を備え，各々の目標を達成されることを切に望んでいる。

最後に，本書の制作にあたっては，多くの方のご助力を得た。特に2020年予備試験合格発表の僅か３か月後に実施された2021年司法試験に優秀な成績で合格された安藤大貴さん，久郷浩幸さん，佐藤諒一さん，高橋粒さん，土肥大致さん，中野瀬里奈さん，根木満里奈さんには，優秀な成績で合格した力をもって，彼らのノウ・ハウを惜しみなく注いでいただいた。また，伊藤塾の書籍出版において従前から貢献していただいている近藤俊之氏（54期）および永野達也氏（新65期）には，実務家としての視点をもって内容をチェックしていただいた。そして，伊藤塾の誇る優秀なスタッフと弘文堂の皆さんの協力を得て，はじめて刊行することができた。ここに改めて感謝する。

2022年３月

伊藤　真

★参考文献一覧

本書をまとめるにあたり多くの文献を参照させていただきました。そのすべてを記すことはできませんが主なものを下に掲げておきます。なお，本書はいわゆる学術書ではなく，学習用の教材ですので，その性質上，学習において必要な部分以外は引用した文献名を逐一明記することはしませんでした。ここに記して感謝申し上げる次第です。

渥美東洋・全訂　刑事訴訟法［第２版］（有斐閣・2009）

池田修＝前田雅英・刑事訴訟法講義［第６版］（東京大学出版会・2018）

石井一正・刑事実務証拠法［第５版］（判例タイムズ社・2011）

宇藤崇＝松田岳士＝堀江慎司・刑事訴訟法［第２版］（有斐閣・2018）

上口　裕・刑事訴訟法［第５版］（成文堂・2021）

酒巻　匡・刑事訴訟法［第２版］（有斐閣・2020）

田口守一・刑事訴訟法［第７版］（弘文堂・2017）

田口守一・基本論点　刑事訴訟法（法学書院・1989）

田宮　裕・刑事訴訟法［新版］（有斐閣・1996）

平野龍一・刑事訴訟法〔法律学全集43〕（有斐閣・1958）

平野龍一＝松尾浩也編・新実例刑事訴訟法Ⅰ・Ⅱ・Ⅲ（青林書院・1998・1998・1998）

平良木登規男・刑事訴訟法Ⅰ・Ⅱ（成文堂・2009・2010）

福井　厚・刑事訴訟法講義［第５版］（法律文化社・2012）

福井　厚・刑事訴訟法［第７版］（有斐閣・2012）

法務総合研究所編・刑事法セミナーⅣ・Ⅴ（信山社・1993）

松尾浩也・刑事訴訟法上［新版］・下［新版補正第２版］（弘文堂・1999・1999）

松本一郎・事例式演習教室　刑事訴訟法（勁草書房・1987）

三井　誠・刑事手続法⑴［新版］・Ⅱ（有斐閣・1997・2003）

光藤景皎・刑事訴訟法Ⅰ・Ⅱ（成文堂・2007・2013）

村井敏邦・刑事訴訟法（日本評論社・1996）

安冨　潔・刑事訴訟法講義［第５版］（慶應義塾大学出版会・2021）

安冨　潔・演習講義　刑事訴訟法［第２版］（法学書院・2001）

吉開多一＝緑大輔＝設楽あづさ＝國井恒志・基本刑事訴訟法Ⅰ・Ⅱ（日本評論社・2020・2021）

裁判所職員総合研修所監修・刑事訴訟法講義案［４訂補訂版］（司法協会・2015）

井田良＝田口守一＝植村立郎＝河村博編・事例研究刑事法Ⅱ刑事訴訟法［第２版］（日本評論社・2015）

長沼範良＝酒巻匡＝田中開＝大澤裕＝佐藤隆之・演習刑事訴訟法（有斐閣・2005）

古江賴隆・事例演習刑事訴訟法［第３版］（有斐閣・2021）

松尾浩也監修・条解刑事訴訟法［第４版増補版］（弘文堂・2016）

井上正仁＝酒巻匡編・刑事訴訟法の争点（有斐閣・2013）

川出敏裕・判例講座　刑事訴訟法〔捜査・証拠篇〕［第２版］・［公訴提起・公判・裁判篇］（立花書房・2021・2018）

白取祐司・刑事訴訟法［第10版］（日本評論社・2021）

井上正仁＝大澤裕＝川出敏裕編・刑事訴訟法判例百選［第10版］（有斐閣・2017）

井上正仁＝酒巻匡＝大澤裕＝川出敏裕＝堀江慎司＝池田公博＝笹倉宏紀・ケースブック刑事訴訟法［第５版］（有斐閣・2018）

法学教室（有斐閣）
ジュリスト（有斐閣）
現代刑事法（現代法律出版）
判例時報（判例時報社）
判例タイムズ（判例タイムズ社）
最高裁判所判例解説刑事篇（法曹会）
重要判例解説（有斐閣）

目　次

論点一覧

［捜査］

捜査の原則

任意処分の限界（第12問，第14問，第16問）

捜査の端緒

職務質問における有形力行使（第１問）

所持品検査の限界（第１問，第40問）

証拠の収集

領置の適法性（第14問）

「遺留した物」の意義（第14問）

逮捕・勾留

現行犯逮捕――犯罪と犯人の明白性（第２問）

現行犯逮捕――犯行の現行性・時間的場所的接着性（第２問）

212条２項各号該当性（第３問）

「罪を行い終わつてから間がない」とは（第３問）

準現行犯逮捕――犯罪と犯人の明白性（第３問）

交換的勾留の可否（第５問）

付加的勾留の可否（第５問）

再逮捕・再勾留の可否（第４問）

違法逮捕後の再逮捕の可否（第４問）

別件逮捕・勾留の適法性（第６問）

物的証拠の収集

「場所」に対する捜索差押許可状による「身体」の捜索の可否（第７問）

「場所」に対する捜索差押許可状による「物」の捜索の可否（第７問）

捜索中に配達された荷物についての捜索の可否（第７問）

「差し押さえるべき物」の特定の程度（第８問）

令状呈示の時期（第８問）

「必要な処分」としての適法性（第８問）

電磁的記録媒体の差押え（第８問）

逮捕に伴う捜索・差押えの時間的範囲（第９問）

逮捕に伴う捜索・差押えの場所的範囲（第９問）

逮捕の現場から連行した先での捜索・差押えの可否（第10問）

逮捕に伴う捜索・差押えの物的範囲（第９問）

科学的捜査方法

捜索・差押えの現場における写真撮影の限界（第11問）

ビデオ撮影の「強制の処分」該当性（第12問）

エックス線検査の「強制の処分」該当性（第13問）

強制採尿の可否（第15問）

強制採尿のための連行の可否（第15問）

同意盗聴の適法性（第41問）

おとり捜査の「強制の処分」該当性（第16問）

GPS捜査の「強制の処分」該当性（第17問）

GPS捜査と強制処分法定主義の関係（第17問）

供述証拠の収集
任意同行と実質的逮捕の区別（第18問）
任意取調べの限界（第18問）
余罪取調べの限界（第６問）
被疑者の防御権
「捜査のため必要があるとき」（39条３項本文）の意義（第19問）
「被疑者が防禦［ぎょ］の準備をする権利を不当に制限する」（39条３項ただし書）とは（第19問）

［公訴に関する諸問題］
一罪の一部起訴の可否（第20問）
訴因と裁判所の審理範囲（第20問）
訴因特定の程度（日時・場所・方法の特定が困難な場合）（第23問）
訴因特定の程度（共謀）（第22問）
起訴状一本主義（書類内容の引用）（第21問）
起訴状一本主義（余事記載の禁止）（第21問）

［訴因と公訴事実］
訴因変更の要否（第25問）
縮小認定（第25問）
「公訴事実の同一性」の判断基準（第24問）
狭義の同一性の判断基準（第24問）
争点逸脱認定（第22問）

［証拠］
証拠の関連性
同種前科による犯人性の立証（第26問）
科学的証拠の証拠能力（第27問）
自白法則
自白法則（第28問）
補強証拠が必要な範囲（第29問）
共同被告人の公判廷の供述の証拠能力（第30問）
共犯者の自白と補強証拠の要否（第30問）
伝聞法則
伝聞証拠の意義（第31問，第36問，第41問）
伝聞・非伝聞の区別（第31問，第36問，第41問）
精神状態に関する供述の証拠能力（第32問）
犯行計画メモの証拠能力（第32問）
検面調書の証拠能力（第33問）
証言拒否が供述不能事由に含まれるか（第35問）
記憶喪失が供述不能事由に含まれるか（第35問）
「国外にいるため……供述することができない」の意義（第34問）
証人が強制送還された場合の供述書の証拠能力（第34問）
特信性の判断基準（第33問）
実況見分調書への321条３項適用の可否（第36問）
私人作成の燃焼実験報告書に対する321条３項準用の可否（第37問）
私人作成の燃焼実験報告書に対する321条４項準用の可否（第37問）
立会人の指示説明の証拠能力（第36問）

第1問A　職務質問における有形力行使，所持品検査の限界

H県I警察署巡査部長K_1は，令和3年7月23日午後2時過ぎ，H県警察本部指令室からの無線により，I市内において猟銃とナイフを所持した2人組による銀行強盗事件が発生し，犯人は銀行から600万円あまりを強奪して逃走中であることを知った。K_1は，同日午後10時30分ころ，ボストンバッグを持った男がI市内をうろついていたという情報を受け，同日午後11時ころから，K_2巡査とともに深夜パトロールを行っていたところ，翌24日午前0時10分ころ，人気のない公園内に停車中の，手配人相のうちの1人に似た若い男Aが乗っている乗用車を発見した。K_2がAに対し運転免許証の提示を求めたところ，Aは「免許証は家に忘れてきました。」と言った。そこで，K_2が「あなたの住所と氏名は。」と聞いたが，Aは何も答えなかった。さらに，K_2が窓越しに車内を見ると助手席上に施錠されていないボストンバッグが置いてあるのが見えたことから「その助手席のバッグはあなたのものですか。」と質問したところ，Aはとたんに落ち着きをなくし，そわそわしながら「そうですよ。」と言った。K_2が「では，ちょっと中を拝見させてもらえませんか。」と言ったところ，Aは「何で見せる必要があるんだ。関係ないだろう。」と怒ったような口調で答え，その後30分くらい，K_1およびK_2はAに対し繰り返しバッグの開披を要求し，Aはこれを拒み続けるという状況が続いた。その後，Aは突然，助手席上にあったボストンバッグを左腕に抱えて持ち，運転席ドアを開けて降車した。そのため，K_1およびK_2はAの前に立ちはだかり，「一体どこへ行くんですか。」と聞いたところ，Aは「おまわりに何でそんなこと言う必要がある。」，「どけ。この野郎。」などと怒鳴り始めた。また，K_1は，Aに対して「ちょっとチャックを開けさせてもらってもいいですか。」と聞いたが，Aが何も答えなかったので，①Aが持っていたボストンバッグのチャックを開けて内部を一べつしたところ，札束と思われる形状の物が多数入っているのが見えた。そのため，K_1は，Aが強盗事件の犯人ではないかと考え，Aに対して「実はさっきこの近くで銀行強盗があったんですよ。あなたはその件について何かご存じですね。ちょっと，署までご同行願えませんか。」と聞いたところ，AはK_1とK_2の間をすり抜けるようにして逃げようとしたので，②K_2がAの左腕を右手でつかんで引きとどめた。

以上の①および②の行為の適法性について論ぜよ。

【解答へのヒント】

1　所持品検査の限界について（①の行為）

所持品検査においては，根拠規定とその限界が問題となります。判例の規範を思い出しながら検討してみましょう。

2　職務質問における有形力行使について（②の行為）

職務質問における有形力行使は，質問を継続するために必要最小限度であることが求められます。②は必要最小限度といえるでしょうか，検討してみましょう。

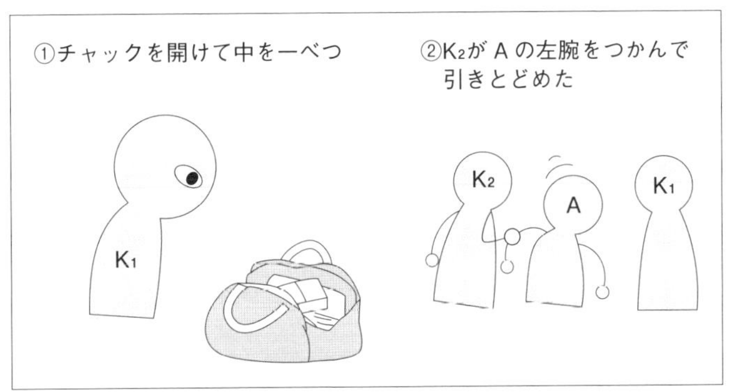

答案例

第１　①の行為の適法性

論 所持品検査の限界

１　Aの承諾を得ないままなされたボストンバッグを開披する行為は，所持品検査として適法か。

⑴　この点，所持品検査は，口頭による質問と密接に関連し，かつ，職務質問の効果をあげるうえで必要かつ有効なものであるから，職務質問（警察官職務執行法２条１項）に付随する行為として行うことが許されると解する。そうすると，所持品検査自体は違法とはいえない。

もっとも，任意手段たる職務質問の付随行為として許される以上，所持品検査は，所持人の承諾を得て行わなければ違法となるのが原則である。

しかしながら，常に承諾を要するとなると，犯罪の予防・鎮圧という行政警察目的が達成できない。

規範

そこで，承諾を得ないでする所持品検査であっても，捜索にいたらない程度の行為は，強制にわたらないかぎり，許されうると解する。

あてはめ

⑵　①の行為について，たしかに，K_1がAの承諾を得ずにバッグを開披した行為は，Aのプライバシー権を侵害するものである。しかし，K_1の所持品検査の態様は，携行中のバッグの施錠されていないチャックを開披し内部を一べつしたという程度にとどまっており，外部観察と同程度の有形力行使であるから，法益侵害の程度はさほど大きくないといえる。また，K_1は，Aに有形力を行使するなどして身体の自由等の憲法上保障される重要な権利利益を実質的に制約したわけでもない。

⑶　したがって，①の行為は，捜索にいたらない程度の行為で，強制にわたらないものといえ，許されうる。

２⑴　もっとも，行政警察活動と捜査との区別は不明確であり，人権侵害のおそれも否定できない。

規範

そこで，行政警察活動にも警察比例原則（刑事訴訟法197条１項本文参照。以下法名省略）の適用があり，所持品検査の必要性・緊急性，これにより侵害される個人の法益と保護されるべき公共の利益との権衡などを考慮し，具体的状況のもとで相当と認められる限度で許容されると解すべきである。

あてはめ

⑵　本件において，Aは，本件銀行強盗事件の手配人相と似ているうえ，事件発生の約10時間後に事件が発生したＩ市内の人気のない公園にいたことから，本件銀行強盗事件の犯人である嫌疑があった。そして，Aは，K_1らの職務質問に対し黙秘し，住所，氏名についての質問にも答えず，職務質問の開始から約30分が経過してもなお再三にわたるボストンバッグの開披要求を拒否するなどの不審な挙動をとり続けていたため，Aに対する嫌疑が深まっており，所持品検査を実施する高い必要性があった

といえる。

また，Aが犯人であるとすると，被害品である600万円あまりや猟銃やナイフといった凶器をボストンバッグ内に所持している疑いがあるにもかかわらず，Aはボストンバックを持ったままK_1らの制止を振り切ってその場を離れようとする様子を見せていたため，所持品検査を実施する緊急性もあったといえる。

一方，①の行為は，上述のとおりバッグの内部を一べつしたにとどまるから，プライバシー権侵害の程度は小さい。また，K_1らにより，説得が再三なされている以上，Aの利益に配慮しているといえる。

そうだとすれば，①の行為は，具体的状況のもとで相当と認められる。

(3) したがって，①の行為は，所持品検査として適法である。 ➡結論

第２　②の行為の適法性

1　Aの腕をつかんで引きとどめるという行為は，職務質問のための「停止」(警察官職務執行法２条１項）としての有形力行使として適法か。 論職務質問における有形力行使

(1) 職務質問は，行政警察活動ではあるものの，捜査の端緒となりうるものであり，個人の権利・法益に制約を加えるおそれがある以上，刑事訴訟法上の諸原則は職務質問にも及ぶというべきである。

そこで，任意捜査の原則（197条１項本文）の趣旨から，強制手段にいたらない程度の有形力の行使は，有形力行使の必要性と被侵害利益の性質とその制約の程度とを衡量し，具体的事情のもとで相当と認められる場合には，許されると解する。 ➡規範

(2) ②の行為について，上述のような必要性に加えて，バッグの内部を一べつすると札束と思われる形状の物が多数入っているのが見えたことから，バッグ開披を拒否し続けるAに対する嫌疑はいっそう深まっていたといえる。また，Aは札束が入っていると思われるバッグを持ったまま逃走しようとしているため，逃亡あるいは証拠隠滅を防止する必要性がある。そうすると，有形力行使の必要性は高いといえる。 ➡あてはめ

一方で，K_2の有形力行使の態様は，Aの腕をつかんで引きとどめただけであり，K_2の手を振りほどこうと思えば容易に振りほどける程度のものであるから，②の行為は，強制手段にいたらず，被侵害利益の制約の程度もさほど大きくない。

(3) そうだとすれば，②の行為は，具体的状況のもとで相当と認められる。

2　したがって，②の行為は，職務質問における有形力行使として適法である。 ➡結論

以上

出題趣旨

職務質問における有形力行使の適法性および職務質問に付随して行う所持品検査の適法性については，重要判例として，最決平成６年９月16日刑集48巻６号420頁（判例シリーズ２事件），最判昭和53年６月20日刑集32巻４号670頁（判例シリーズ３事件），最決平成15年５月26日刑集57巻５号620頁（百選３事件）があり，司法試験では2006（平成18）年において，予備試験では2018（平成30）年において出題されている。今後の出題可能性の高い重要な論点であるから，理解を深めてもらう趣旨で出題した。

論点

1　所持品検査の限界
2　職務質問における有形力行使

答案作成上の注意点

1　助手席のバッグはAの物かと質問した行為について

捜査を開始するためには，捜査機関が「犯罪があると思料する」（189条２項）ことが必要です。捜査機関が犯罪ありと思料するにいたった原因・理由を，捜査の端緒とよびます。

捜査機関による捜査の端緒のひとつとして，職務質問があります。警察官職務執行法２条１項は，警察官が，異常な挙動その他周囲の事情から合理的に判断して，なんらかの犯罪を犯し，もしくは犯そうとしていると疑うに足りる相当な理由のある者などを，「停止」させて「質問」することを認めています。

2　職務質問における有形力行使について

職務質問は行政警察活動であり，刑事訴訟法に規定される捜査の一部ではありません。

行政警察活動とは，個人の生命等の保護，犯罪の予防・鎮圧，公安の維持という，行政目的を達成するための警察活動をいい，犯罪の証拠の収集・保全等の司法目的を達成するための司法警察活動とは区別されます。しかし，行政警察活動であっても，捜査の端緒となりうるものであり，個人の権利・法益に制約を加えるおそれがある以上，適正手続の要請（憲法31条）が妥当し，人権保障を全うする必要があるといえます。そこで，行政警察活動一般についても，刑事訴訟法上の任意捜査の原則（197条１項本文）の趣旨，すなわち権利侵害は必要最小限にとどめなければならないという警察比例の原則が及ぶと解するべきです。

したがって，職務質問における有形力行使についても，警察比例の原則（197条１項本文参照）を適用し，有形力行使の必要性と被侵害利益の性質とその制約の程度とを衡量したうえで，具体的事情のもとで相当と認められる場合には，適法と解すべきでしょう。

職務質問の実行性を確保するためにもある程度の実力行使は認めなければなりませんが，問題は，どこまで認められるかです。これは具体的事情のもとで個別に判断されます。参考として，判例が職務質問における有形力の行使を適法とした事案について，次頁にあげておきます。

3　所持品検査の限界について

1⑴　被処分者が所持している物品を検査することを所持品検査といいます。この所持品検査には，①所持品の外部を観察して質問する行為，②所持品の開示を要求し，開示されたらこれを検査する行為，③所持人の承諾のないときに所持品の外部に触れる行為，④所持人の承諾のないときに内容物を取り出し検査する行為，という４段階の対応があるといわれています。所持品検査は，行政警察活動のひとつです。

歩行者	職務質問中に逃げ出した者を追跡すること（最決昭和29年12月27日刑集８巻13号2435頁，最判昭和30年７月19日刑集９巻９号1908頁）
	職務質問中に逃げ出した者を追跡して背後から腕に手をかけ停止させること（最決昭和29年７月15日刑集８巻７号1137頁）
	急に退室しようとした者の左斜め前に立ち，両手でその左手首をつかむこと（最決昭和51年３月16日刑集30巻２号187頁〔判例シリーズ１事件〕）
歩行者	肩に手をかけて呼び止めること（最決昭和59年２月13日刑集38巻３号295頁）
	交通整理等の職務にあたっていた警察官に唾を吐き掛けた者に対して，職務質問のためその胸元をつかみ歩道上に押し上げること（最決平成元年９月26日判時1357号147頁）
自転車に乗っている者	荷台を手で押さえること（東京高判昭和28年10月20日東高刑４巻４号125頁）
	その者の左手を押さえ，交通の妨害にならないように左腕を抱えて自転車に乗せたまま道端まで誘導すること（東京高判昭和52年10月31日判時900号115頁）
自動車に乗っている者	自動車の前後にある程度の間隔をおいて捜査自動車を一時的に接近停止させること（名古屋高金沢支判昭和52年６月30日判時878号118頁）
	駐車違反を現認した交通巡視員が逃走を制止すべく運転席ドアを両手で捕まえること（大阪高判平成元年７月19日判時1338号153頁）
	窓から手を差し入れてハンドルを握ること（東京高判昭和45年11月12日判タ261号352頁）
	ドアを開けて，エンジンキーをひねってスイッチを切ること（最決昭和53年９月22日刑集32巻６号1774頁，前掲最決平成６年）
	開いたドアと車体の間に体を入れ，エンジンキーのほうに手を伸ばしたり，車両を道路左端によせるためハンドルを握ったりすること（東京高判昭和54年７月９日判時948号126頁）

職務質問については警察官職務執行法２条１項という根拠規範がありますが，所持品検査の根拠規範は文言上では存在しません（197条１項本文は捜査一般に関する任意処分の根拠規定であって，行政警察活動に適用されません）。そのため，そもそも所持品検査は，「法律留保の原則」に反するのではないかという問題があります。

(2)　この点について，所持品検査は，口頭による質問と密接に関連し，かつ，職務質問の効果をあげるうえで必要かつ有効なものですから，職務質問（警察官職務執行法２条１項）に付随する行為として行うことが許されると解されます。

2(1)　では，所持品検査が「法律留保の原則」に反しないとして，どの程度の行為であれば職務質問に付随する行為として許容されるのでしょうか。③，④のように，所持人の承諾がないにもかかわらず，外から触れたり，かばんを開けたり，内容物を取り出したりする行為は適法といえるのでしょうか。

(2)　この点について，所持品検査が任意手段である職務質問の付随行為として許される以上，所持品検査は，所持人の承諾を得て行わなければ違法となるのが原則です。そのため，①，②は所持人の承諾を得ているため適法ですが，③，④については所持人の承諾がないため違法ということになりそうです。もっとも，常に所持人の承諾を得てからでないと所持品検査をすることができないとなると，犯罪の予防・鎮圧という行政警察目的が達成できなくなります。そこで，㋐承諾を得ないでする所持品検査であっても，捜索にいたらない程度の行為は，強制にわたらないかぎり，許されうると解されます。

(3)　とはいえ，行政警察活動と捜査との区別は不明確であり，人権侵害のおそれも否定できません。そこで，行政警察活動にも警察比例の原則（197条１項本文参照）の適用があり，㋑所持品検査の必要性・緊急性，これにより侵害される個人の法益と保護されるべき公共の利益との権衡などを考慮し，具体的状況のもとで相当と認められる限度で許容されると解すべきでしょう。

3(1)　この点について，判例（前掲最判昭和53年６月20日）は，まず，「所持品の検査は，……職務質問に附随してこれを行うことができる場合があると解するのが，相当である」として，警察官職務執行法２条１項の職務質問の付随行為というロジックを用いて，警察官職務執行法２条１項に所持品検査の根拠規範を求めました。

そうすると，職務質問に付随する所持品検査の適法性の検討は，まずは警察官職務執行法の規律に則ることとなるところ，禁止される手段を規定する警察官職務執行法２条３項は，捜査でいう強制捜査を例示したもの（限定列挙ではありません）と解されています。したがって，行政警察活動を行うにあたっても，捜査の場合と同様，強制手段にあたる行為をしてはならないこととなります。職務質問に付随する所持品検査の適法性に関する前掲最判昭和53年６月20日の規範の１段階目「捜索に至らない程度の行為は，強制にわたらない限り」許容されうるという判示は，ここに位置づけることができるでしょう。

⑵　さらに，前掲最判昭和53年６月20日は，捜索にいたらない程度の強制にわたらない行為であったとしても，所持品検査の必要性，緊急性，これによって害される個人の法益と保護されるべき公共の利益との権衡などを考慮したうえで，具体的状況のもとで相当と認められる限度においてのみ，許容されると判示しています。この２段階目の判示は，任意手段の限界の位置づけで論じられていることは明らかでしょう。

4　なお，あてはめにおいては，㋐を忘れないようにしましょう。前掲最判昭和53年６月20日は，「施錠されていない」バッグを「一べつした」にすぎず，外部観察と同程度の有形力の行使であったとして，㋐がみたされると判断したと思われます。施錠されたバッグの開封の場合は，開披を拒む意思が客観的に表示されており，プライバシーの利益を侵害しているといえますから，「捜索」にいたるものとして違法となりえます。在中物の取出検査をした場合も，同様のことがいえるでしょう。

なお，「捜索」にいたらない程度かは，主にはプライバシー侵害の程度の問題として処理し，「強制」にあたるかは，意思制圧の有無の問題として処理されます（笹倉宏紀解説『刑事訴訟法判例百選［第９版］』11頁）。

㋑は，通常の任意処分の限界と同様の認定を行えばよいでしょう。所持品検査の必要性・緊急性は，容疑犯罪の軽重，容疑の濃淡，凶器所持の疑いの有無，所持品検査の行われた時刻・状況等により判断します。

【参考文献】

試験対策講座５章２節1・2・3・4。判例シリーズ１事件，２事件，３事件。条文シリーズ２編１章■総説6。

第2問A　現行犯逮捕

CHECK □□□

警察官Kは，住居侵入被害発生の110番通報を受け，被害者V女方に赴いた。Vの説明は，「私はこの家に１人で住んでいます。先ほど居間で夕食をとっていると見知らぬ男が鍵の掛かっていない玄関から居間に上がり込んできました。悲鳴をあげるとその男は何もせずに逃げて行きましたので，すぐに110番しました。その男は30歳くらいで，青色のジャンパーを着ていました。」というものであった。Kは，付近を捜したところ，犯行から20分後に，V方から約20メートル離れたコンビニエンスストアで雑誌を立ち読みしている男性Aを発見した。AはVから聴取した犯人の年齢や服装とよく似た風貌であった。Aが同店から出てきたので，Kは，同店前路上において，Aに対し職務質問を開始した。AがKの質問には何も答えずに立ち去ろうとしたため，VをAと対面させたところ，Vは「この男が犯人です。」と言った。そこでKは，同所で，AをV宅住居侵入の現行犯人として逮捕した。

警察官Kによる現行犯逮捕は適法か（準現行犯逮捕を除く）。

【解答へのヒント】

1　はじめに

本問は，現行犯逮捕の要件（特に，現行犯人認定の資料）を問うものです。

現行犯逮捕が令状主義の例外として許容される理由は，犯罪の嫌疑が明白であり，誤認逮捕のおそれが少ないうえ，ただちに逮捕する高度の必要性・緊急性が認められるからです。これをふまえて，いかなる要件をみたす場合に現行犯逮捕が認められるのかを考えてみてください。

2　Kの行為について

警察官Kは，被害者Vから電話で通報を受けたり，目撃情報を得たりしただけであり，犯行の現場を直接見たわけではありません。このような場合でも，警察官KはAを現行犯逮捕することができるのでしょうか。どの要件との関係で問題となるかを考えてみましょう。

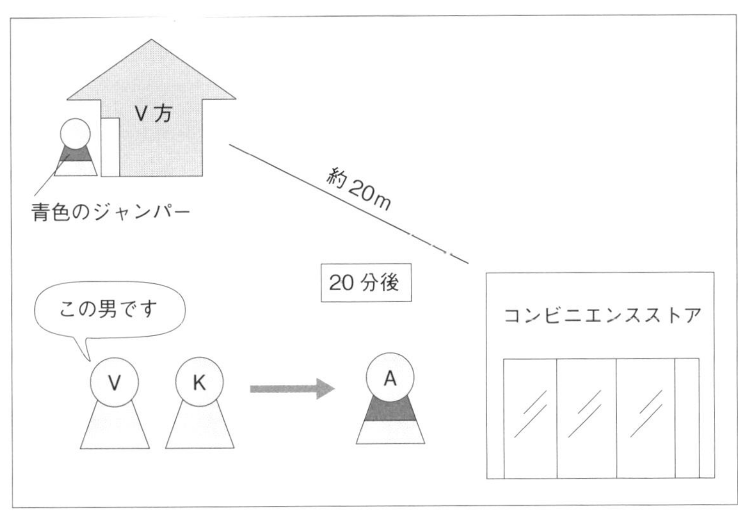

答案例

論 現行犯逮捕――犯行の現行性・時間的場所的接着性／犯罪と犯人の明白性

1　Kの現行犯逮捕（刑事訴訟法213条，212条１項。以下「刑事訴訟法」法名省略）は適法か。

(1)　現行犯逮捕が令状主義（憲法33条，199条１項本文）の例外として許容される根拠は，犯罪の嫌疑が明白で誤認逮捕のおそれが少ないうえ，ただちに逮捕する高度の必要性・緊急性が認められる点にある。

➡規範

そこで，「現に罪を行い，又は現に罪を行い終つた」とは，①犯行と逮捕の時間的場所的接着性が認められ，かつ，②逮捕者にとって犯罪と犯人の明白性が認められる場合をいうと考える。そして，②犯罪と犯人の明白性については，逮捕者が直接認識した被逮捕者の挙動・状態・証拠その他の客観的状況を認定資料として判断されるべきと考える。もっとも，誤認逮捕のおそれが少ないという根拠から，逮捕者が事前に得ていた情報や被害者の通報等の供述証拠も，補充的に認定資料とすることができると考える。

➡あてはめ①

(2)ア　本問では，犯行から約20分後に逮捕が行われているところ，これ自体，僅かな時間であるし，逮捕現場であるコンビニエンスストア前路上は犯行現場であるV方から約20メートルしか離れていない地点であるから，①時間的場所的接着性は認められる。

➡あてはめ②

イ　また，たしかに，警察官Kが，被害者Vから男が玄関から居間に上がり込んできた旨の通報を受けたこと，AがVから聴取した犯人の年齢や服装とよく似た風貌であること，VをAに対面させたところ「この男が犯人です。」というVの供述を得たことなどをふまえれば，②犯罪と犯人の明白性は認められるとも思える。

しかし，これらの事情は補充的に認定資料とすることができるにすぎない。そして，本問において逮捕者であるKが直接認識した客観的状況は，Aが青色のジャンパーを着てコンビニエンスストアで雑誌を立ち読みしており，同店から出てきた後にKによる職務質問に答えずに立ち去ろうとしたということのみである。

このように、職務質問に答えずに立ち去ろうとしたことからは，Aになんらかのやましい事情があったのではないかと推認しうるものの，KはAの犯行を目撃したわけではないし，Aの身体には住居侵入に及んだ証跡が残っているわけでもないため，Kが直接認識した客観的状況からは，AがV方に立ち入った犯人であると認定することは到底できない。そのため，上記のような補充的な認定資料があるとしても，Aにとって犯罪と犯人の明白性が認められるとはいえない。

したがって，②犯罪と犯人の明白性の要件をみたさない。

➡結論

2　よって，Kの現行犯逮捕は違法である。　以上

出題趣旨

現行犯逮捕について，旧司法試験では1987（昭和62）年度第1問，2007（平成19）年度第1問，2010（平成22）年度第1問，新司法試験ではプレテスト，2006（平成18）年，2011（平成23）年，2013（平成25）年，予備試験では2017（平成29）年に出題されている。本問は，京都地決昭和44年11月5日判時629号103頁（判例シリーズ5事件）をもとに，その趣旨・要件に関する基本的な理解を問うべく出題した。

論点

1　現行犯逮捕――犯行の現行性・時間的場所的接着性
2　現行犯逮捕――犯罪と犯人の明白性

答案作成上の注意点

1　はじめに

本問は，現行犯逮捕の要件（特に，現行犯人認定の資料）を問うものです。

現に罪を行い，または行い終わった者を現行犯人というところ（212条1項），何人でも現行犯人を逮捕状なくして逮捕することができます（213条）。これは，令状主義（憲法33条，刑事訴訟法199条1項本文）の例外にあたります。逮捕状なくして現行犯人を逮捕することができるのは，犯罪の嫌疑が明白であり，司法的なコントロールがなくても誤った逮捕がなされるおそれが少ないうえ，ただちに逮捕する高度の必要性・緊急性が認められるからです。そこで，現行犯逮捕については，①犯行（犯罪）の現行性・犯行と逮捕の時間的場所的接着性，②犯罪と犯人の明白性，③現行犯逮捕の必要性（不要とする見解もあります）が要件とされています。

2　①犯行の現行性・犯行と逮捕の時間的場所的接着性について

1　①犯行の現行性・犯行と逮捕の時間的場所的接着性とは，その犯罪が将来や過去のものではなく現在のものであり，逮捕者の目前で行われていること（犯行の現行性），または逮捕が犯行後時間的場所的に接着した段階にあること（時間的場所的接着性）をいいます。212条1項に即していうと，前者は「現に罪を行い」に，後者は「現に罪を行い終つた」にそれぞれ対応します。

犯行の時間的接着性については，犯行終了後きわめて時間的に接着した段階と解されており，本問のような場合，通報を受けた警察官が現場に急行するのに通常要する時間，具体的には犯罪終了後から最大30～40分程度とされています。

2　そこで，「現に罪を行い終つた」については，どの程度の時間的接着性が必要であるかが問題となります。

これについては，時間の経過のみによって一律に判断されるのではなく，現場の状況や犯人の挙動，犯行発覚の経緯，犯人特定の程度，被害者や目撃者の接触・追跡状況，犯行の態様などの具体的状況に応じて，個別に判断されます。たとえば，逮捕者が現行犯逮捕をするために犯人を継続して追跡していた場合には，時間的経過はある程度許容され，逮捕者との関係では時間的接着性は肯定できるとして，現行犯逮捕をなしうると考えられます（最判昭和50年4月3日刑集29巻4号132頁参照）。

3　本問では，時間的には犯罪から約20分後に逮捕が行われていて，これ自体僅かな時間といえますし，場所的には，逮捕現場であるコンビニエンスストア前路上は犯行現場であるV方から約20メートルしか離れていない地点であることなどから，①時間的場所的接着性は認められるといえるでしょう。

3　②犯罪と犯人の明白性について

②犯罪と犯人の明白性とは，その犯人による特定の犯罪であることが逮捕者にとって明らかであることをいいます。「現に」（212条１項）とは，この明白性を表したものです。この要件に関しては，次の２点が問題となります。

1　第１に，犯罪と犯人は外見上も明白であることを必要とするかです。賄賂の授受，覚醒剤等の密売，文書偽造・同行使などの犯罪で問題となります。これらは外部から一見しただけでは犯罪かどうかがわからない状態で行われるのを常態としている犯罪だからです。

この点について，一般私人も逮捕できる以上，犯罪の存在が外部から見て明白である必要があるとする説もあります。しかし，逮捕者が事前に収集した資料・知識・経験などから犯罪の嫌疑が明白であれば，誤認逮捕のおそれが少ないといえるので，犯罪と犯人が外見上も明白である必要はないとする不要説が通説です。

2⑴　第２に，原則として逮捕者が被逮捕者による犯行または犯行の終了について現認することが必要であるところ，逮捕者が必ずしもこれを現認していなくても，逮捕者自身が直接に認識した被逮捕者の挙動・状態・証拠その他の客観的状況を，犯罪と犯人の明白性の認定資料として用いてよいかが問題となります。この点については，肯定する見解が有力です。

そのうえで，逮捕者が直接認識した客観的状況による担保を前提に，逮捕者が事前に得ていた情報や被害者の通報等の供述証拠も，客観的状況を補充するものとして，その認定資料となすことができるかという点も問題となります。誤認逮捕のおそれが少ないという根拠から認定資料となすことができるとする立場が通説といえますが，これを否定する立場も有力です。どちらの立場を採用してもかまわないでしょう。ただし，少なくとも，被害者などの供述のみをもって犯罪と犯人の明白性を肯定することはできません。また，被害者・目撃者の供述を考慮する場合，その供述の信用性の評価が必要となりますので，注意してください。

⑵　答案例では，逮捕者が事前に得ていた情報や被害者の通報等の供述証拠を補充的に認定資料とすることができるとしたうえで，Vの通報があったこと，Aが，Vから聴取した犯人の年齢や服装とよく似た風貌であったこと，AをVに対面させたところ「この男が犯人です。」というVの供述があったことなどの補充的な認定資料があるものの，Kが犯行を現認しておらず，Kが直接認識した客観的状況から犯罪と犯人の明白性を認定することがきわめて困難である以上，②犯罪と犯人の明白性の要件をみたさないとする立場で論じています。

4　③現行犯逮捕の必要性について

現行犯逮捕においては，逮捕の理由，すなわち犯罪の嫌疑が明白であることは要求されているといえますが，③逮捕の必要性は要求されるのでしょうか。通常逮捕では199条２項ただし書や刑事訴訟規則143条の３により逮捕の必要性が明文上要件とされていますが，現行犯逮捕にはそのような規定がないことから，問題となります。

1　この点について，明文上必要性を要求する規定がないことから，不要とする見解もあります。しかし，現行犯逮捕を他の逮捕と区別する合理的理由はありませんし，人の身体を拘束する強制処分である逮捕の要件は厳格に解するのが妥当でしょう。したがって，通常逮捕の場合と同様，逮捕の必要性を要件と解すべきです。すなわち，逃亡のおそれや罪証隠滅のおそれといった逮捕の必要性がまったくない場合には，現行犯逮捕することはできないと解されます。

2　裁判例にも，刑事訴訟法および同規則に逮捕の必要性を現行犯逮捕の要件とする旨の明文の規定があるわけではないものの，現行犯逮捕も人の身体の自由を拘束する強制処分であるため，その要件はできるかぎり厳格に解す必要があり，通常逮捕の場合と同様，逮捕の必要性をその要件とすべきとするものがあります（大阪高判昭和60年12月18日判時1201号93頁〔判例シリーズ６事件〕）。

【参考文献】

試験対策講座５章３節2【2】⑴。判例シリーズ５事件，６事件。条文シリーズ212条3１・３。

第3問A　準現行犯逮捕

CHECK

K巡査は派出所において勤務していたところ，午後2時20分ころ，「H大学において内ゲバ事件（凶器準備集合罪，傷害罪）発生，犯人は駅方面に逃走中」との無線連絡を受けた。そこで，K巡査はH大学から約4キロメートル離れた駅前で張り込みを開始した。

同日午後3時15分ころ，Aが息を切らし，周囲を警戒しながら駅のほうへ走ってきた。AはK巡査と目が合った瞬間目をそらし，逆方向へと走り始めた。その日は朝から小雨が降っていたが，Aは傘をさしておらず，ジャンパーの袖と髪が汗らしきものでべっとりと濡れており，また，駅付近には泥が付くような場所はないにもかかわらず，靴が泥で汚れていた。

K巡査はH大学付近に泥が付く場所があることを知っており，無線で連絡を受けた犯行時刻からして犯人がそろそろ現れるころだと考えたため，Aに職務質問をすることを決め，Aを追いかけて，「ちょっと待ってください。」と声を掛けた。しかし，Aはこれに応じず走り続けたため，K巡査はAの肩に手を掛けて停止させたうえで，「ちょっと待ってくれ，内ゲバ事件について聞きたい。」と質問を開始した。するとAは顔色を変え「俺は関係ない。」と言って逃走した。

K巡査はAが逃走する際，Aの右手に小手が装着されているのを現認した。そして，これまでのAの言動および無線での連絡の内容とあわせて，Aを内ゲバ事件の犯人であると断定し，Aを追いかけ，午後3時20分ころ，Aを準現行犯逮捕した。

K巡査がAを準現行犯逮捕したことの適法性を論じなさい。

【解答へのヒント】

本問では，準現行犯逮捕の要件を理解したうえで，問題文中の事情がどの要件と関連するかを明確に記述することが求められます。たくさんの事情が隠れているので，それらを摘示したうえで，自分なりの評価を加えてみましょう。著名判例がベースとなった問題なので，復習の際は判例が各事情に対しどのような評価をしているか，自分の答案と比較してみましょう。

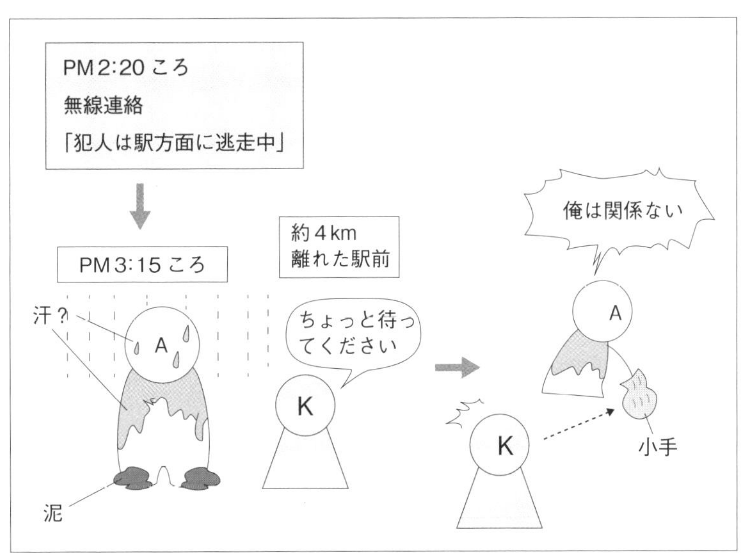

答案例

1　本問の逮捕は，準現行犯逮捕（刑事訴訟法212条2項。以下法名省略）として適法か。

論 212条2項各号該当性

(1)　同項各号の要件にあたるか。

→ あてはめ

まず，K巡査の職務質問に対し，呼びかけられたことをきっかけに逃走を図っているから，212条2項4号の「誰何されて逃走しようとするとき」にあたる。

また，小手は，通常の歩行者がそれを装着しているのは異常であるし，人を攻撃する際に用いられる物であるから，犯罪を組成したものと推測され，「明らかに犯罪の用に供したと思われる兇器その他の物」（同項2号）にあたる。

論「罪を行い終つてから間がない」とは

(2)　「罪を行い終つてから間がない」（同項柱書）か。

AがK巡査から職務質問を受けたのが，時間的には犯行終了後約1時間が経過したところであり，場所的には犯行現場であるH大学から4キロメートル離れた駅前であって，犯行から時間的場所的な隔たりがある。しかし，「間がない」とは同項各号との相関的な要件であるため，各号の複数に該当する場合には，ゆるやかに認めることができると解する。本問では同項2号および4号に該当するから，この程度でも「間がない」といえる。

→ 規範

→ あてはめ

(3)　犯罪と犯人の明白性が認められるか。

論 準現行犯逮捕――犯罪と犯人の明白性

本問では，K巡査は，無線で連絡を受けた犯行時刻や逃走方向を判断資料としてAに職務質問したうえで逮捕している。そこで，K巡査がみずから現認していないこのような情報を明白性の判断資料とすることができるか，問題となる。

ア　この点につき，準現行犯逮捕においては，ある程度時間的場所的に隔たりがある逮捕が予定されているから，逮捕者が現認した客観的状況のみでは明白性の判断が困難である。そのため，被害者の供述や事前に得ていた情報などを判断資料とすることも許されると解する。

→ 規範

イ　したがって，無線で連絡を受けた事項を判断資料とすることも許される。

→ あてはめ

ウ　そして，無線からの情報に加えて，内部抗争に加担していたため，小雨のなかでも傘をさしていなかったと考えられること，汗で服や髪が汚れているのは，長時間にわたり抗争を行ったことによると推認できること，靴が泥で汚れているのはH大学にいたからだと考えられることから，Aが内ゲバ事件に関わったことは明白であるといえる。

(4)　逮捕の必要性が認められるか。

Aは質問に答えようとせず，事件も重大なため，逃亡・罪証隠滅のおそれがあり，逮捕の必要性も認められる。

2　以上より，本問の準現行犯逮捕は適法である。

→ 結論

以上

出題趣旨

準現行犯逮捕の要件と判断要素について端的に問う問題である。代表的な判例として最決平成８年１月29日刑集50巻１号１頁（判例シリーズ７事件）があり，本問もこの判例をベースに作成している。準現行犯逮捕の要件は条文を見ればわかるが，判断要素と事実の評価については，判例や問題に触れて学ぶのが有益だろう。準現行犯逮捕については2013（平成25）年司法試験，2021（令和３）年予備試験でも出題されており，受験生にとっては無視できない分野である。

論点

1　212条２項各号該当性
2　「罪を行い終つてから間がない」とは
3　準現行犯逮捕――犯罪と犯人の明白性

答案作成上の注意点

1　準現行犯逮捕の４要件

準現行犯逮捕（213条，212条２項各号）においては，①212条２項各号のうちいずれか１つにあたること，②時間的場所的接着性（「罪を行い終つてから間がない」），③犯罪と犯人の明白性（「明らか」），④逮捕の必要性の４つが要件となります。

準現行犯逮捕は，現行犯逮捕（213条，212条１項）と同じ手続（令状不要，私人逮捕可など）がとられているため，同様に②時間的場所的接着性，③犯罪と犯人の明白性が必要とされているわけです。④逮捕の必要性は，逮捕一般に求められる要件です。

2　要件①について

212条２項は１号から４号まで４つの類型を定めています。一般的には１号から４号までの順に犯罪との結びつきは弱まっていくと解されているため，たとえば４号にしか該当しない場合には，それだけ強い時間的場所的接着性を要します。一方で，複数の号に該当する場合には，その分犯罪との結びつきが強くなり，時間的場所的接着性が認められやすくなります。そのため，形式的には４つのうちいずれか１つにあたれば要件はみたされるのですが，どの号にあたるか，複数の号に該当するかを詳細に検討する必要があります。

本問では，小手を着用していたことが２号に，職務質問から逃走したことが４号にあたると考えられるでしょう。

なお，ジャンパーの袖の濡れや靴に付着した泥を内ゲバ事件の痕跡と推認することも可能ですが，内ゲバ事件と明確に結びつく客観的に明らかな痕跡とまではいえず，「身体又は被服に犯罪の顕著な証跡がある」（同項３号）とまで評価することは難しいです。解答例ではこのような思考のもと，３号該当性について記載していませんが，３号に該当しないことを短く記載してもよいでしょう。

212条２項		判例・裁判例（各号該当性を肯定したもの）
1号	犯人として追呼されているとき	犯人が被害者からぞう物を目前において盗難事実につき詰問され，犯人も当該窃盗事実を自認している場合（福岡高宮崎支判昭和32年９月10日高刑裁特４巻18号471頁）
2号	ぞう物又は明らかに犯罪の用に供したと思われる兇器その他の物を所持しているとき	逮捕の瞬間に窃取した排水用モーター（ぞう物）を所持していなかった場合（最判昭和30年12月16日刑集９巻14号2791頁）

212条２項		判例・裁判例（各号該当性を肯定したもの）
3号	身体又は被服に犯罪の顕著な証跡があるとき	○犯人らの髪がべっとり濡れて靴は泥まみれであり，顔面に新しい傷跡があって，血の混じった唾を吐いている場合（前掲最決平成８年） ○無免許・酒気帯び運転の際に引き起こした交通事故のため頭部にけがを負い，酒臭をさせている被告人について飲酒検知により呼気を測定した結果，呼気１リットルにつき0.35ミリグラムのアルコールを含有していることが判明した場合（名古屋高判平成元年１月18日判タ696号229頁）
4号	誰何（すい）されて逃走しようとするとき	○午前２時半ころ，自転車に乗り牛を引っぱっていく途中，警察官に呼び止められ，引いていた牛の手綱を離して逃げだした場合（東京高判昭和26年５月26日高刑４巻６号601頁） ○午前２時半過ぎころの深夜，犯行の現場から200数十メートルくらいしか離れていない地点で，褌（ふんどし）１つの裸体で首に空風呂敷をかけ，裸足で懐中電灯を携え異様な風体をして歩いて行く者の姿を目撃し，犯人と思料して誰何したのにその者が突如，逃走しようとした場合（福岡高判昭和29年５月29日高刑７巻６号866頁）

3 要件②について

②は「罪を行い終つてから間がない」すなわち時間的場所的接着性を求めるものですが，接着性も広い意味では明白性を基礎づけるものであるため，要件①で犯罪との結びつきがどの程度認められるかによって，ゆるやかに解するべきか厳格に解するべきか分かれることになります。

本問では，①において２号および４号該当性が認められ，犯罪と犯人の明白性は強く認められることから，接着性についてはゆるやかに解するべきでしょう。

ゆるやかに接着性を判断するとしても，１時間後に４キロメートル離れた場所で要件がみたされるかは争いがあるところです。しかし判例は，本問と同様に２号から４号までの該当性が認められたケースで，１時間40分後に４キロメートル離れた場所で準現行犯逮捕した場合にも接着性を認めているため（前掲最決平成８年），本問においても同じ結論をとるのが穏当でしょう。本問を機に接着性についておおまかな感覚をつかんでください。

4 要件③について

③は「明らか」すなわち犯罪と犯人の明白性を要求するものです。現場の客観的状況が明白性の判断資料となることは現行犯逮捕と同じです（この点について第２問解説参照）。もっとも，本問では逮捕者であるK巡査は内ゲバ事件を現認していたわけではなく，無線での連絡によって犯行の時間や犯人が逃げた方向を覚知しています。結果的にK巡査は無線によって知った情報を認定資料として明白性を判断しており，このように，逮捕者が直接に覚知しなかった事項を明白性の判断資料とすることができるかどうかが問題となります。

この点につき，現行犯逮捕の場合は客観的状況以外の資料を判断資料とできるかについて争いがあります（第２問解説参照）。しかし，準現行犯逮捕の場合，「罪を行い終つてから間がない」という文言にみられるように，時間的場所的に隔たりがあることが当然の前提となっていますから，逮捕者が認識した客観的状況のみで犯人を認定するのは困難といえます。そのため，準現行犯人の認定にあたっては，被害者の供述や，事前に得ていた情報などを明白性の補充的な判断資料とすることも許されると解するべきでしょう。

本問では，逮捕した時間や場所は犯行の時間や逃げた方向と矛盾しません。加えて，着衣に汚れがあり，小手を装着していたなど犯行に関わりがあるような外見をしていたことも合わせると，明白性は認められると考えられます。

【参考文献】

試験対策講座５章３節2【2】(2)。判例シリーズ７事件。条文シリーズ212条3２。

第4問 A　再逮捕・再勾留禁止の原則とその例外

1　Aは，子分のBとともに殺人罪の被疑事実で逮捕され，引き続き20日間勾留されたが，嫌疑不十分として，釈放された。その後，Bが，Aが首謀者で自分はAとともに犯行に及んだ旨の自白をし，さらに逮捕前にAがBに1人でやったことにしろと命令していたことが明らかになった。この場合，Aを殺人罪で再び逮捕・勾留できるか。
2　Aは，殺人罪の嫌疑で現行犯逮捕されたが，緊急逮捕の実体的要件は具備されていたものの現行犯逮捕の実体的要件はみたされていなかったため，逮捕が違法であるとして，勾留請求が却下された。この場合，Aを同一の被疑事実で再び逮捕することはできるか。

【解答へのヒント】

1　本文では，再逮捕・再勾留の可否が問題となっています。はじめに，再逮捕・再勾留禁止の原則の根拠をしっかりと説明しましょう。そのうえで，例外が認められる場合について適切に規範を立て，あてはめましょう。

2　小問2について
　小問2は，小問1と異なり，先行する逮捕が違法な事案です。小問1との違いを意識して，検討してみましょう。

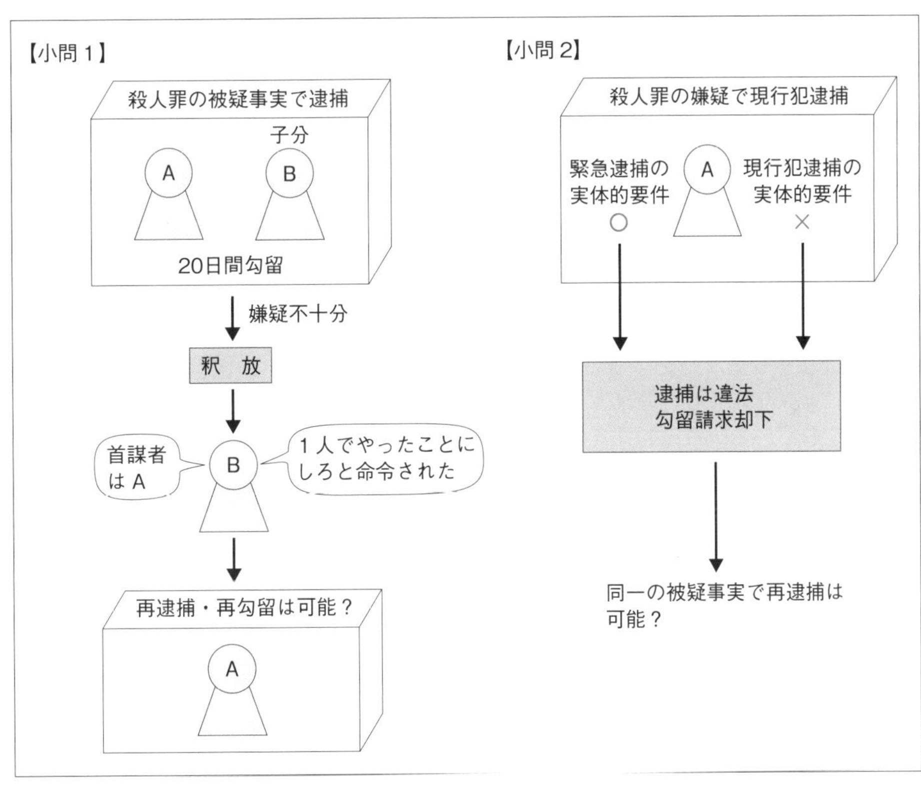

答案例

第1　小問1について

論 再逮捕・再勾留の可否

1　本問において，Aを殺人罪の被疑事実で再度逮捕・勾留することができるか。再逮捕・再勾留の可否が問題となる。

(1)　この点，同一の被疑事件について逮捕・勾留の繰り返しが認められると，法が厳格な身体拘束期間の制限（刑事訴訟法203条から205条まで，208条。以下「刑事訴訟法」法名省略）を定め，被疑者の人権を保障しようとした趣旨が没却されてしまうことから，同一の被疑事実についての再逮捕・再勾留は原則として認められない。

もっとも，捜査は流動的であるから，再逮捕・再勾留がいっさい許されないとするのでは，真実発見（1条）が害される。

また，現行法は，逮捕については再逮捕を予定する規定をおいている（199条3項，刑事訴訟規則142条1項8号）。再勾留についても，これを禁止する規定はなく，逮捕と勾留は密接に関連しているため，法は再勾留についても許容していると解することができる。

➡規範

そこで，①重要な新証拠の発見，あるいは逃亡・罪証隠滅のおそれの復活などの新事情が出現し，②事案の重大性等諸般の事情から，被疑者の不利益と対比しても再逮捕・再勾留がやむをえない場合であって，③逮捕・勾留の不当な蒸し返しとはいえないときは，再逮捕・再勾留は許されると解する。

なお，勾留は逮捕より期間が長く，被疑者の不利益が大きいため，再勾留が許容されるか否かについては，再逮捕より厳格に検討すべきである。

➡あてはめ

(2)　これを本問についてみると，Aの釈放後に，共犯者Bが，Aが首謀者で自分はAとともに犯行に及んだ旨の自白をしている。これは，Aの殺人への関与を裏づける重要な新証拠といえるため，新事情の出現が認められる（①）。

また，逮捕は身体拘束期間が短いため，その不利益は比較的小さいといえるところ，Aの被疑事実たる殺人は，法定刑が死刑または無期もしくは5年以上の懲役という重大犯罪である。また，Bの上記証言は，Aの犯行への関与を明らかにするとともに，Aが首謀者であるということを証言する，犯罪の成立だけでなく情状にも関わる重要な新証拠といえる。それにもかかわらず，AがBに対し上記証言を覆す証言をするように威迫するおそれが大きく，BがAの子分であり，Aの命令に背くことが容易でない立場にあることもふまえると，Bが証言を覆すことによって罪証隠滅のおそれの程度は大きい。これらの事情を考慮すると，Aの不利益と対比しても再逮捕はやむをえないと認められる。

　これに対し，勾留は拘束期間が長く，先行する勾留も20日間と制限時間いっぱいまで及んでいたことから，再勾留による被疑者の不利益は大きい。しかし，上述のとおりのAの被疑事実の重大性，新証拠の重要性，罪証隠滅のおそれの大きさを考慮すると，上記不利益を考慮してもなお，再勾留はやむをえないといえる（②）。

　さらに，再逮捕・再勾留の必要性が生じたことについて捜査機関に落ち度はないため，Aの再逮捕・再勾留は逮捕・勾留の不当な蒸し返しとはいえない（③）。

2　よって，Aを殺人罪で再び逮捕・勾留できる。　➡結論

第２　小問２について

論 違法逮捕後の再逮捕の可否

1　本問では，先行する逮捕は，現行犯逮捕の実体的要件をみたしていないため違法である。そこで，このような場合も，Aを同一の被疑事実で再逮捕できるか。先行する逮捕が違法である場合の再逮捕の可否が問題となる。

(1)　この点，先行する逮捕が違法であるにもかかわらず再逮捕を認めると，将来の違法捜査を抑止できず妥当でないから，いっさい再逮捕を認めるべきではないとも思える。

　しかし，違法の程度が軽微な場合にもいっさい再逮捕を認めないというのでは，捜査上重大な支障をきたし，実体的真実発見（１条）を困難にするおそれがある。

➡規範

　そこで，再逮捕を行う必要性と，被疑者の被る不利益の程度・将来の違法捜査の抑止の必要性とを比較衡量し，前者が後者を上回る場合には，違法逮捕後の再逮捕を許容すべきである。

　具体的には，①再逮捕の必要性や事案の重大性が認められ，②違法の程度が著しいとはいえないときには，再逮捕することができると考える。

➡あてはめ

(2)　これを本問についてみると，Aの被疑事実は殺人という重大なものであり，Aを逮捕して逃亡や罪証隠滅を防止する必要性は高い（①）。

　他方，現行犯逮捕の実体的要件を具備していないにもかかわらず，令状もなく逮捕をしたことは，令状主義（憲法33条）に反する重大な違法であるとも思える。しかし，緊急逮捕の実体的要件は具備されており，逮捕手続の種類の選択を誤ったにすぎないといえるため，違法の程度が著しいとまではいえない（②）。

2　よって，Aを同一の被疑事実で再び逮捕することができる。　➡結論

以上

出題趣旨

再逮捕・再勾留禁止の原則については，旧司法試験1999（平成11）年度第1問，新司法試験のプレテスト，予備試験2016（平成28）年で出題されている。本問は，基礎的知識および具体的事例にあてはめる力を問うものである。

論点

1　再逮捕・再勾留の可否
2　違法逮捕後の再逮捕の可否

答案作成上の注意点

1　再逮捕・再勾留禁止の原則について

1　本問では，再逮捕・再勾留が認められるかが問われています。再逮捕・再勾留は，原則として禁止されていますから，まずは，再逮捕・再勾留禁止の原則の根拠を説明する必要があります。再逮捕・再勾留の禁止の原則について直接規定した明文は存在しないため，法が厳格な身体拘束期間の制限を定めて被疑者の人権を保障しようとした趣旨等から，根拠づけしていくことになります。

2　なお，本問では，明らかに同一の被疑事実で再逮捕・再勾留がなされようとしているため問題にはなりませんが，そもそも，「同一の被疑事実で」の再逮捕・再勾留にあたるかが問題となる場面があるため，注意が必要です。この点について，通説は，実体法上の罪数を基準として，一罪すなわち同一の被疑事実にあたるか判断しています。どのような場合に実体法上の一罪となるのか，しっかりとおさえておきましょう。

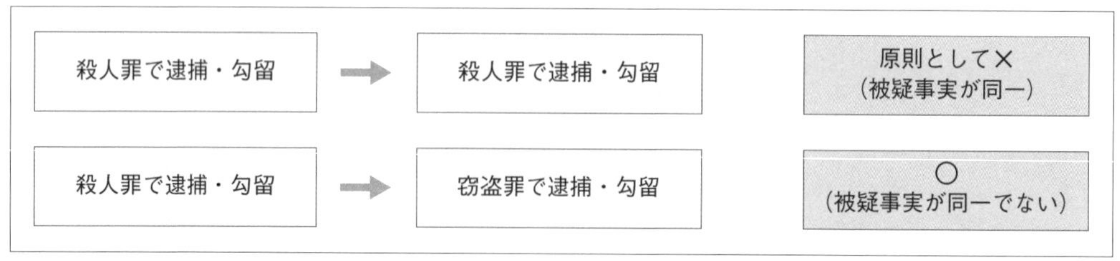

2　小問1について

1　再逮捕・再勾留禁止の原則の例外

小問1では，再逮捕・再勾留をしようとしているため，再逮捕・再勾留禁止の原則の例外について論じる必要があります。その際には，原則を修正する理由をしっかりと書くことが大切です。例外を許容する理由として，いかなる事情があっても再逮捕はいっさい許されないとするのでは，真実発見（1条）を害するため，再逮捕・再勾留を認める必要性があることがあげられます。また，再逮捕ができる場合のあることを予定した規定である，199条3項，刑事訴訟規則142条1項8号がありますので，これらの条文を忘れずに指摘するようにしましょう。再勾留については，何ら規定が存在しませんが，これを禁止する規定はなく，また，逮捕と勾留は一連の密接不可分の手続であることにかんがみると，刑事訴訟法は再勾留をも許容していると考えられています（東京地決昭和47年4月4日判時665号103頁〔判例シリーズ10事件〕）。

例外が許されるかどうかの基準について，答案例では，まず，①重要な新証拠や逃亡・罪証隠滅のおそれなどの新事情の出現を要求しています。これは，再逮捕・再勾留すべき合理的必要性が生じていることを基礎づけるものです。もっとも，合理的必要性があればただちに再逮捕・再勾留が認められるものではなく，被疑者の利益を考慮してもなお再逮捕・再勾留がやむをえないといえる程度の高度の必要性が求められるため，②事案の重大性等諸般の事情から，被疑者の不利益と対比しても再逮捕・再勾留がやむをえない場合であることも必要です。さらに，再逮捕・再勾留が原則として禁止されている趣旨を害さないために，③逮捕・勾留の不当な蒸し返しとはいえないことも必要です。もっとも，①と②の要件がみたされていれば当然のことながら不当な蒸し返しとはいえないと評価できることを理由として，③の要件を不要とする見解もあります。

なお，勾留は逮捕より期間が長いため，再勾留が許容されるか否かは再逮捕に比べて厳格に考えるべきだとされています。再逮捕・再勾留は基本的には同じ枠組みで許されますが，その違いについて意識し，答案に示すようにしましょう。

2　あてはめ

小問１では，自分が立てた規範に，充実したあてはめをするよう心掛けましょう。再勾留の可否が問題となった前掲東京地決昭和47年の判旨では，再勾留が許されるか否かの判断において，先行の勾留期間の長短やその期間中の捜査経過，釈放後の事情変更の内容，事案の軽重，検察官の意図，その他の諸般の事情を考慮するとしています。これらの考慮要素を念頭におきつつ，問題文の事情をなるべく拾い，あてはめをするようにしましょう。

いずれの結論にしていても，問題文の事情をきちんと拾い，説得的なあてはめをしていれば，評価される答案となります。

答案例の規範：再逮捕・再勾留禁止の原則の例外

①重要な新証拠の発見，あるいは逃亡・罪証隠滅のおそれの復活などの新事情が出現し，②事案の重大性等諸般の事情から，被疑者の不利益と対比しても再逮捕・再勾留がやむをえない場合であって，③逮捕・勾留の不当な蒸し返しとはいえないときは，再逮捕・再勾留も許される。

事実評価整理表

適法に傾く事実	㋐共犯者Bが，被疑者Aが首謀者で自分はAとともに犯行に及んだ旨の自白をしたこと →新証拠の発見であり，新事情の出現を基礎づける事情（要件①） →犯罪の成否を左右する重要な新証拠であり，その証拠隠滅を防止する必要性は高く，再逮捕がやむをえないことを基礎づける事情（要件②） ㋑被疑事実が殺人罪であること →犯罪が重大であり，再逮捕がやむをえないことを基礎づける事情（要件②） ㋒逮捕前，AがBに１人でやったことにしろと命令していたことが明らかになったこと →AがBに対して証言を覆すよう再び命令するおそれがあり，証拠隠滅の危険が高いため，再逮捕がやむをえないことを基礎づける事情（要件②） →先行する逮捕の時点での捜査により証拠を十分に集められなかった理由のひとつといえ，逮捕の不当な蒸し返しといえないことを基礎づける事情（要件③）
違法に傾く事実	㋓先行する身体拘束において，20日間勾留されていたこと →被疑者の不利益が大きいため，やむをえない場合とはいえないことを基礎づける事情（要件②）

3 小問2について

1　違法逮捕後の再逮捕の可否

小問２では，先行逮捕は違法なものであったため，このような場合であっても再逮捕が認められるかが問題となります。先行逮捕が適法であった場合と同様に，先行逮捕が違法な場合であっても，一定の場合には再逮捕禁止の原則の例外が認められると考えられています。もっとも，先行逮捕が違法であった場合は，違法逮捕を助長する等の危険性があるため，先行逮捕が適法であった場合と同様の要件では，再逮捕は認められないと考えられます。そのため，問題を検討する際には，先行逮捕が適法であったのか，違法であったのか，しっかりと確認してから検討する必要があります。

違法逮捕後の再逮捕がどのような要件で認められるかについて，再逮捕を行う必要性と被疑者の被る不利益の程度・将来の違法捜査の抑止の必要性とを比較衡量し，前者が後者を上回る場合には，違法逮捕後の再逮捕を許容すべきであるとする考え方があります。その表れとして，多数説は，逮捕手続の違法が著しいとはいえない場合には，事案の軽重等諸般の事情も勘案したうえで，違法逮捕後の再逮捕を認めています。

2　あてはめ

小問２においても，問題文の事情を拾ってしっかり評価し，あてはめをすることが必要です。現行犯逮捕として逮捕したものの，現行犯逮捕の実体的要件は具備されておらず，緊急逮捕の実体的要件は具備されていたという事情は，逮捕の種類の選択を誤った場合であって違法が著しいとはいえないとして，再逮捕を肯定する方向性の事情と考えることができます（『リーガルクエスト』92頁〔堀江〕）。もっとも，説得的なあてはめがされていれば，異なる結論をとることも可能です。逮捕の種類の選択を誤った場合は，法定要件の充足しない身体拘束を行ったという意味で明白な手続違反であると評価する考え方もあります（酒巻『刑事訴訟法』76頁）。問題文に現れたさまざまな事情を総合衡量して論述するように心掛けましょう。

答案例の規範：違法逮捕後の再逮捕禁止の原則の例外

①再逮捕の必要性や事案の重大性が認められ，②違法の程度が著しいとはいえないときには，再逮捕も許される。

事実評価整理表

適法に傾く事実	㋐被疑事実が殺人罪であること →犯罪が重大であることを基礎づける事情（要件①） ㋑現行犯逮捕として逮捕したものの，現行犯逮捕の実体的要件は具備されていないが，緊急逮捕の実体的要件は具備されていたこと →逮捕の種類の選択を誤った場合であって，違法が著しいとはいえないことを基礎づける事情（要件②）
違法に傾く事実	㋑現行犯逮捕として逮捕したものの，現行犯逮捕の実体的要件は具備されておらず，緊急逮捕の実体的要件を具備していたにすぎないこと →上欄㋑参照

【参考文献】

試験対策講座５章３節④【3】。判例シリーズ10事件。条文シリーズ207条③７(3)。

第5問 B　逮捕・勾留の及ぶ範囲

強制わいせつ罪で逮捕した被疑者について取り調べるうち，別に強制性交等罪を犯していることが判明した（なお，両罪には被疑事実の同一性がないものとする。）。この場合，検察官は，上記強制性交等罪のみで被疑者の勾留請求をすることができるか。また，強制わいせつ罪のほか強制性交等罪をもつけ加えて勾留請求することはどうか。

【解答へのヒント】

設問前段では，逮捕前置主義に反しないかが問題となります。逮捕手続が先行しているといえるか否かは，逮捕の効力がどこまで及んでいるかによって変わってくるため，逮捕・勾留の及ぶ範囲がどこまでなのか，問題となります。

設問後段でも，逮捕前置主義に反しないかが問題となります。前段との違いを意識して考えてみましょう。

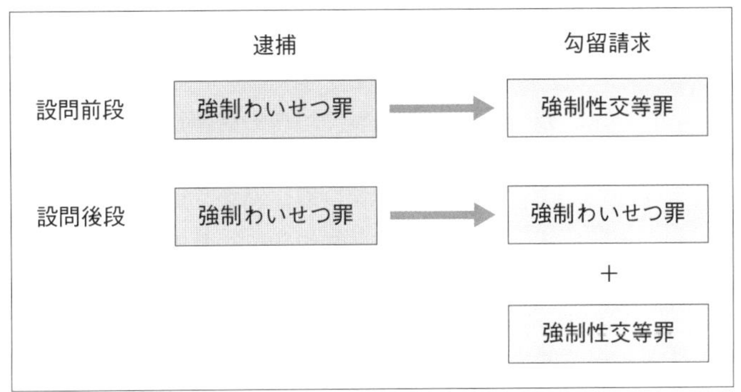

答案例

第１　本問前段について

検察官が強制性交等罪のみで被疑者の勾留請求をするためには，逮捕手続が先行している必要がある（逮捕前置主義，刑事訴訟法207条１項本文参照。以下「刑事訴訟法」法名省略）。その趣旨は，まず短期間の拘束を先行し，弁解聴取等を行ったうえで，なお拘束を継続する必要がある場合にはじめて長期間の拘束を行うことにより，拘束期間が不必要に長期にわたることを避け，もって被疑者の利益を図る点にある。

論 交換的勾留の可否

１　では，本問において，逮捕手続が先行しているといえるか，逮捕・勾留の効力の及ぶ範囲が問題となる。

(1)　この点，逮捕・勾留は，人に対する身体の拘束処分であり，被疑者の身体そのものに効力が及ぶとする見解がある（人単位説）。この見解によると，被疑者は強制わいせつ罪で逮捕されているから，逮捕手続が先行していることになる。

しかし，これでは，被疑者は顕在化していない余罪についていかなる嫌疑を受けているかを認識しえないまま逮捕・勾留されることになり，令状主義（憲法33条）の精神に反する。また，現行法は，令状主義のもと，被疑事実を基礎として被疑者の防御権を保障している（199条１項，207条１項・60条１項・61条，64条１項等）。

➡ 規範

そこで，逮捕・勾留の効力は，令状記載の被疑事実に対して及ぶと解する（事件単位説）。

➡ あてはめ

(2)　本問では，逮捕の効力は強制わいせつ罪に対してのみ及ぶことになるから，強制性交等罪について逮捕手続が先行していないことになる。

➡ 結論

２　よって，検察官は，上記強制性交等罪のみで被疑者の勾留請求をすることができない。

第２　本問後段について

論 付加的勾留の可否

では，検察官は，強制わいせつ罪のほか強制性交等罪をもつけ加えて被疑者の勾留請求をすることができるか。

➡ あてはめ

１　たしかに，事件単位説からすれば，強制性交等罪については逮捕手続が先行していないから，上記勾留請求をすることができないとも考えられる。

しかし，強制性交等罪について改めて逮捕手続から始めなければならないとすれば，身体拘束期間（203条から205条まで，208条）の点でかえって被疑者に不利益となる。また，強制わいせつ罪については逮捕手続が先行し，勾留請求もしていることから，すでに長期間の身体拘束の必要性があることが認められており，逮捕前置主義の趣旨に反しない。

➡ 結論

２　よって，検察官は，強制性交等罪をもつけ加えて被疑者の勾留請求をすることができる。

以上

出題趣旨

逮捕・勾留の効力の及ぶ範囲については，旧司法試験において1996（平成８）年度第２問で出題されているが，新司法試験ではいまだ出題されていない。この論点は，勾留延長や保釈請求の許否などさまざまな場面で問題となる。そこで，本問では逮捕・勾留の及ぶ範囲に関する基本的な問題を出題した次第である。

論点

1　交換的勾留の可否
2　付加的勾留の可否

答案作成上の注意点

1　設問前段について

本問は，これまでの司法試験で１度問われたのみのため，頻出論点ではないですが，基礎的で重要な論点なので，必ず理解を深めておきましょう。

1　逮捕前置主義

まず，逮捕前置主義に触れてください。これが議論の出発点です。

(1)　意義・根拠

逮捕前置主義とは，被疑者の勾留は先行する逮捕を前提としてのみ許されるとする原則をいいます。

条文上の根拠としては，207条１項本文があげられます。207条は，「前３条の規定による勾留の請求」と規定しており，「前３条」をみると，勾留請求はいずれも逮捕後の留置中の検察官がすることになっていることから，逮捕が勾留請求の前提となっているといえます。

(2)　趣旨

逮捕前置主義の趣旨は，まず短期間の拘束を先行し，弁解聴取等を行ったうえでなお拘束を継続する必要がある場合にはじめて長期間の拘束を行うことにより，拘束期間が不必要に長期にわたることを避け，もって被疑者の利益を図る点にあります。

逮捕前置主義の趣旨を，二重に司法審査を経ることにより，身体の拘束に慎重を期することにあるとする二重の司法審査説もありますが，二重の司法審査説については，現行犯逮捕の場合には逮捕の段階で司法審査を経ないことや，逮捕と勾留とでは期間が異なることを説明できないことなどが指摘されています。

2　逮捕・勾留の効力の及ぶ範囲

以上をふまえて，逮捕・勾留の効力の及ぶ範囲について論じることになります。この点については，大きく分けて，人単位説と事件単位説とがありますが（その他，手続単位説），事件単位説が通説・実務であり，これに従うべきでしょう。

事件単位説は，事件単位の原則ともいわれ，その内容としては，逮捕・勾留の効力は令状に記載されている犯罪事実にのみ及ぶとする原則をさします。その趣旨は，身体拘束の原因を明確にし，被疑者の人権を保障することにあります。この原則は，身体拘束の基本原理である令状主義に由来しており，裁判官が個別具体的な「理由」（199条１項，207条１項・60条１項）を審査して逮捕・勾留を認める以上，その効力の及ぶ範囲は「理由」とされた当該被疑事実にかぎられるべきであるとします。

事件単位説に立つと，設問前段では，強制わいせつ罪にかかる被疑事実についてのみ逮捕の効力が及んでおり，強制性交等罪については逮捕の効力が及んでいないため，強制性交等罪で勾留請求をすることはできない，ということになります。

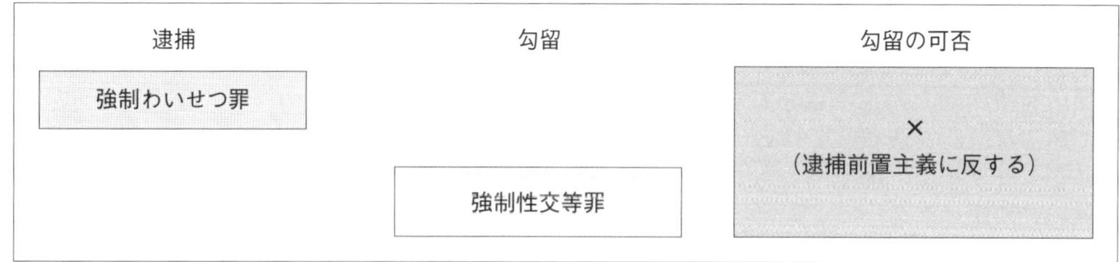

2 設問後段について

設問前段までの議論をふまえると，設問後段でも，強制性交等罪については逮捕の効力が及んでいないため，勾留請求は認められないと考えられます。しかし，設問後段のような場合，逮捕の効力が及んでいない事実についても勾留を認めるとするのが一般的です。なぜなら，逮捕された事実で勾留されている以上，他の事実について逮捕を省略しても，被疑者に不利益とはならず，むしろ他の事実について改めて逮捕されるよりも，身体拘束期間の点で利益となるからです。逮捕前置主義，事件単位説の原則をふまえたうえで，修正の必要性・許容性を考慮して論じれば，説得的な答案となるでしょう。

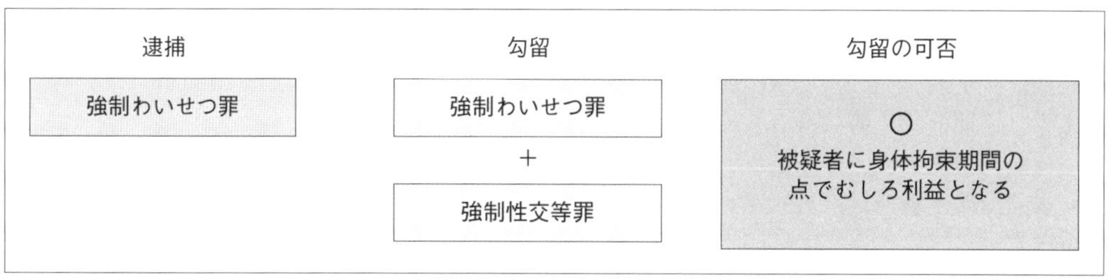

【参考文献】
試験対策講座５章３節4【1】・【2】。条文シリーズ207条3 7(1)・(2)。

第6問 A　別件逮捕・勾留，余罪取調べ

　Aは不法残留者であり，警察に不法残留の罪で逮捕・勾留された。その後，捜査官が不法残留について取調べをしていると，Aの供述内容から，Aが同時期に起こった現住建造物放火の犯人なのではないかという嫌疑が生じ，勾留期間内に放火についても取調べを行った。その際，勾留3日目まではもっぱら不法残留に関する取調べがなされていたが，放火についての証拠が不十分であったため，その後の7日間は，冒頭に1時間不法残留に関する取調べがなされたほかは，放火についての取調べがなされた。なお，取調べの全期間を通じて，Aは自由に取調室から退去できず，捜査官の要求があれば取調べに応じざるをえない状況にあった。そして，最終的に，Aは勾留期間満了前に放火の事実について自白し，その自白調書が作成された。

　本件逮捕，勾留およびこれに引き続く余罪取調べは適法か。なお，不法残留についての逮捕・勾留の要件はみたされていたものとする。

【解答へのヒント】

1　はじめに

　本問は別件逮捕・勾留について問うものですが，この分野には大きく3つの学説が存在し，それぞれに特徴があります。

　本問は3つのうちどれを採用するかによって，論証の方向性が大きく変わるものになっています。最低1つの学説を知っていれば解くことのできる問題ですが，3つの学説それぞれに強みがあり，すべてを勉強することが深い理解につながるので，異なる立場の答案も書いてみることをお勧めします。自説が定まっている場合でも，答案のなかで反対説に触れることができれば，より説得力は増すでしょう。

2　別件逮捕・勾留の適法性

　本問では，不法残留とはまったく関連性のない放火について取調べがされ，身体拘束の目的も放火の取調べにあると考えられるので，別件逮捕・勾留にあたるのではないかという疑いが生じます。そして，別件逮捕・勾留がそもそも違法なのか学説に対立があるところです。

3　余罪取調べの限界

　別件逮捕・勾留の適法性とは別個に，本問では逮捕・勾留期間中になされた本件についての取調べの適法性が問題となります。余罪取調べの限界についてもさまざまな学説が存在し，自説に沿った説得的な論証が期待されます。採用する説によっては，取調受忍義務についても軽く論じる必要があるでしょう。

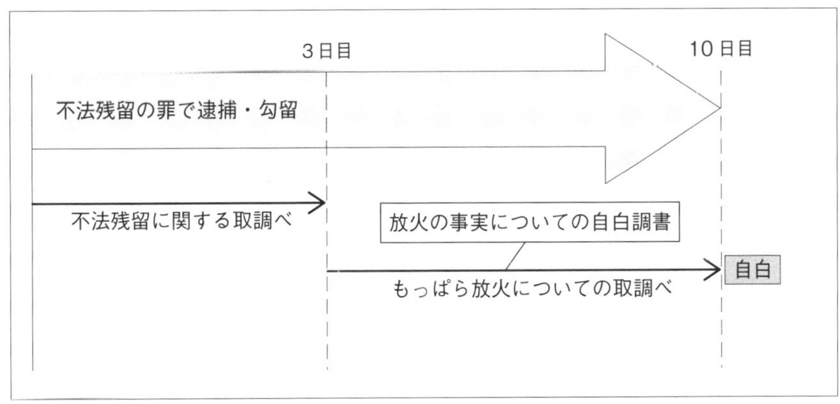

答案例① 本件基準説

第1　本件逮捕・勾留の適法性について

1　本問では放火の事実についての取調べが不法残留を理由とする逮捕・勾留期間を利用してなされている。このような逮捕・勾留は適法か。別件逮捕・勾留の意義およびその適法性が問題となる。

論 別件逮捕・勾留の適法性

(1)　別件逮捕・勾留とは，主として逮捕・勾留要件をみたしていない本件について取り調べる目的で，逮捕・勾留要件が具備された別件について行われる逮捕・勾留をいう。

ここで，別件について逮捕・勾留の要件がみたされていれば身体拘束は適法とする見解がある。しかし，上記別件逮捕・勾留を認めると，実質的には本件についての逮捕・勾留を司法審査なしに認めることとなり，令状主義（憲法33条，刑事訴訟法199条等。以下「刑事訴訟法」法名省略）を潜脱することになる。また，その後に本件について重ねて身体拘束を行うことが可能となり，身体拘束期間に厳格な制限を設けた法の趣旨（203条から205条まで，208条）を没却することにもなる。そのため，このような見解は妥当ではない。

そこで，別件について逮捕・勾留の要件がみたされていたとしても，主として本件捜査目的であると認められるなら，逮捕・勾留は全体として違法となると解する。

➡規範

もっとも，本件捜査目的は，捜査官の主観の問題であるため，その有無は客観的に判断せざるをえない。

そこで，①別件での逮捕の必要性の程度，②本件と別件の関連性，③逮捕後の取調べ状況，④本件についての捜査状況等から，本件捜査目的の有無を判断すべきである。

(2)　本問では，不法残留は事件としては重大ではなく，加えて，不法残留と放火には事実としての関連性がないこと，放火について不法残留よりも長期にわたって取調べがなされていることからすれば，本問の逮捕・勾留は違法のように思える。しかしながら，捜査機関は，Aを逮捕した段階では，Aが放火事件の犯人であるとは考えていなかった以上，主として本件捜査目的の逮捕・勾留であったと認めることはできない。

➡あてはめ

2　したがって，本問の身体拘束は適法である。

➡結論

第2　余罪取調べの適法性について

1　身体拘束の適法性とは別個の問題として，本問では，不法残留の被疑事実での身体拘束の期間内に，放火という余罪について取り調べたことの適法性が問題となる。

論 余罪取調べの限界

(1)　この点，黙秘権保障の充実を図るため，被疑者に取調受忍義務は認められないから，逮捕・勾留の理由となった被疑事実についての取調べも，受忍義務を課した状態

➡規範

でなされれば違法と解する。
　もっとも，受忍義務を負わず任意で取調べに応ずるかぎり，取調べの範囲を限定する根拠に乏しく，任意でなされる取調べの範囲に限定はないと解する。

あてはめ

(2)　本問では，余罪である放火の取調べにおいて，Aは自由に取調室を退去できず，捜査官の要求があれば取調べに応じざるをえない状況にあったから，受忍義務が課されていたものと認められる。

結論

2　よって，このような余罪取調べは違法である。

以上

答案例② 別件基準説

第1　本件逮捕・勾留の適法性について

論 別件逮捕・勾留の適法性

1　本問では放火の事実についての取調べが不法残留を理由とする逮捕・勾留を利用してなされている。このような逮捕・勾留は適法か。別件逮捕・勾留の意義およびその適法性が問題となる。

(1)　別件逮捕・勾留とは，主として逮捕・勾留要件をみたしていない本件について取り調べる目的で逮捕・勾留要件が具備された別件について行われる逮捕・勾留をいう。

ここで，捜査機関が本件捜査目的で逮捕・勾留の請求をする場合には，その身体拘束は違法とする見解があるが，捜査機関の主観を裁判官が判断することは困難であるし，少なくとも別件について逮捕・勾留の要件がみたされているのに主観を理由に身体拘束が許されないとするのは妥当ではない。

⇒規範

そこで，別件について逮捕・勾留の要件がみたされていれば別件逮捕・勾留と評価される身体拘束も適法であると解する。

(2)　本問では主として本件捜査目的であるから，別件逮捕・勾留にあたるといえる。もっとも，不法残留については逮捕・勾留の要件をみたしている。

⇒結論

2　したがって，本件身体拘束は適法である。

第2　余罪取調べの適法性について

論 余罪取調べの限界

1　身体拘束そのものは適法であるとしても，不法残留の被疑事実での身体拘束の期間内に，放火という余罪について取り調べたことの適法性が問題となる。

(1)　この点，刑事訴訟法198条1項ただし書反対解釈により，取調受忍義務は認められるとしても，事件単位原則から，受忍義務を課したうえでの取調べは，逮捕・勾留の理由となった被疑事実についてのみ認められる。

⇒規範

そのため，本罪について取調受忍義務を課しても違法ではないが，余罪について受忍義務を課したうえでの取調べは違法となると解する。

⇒あてはめ

(2)　本問では，取調べの全期間を通じて，Aには退去の自由が与えられておらず，実質的には取調べに応じることを義務づけられていたから，7日間にもわたる放火の取調べについても，取調受忍義務を課したうえでの取調べが行われていたと考えられる。

⇒結論

2　したがって，このような余罪取調べは違法である。

以上

答案例③　実体喪失説

第1　本件逮捕・勾留の違法性について

1　本問では，放火についての取調べが不法残留を理由とする逮捕・勾留期間を利用してなされている。このような逮捕・勾留は，別件逮捕・勾留として違法ではないか。

論 別件逮捕・勾留の適法性

(1)　この点，起訴前の身体拘束期間の趣旨は，被疑者の逃亡・罪証隠滅を阻止しつつ，身体拘束の理由とされた被疑事実につき，起訴・不起訴の決定に向けた捜査を行う点にある。

そうだとすると，別件につき逮捕・勾留の要件をみたしていても，身体拘束期間が主として本件の取調べに利用されている場合には，別件による身体拘束としての実体を失い，本件による身体拘束になっていると評価すべきである。そして，この場合には，本件につき裁判所の令状審査を経ていないから，その後の逮捕・勾留は違法となると解する。

➡ 規範

そして，その判断にあたっては，別件捜査の完了時期，別件と本件の取調べ状況，取調べの内容，別件と本件の関連性，供述の自発性，取調べ以外の捜査状況，捜査機関の意図等が考慮されると解する。

(2)　これを本問について検討する。

➡ あてはめ

ア　まず，別件である不法残留についての逮捕・勾留は，要件をみたしていた。

イ　次に，勾留3日目までは，もっぱら不法残留について取調べがなされており，身体拘束期間が主として放火の取調べに利用されていたとはいえない。

ウ　他方，勾留4日目以降については，たしかに，勾留最終日まで不法残留の取調べが行われており，不法残留の捜査が継続していたといえる。しかし，その間の取調べ状況をみると，各日の冒頭にわずか1時間のみ不法残留の取調べが行われた後は，終始放火についての取調べが行われているから，放火に関する証拠が不十分であるとの背景のもと，放火の取調べに重点がおかれていたといえる。また，不法残留と放火には関連性も存在しない。さらに，Aは自由に取調室から退去できず，捜査官の要求があれば取調べに応じざるをえない状況にあったことからすれば，Aが自発的に供述していたとは考えがたい。以上の事実からすると，勾留4日目以降の身体拘束期間は，主として放火の取調べに利用されており，放火による身体拘束になっているといえる。

2　よって，勾留4日目以降の身体拘束は違法である。

➡ 結論

第2　余罪取調べの適法性について

論 余罪取調べの限界

➡ あてはめ

本問では，勾留4日目以降の身体拘束は違法であるから，同期間になされた放火に関する取調べも違法である。　以上

出題趣旨

別件逮捕・勾留，余罪取調べについて問うものである。本問を解くうえでは，必ずしも代表的な3つの学説の対立関係を論じることを必要としないが，2019（令和元）年司法試験ではその対立関係が問われたため，すべて理解しておくに越したことはないだろう。本問はどの学説を採用するかによって，答案の方向性が大きく変わるものであるため，複数の答案例を掲載している。自説とは異なる立場にも目をとおし，3つの学説の関係性を深く理解してもらいたい。

論点

1　別件逮捕・勾留の適法性
2　余罪取調べの限界

答案作成上の注意点

1　別件逮捕・勾留とは

別件逮捕・勾留の論点に入る前に，そもそも別件逮捕・勾留とは何なのか，その定義を明らかにする必要があります。実際の裁判例でも，まず身体拘束が別件逮捕・勾留にあたるのかが争われているところです。

たとえば，別件逮捕・勾留を，「本件について逮捕の理由と必要性が十分でないのに，もっぱら本件についての取調べを行う目的で，逮捕の理由と必要性が十分な別件について逮捕・勾留をすること」と定義してみましょう。この見解によれば，“もっぱら”本件についての取調べを行う目的をもつことが要求されますから，別件の不法在留について3日間の取調べを行い，別件についてもいちおうの捜査目的が認められる本問は，別件逮捕・勾留にそもそもあたらないという結論になるでしょう。

他方で，「本件について逮捕の理由と必要性がないのに，主として本件についての取調べを行う目的で，逮捕の理由と必要性が十分な別件について逮捕・勾留をすること」と定義すると，別件についての取調べを3日で終了させ，その後7日にわたって放火について取調べをした本設問では，別件逮捕・勾留にあたることになるでしょう。

2つの定義のうちどちらが妥当かは一概に決定できませんが，2019（令和元）年司法試験では，別件について取調べが20時間行われたケースで，別件逮捕・勾留にあたることを前提とした答案が期待されており，後者の見解をとるのが穏当だと思われます。

2　代表的な3つの学説

別件逮捕・勾留にあたるとして，このような身体拘束が違法となるのかについては，代表的な3つの見解があります。

まず，該当事案（本件）について取調べ目的があることを捉えて，別件逮捕・勾留を違法とする見解があります。これは本件基準説とよばれ，このような本件捜査目的の身体拘束は，本件についての司法審査を潜脱するものであると主張する見解です。

一方で，同一事案での別件について逮捕の要件（理由と必要性）が備わっていることを捉えて，身体拘束は適法とする見解があります。これは別件基準説とよばれ，身体拘束自体は適法とするものの，余罪取調べの限界の問題として取調べを規律しようと試みる見解です。

また，近時の有力説として，身体拘束の途中で逮捕・勾留の理由となった別件について捜査が完了した場合には，その後の身体拘束は違法となるとする見解があります。これは一般に実体喪失説とよばれ，身体拘束の期間は逮捕・勾留の理由となった別件についての捜査を行うためのものであると主張し，別件による身体拘束の実体を失った段階で違法とする見解です（東京地決平成12年11

月13日判タ1067号283頁〔判例シリーズ11事件〕)。逮捕・勾留の開始段階を違法性の基準時とする本件基準説とは異なり，身体拘束期間の途中の時点から違法となりうると考える点に特徴があります。また，本件基準説が，捜査官の主観に着目し，事前の規制を図るものであるのに対し，実体喪失説は，捜査の実態に着目し，事後的な規制を図るものであるという点でも両者は区別されます。

3つの説について，明確な判断を行った最高裁判例はなく，学説上も意見が割れています。どの説を採用しても間違いではありませんが，論理矛盾が起こらないように注意を払う必要があります。

3 取調受忍義務

本問では身体拘束の適法性とは別個の大論点として，余罪取調べの限界が問題となりますが，この論点を理解するうえでは取調受忍義務についての理解が必須といえるので，先に解説しておきます。

取調受忍義務とは，端的にいえば，取調室への出頭義務および滞留義務のことです（なお，供述する義務ではありません)。この義務については学説上において肯定説と否定説とに分かれており，この対立が余罪取調べの範囲の問題においても現れています。

取調受忍義務肯定説は，198条1項ただし書の反対解釈をその根拠とし，受忍義務を認めても，供述を強制するものではなく，黙秘権を侵害しないと考えます。一方で，否定説は，逮捕・勾留の理由に取調べの必要性は含まれないこと，受忍義務を肯定すると実質的に黙秘権が侵害されることを理由とします。実務は肯定説に立っているといわれますが，答案上は否定説に立ってもらってもかまいません。なお，いずれの説を採るにせよ，後述する余罪取調べの限界の論点との関係で矛盾が生じないように論述を進めなければなりません。

4 余罪取調べの限界

身体拘束の適法性とは別に，身体拘束期間中に余罪についていかなる範囲で取調べができるかも問題となります。余罪取調べ自体は実務，学説上許容されていますが，その限界については争いがあります。

取調受認義務	事件単位原則	内容
肯定	①及ぶ（受忍義務は本罪のみ）	余罪取調べは任意による必要がある。
	②及ばない	受忍義務を課した余罪取調べが可能
否定	③及ぶ	任意による余罪取調べも違法
	④及ばない	任意によるなら余罪取調べも可能

⑤令状主義潜脱説	余罪取調べが実質的に令状主義を潜脱しているなら違法
⑥「身体拘束期間の趣旨」説	余罪取調べが起訴価値の決定を不当に遅らせるなら違法

1つの見解としては，①取調受忍義務を肯定したうえで，逮捕・勾留の理由となった別件についての取調べには受忍義務が及ぶが，余罪については事件単位原則から受忍義務を課したうえでの取調べはできないとするものがあります。この見解によれば，余罪取調べは任意の協力のもとでなされる必要があるという結論になります。一方で，②受忍義務を肯定し，これが余罪についても及ぶという見解（捜査実務）もあります。この見解は，223条2項と198条1項ただし書の関係に着目し，取調受忍義務が生じるか否かは身体拘束の有無によってのみ決定され，逮捕・勾留の理由によって受忍義務の範囲が限定されることもないと考えるものです。この見解によれば，余罪についても受忍義務を課した取調べが許容されます。

また，③取調受忍義務を否定したうえで，事件単位原則から取調べの範囲を限定する見解もあります。これは，逮捕・勾留の理由となった事実についても受忍義務を否定するため，取調べは任意の協力のもとでしか許されないこととするのみならず，任意の取調べの範囲をも限定する見解です。一方で，④受忍義務を否定し，被疑者が任意で応じるかぎり余罪取調べの範囲に限定はないと考える見解もあります。

さらに，取調受忍義務の有無，範囲を問題とすることなく，余罪取調べの限界を画そうとする見解もあります。代表的なものとして，⑤余罪の取調べが実質的に令状主義を潜脱する場合には違法とする見解があげられます。この見解は，本罪と余罪の関係，余罪の嫌疑の程度，余罪取調べの態様などを考慮し，実質的に令状主義を潜脱するのかを判断するものとされています。また，⑥身体拘束の趣旨から余罪取調べの限界を画する見解もあります。この見解は，被疑者の身体拘束の目標は起訴価値の決定（起訴するかしないか）であるとし，余罪の取調べが逮捕・勾留の理由となった被疑事実の起訴不起訴の決定を不当に遅らせるものであるなら，たとえ任意に余罪取調べが行われたとしても違法となると考えるものです。

以上が主な見解ですが，このほかにもさまざまな学説があります。いずれの見解を採用するにせよ，説得的な論証を展開する必要があります。①から④までの見解を採用する場合には，取調受忍義務の有無についても論じなければなりません。

【参考文献】

試験対策講座５章３節4【4】，５章５節1【3】・【4】。判例シリーズ11事件。条文シリーズ198条2 1(2)・(3)。

第7問A　令状に基づく捜索・差押え(1)

CHECK 

以下の①および②行為の適法性を論ぜよ。

1　司法警察員K_1およびK_2は，Aが覚醒剤の密売を行っているとの嫌疑が高まったため，令和3年6月15日，被疑者を「A」，犯罪事実の要旨を「被疑者は，営利の目的で，みだりに，令和3年6月13日，C株式会社において，覚醒剤若干量を所持した。」，捜索すべき場所を「B株式会社」，差し押さえるべき物を「本件に関連する覚醒剤，電子秤(はかり)，ビニール袋，はさみ，注射器，手帳，メモ，ノート，携帯電話」とする捜索差押許可状の発付を受けた。なお，K_2が事前に内偵捜査を行ったところ，AはB株式会社（以下「B社」という）において人材派遣業を営んでおり，代表取締役社長のA以外に数名の従業員がB社の事務所で働いていること，また，かつて覚醒剤取締法違反で検挙されたことのある者数名が同事務所に出入りしていることが判明した。

2　K_1らは，同月15日午後3時，同事務所に赴き，Aに前記捜索差押許可状を呈示したうえで，捜索に着手し，同事務所内において，電子秤，チャック付きの小型ビニール袋100枚，注射器50本のほかAの携帯電話を発見してこれらを差し押さえた。捜索が継続中の同日午後3時16分，同事務所に宅配便荷物が届き，Aがこれを受領した。同宅配便荷物はA宛てであり，差出人は「C株式会社」，内容物については「書籍」と記載されていた。Aが「受け取ってしまったものは仕方がないよな。」などとつぶやいたため，これを不審に思ったK_1は，Aに「どういう意味だ。」と聞いたが，Aは無言であった。

K_1が差し押さえたAの携帯電話の確認作業を行ったところ，Dなる人物から送信された「ブツを送る。いつものようにお前がさばけ。6月15日午後3時過ぎには届くはずだ。10日間でさばき切れなかったら，とりあえず送り返せ。部下たちにも伝えておけ。」と記載されたメールを発見した。この間，K_2が伝票に記載されていた「C株式会社」の所在地等について調べたところ，その地番は実在しないものであることが判明した。

このような経緯から，K_1は，この宅配便荷物には覚醒剤が入っていると判断し，Aに対し，荷物の開封を求めたが，Aは，「お前らには関係ない。」と言って拒絶した。その後もK_1は同様の説得を繰り返したが，Aは応じなかった。

そこで，K_1は，同日午後3時45分，①同宅配便荷物を開封した。その結果，荷物の中から大量の白色粉末が発見された。

3　また，捜索の継続中，K_2はAが手帳のようなものを手に取って上着の内ポケットに入れるのを見た。そこで，K_2はAに対して内ポケットに入れたものを出すよう要求したが，Aはこれをかたくなに拒絶した。そのため，K_2は，②Aの上着の内ポケットに手を入れて中身を取り出したところ，覚醒剤売買の取引相手や日時，値段について詳細に記録された帳簿を発見した。

【解答へのヒント】

1　①行為について

本問では，K_1らがB社事務所を捜索している最中に，A宛の荷物が届いています。ここでは，捜索場所をB社とする捜索差押許可状によってA宛の荷物を捜索することができるかという点と，捜索開始後に届いた荷物を捜索することができるかという点の両方が問題となります。

2　②行為について

本問では，K_2はAの上着の内ポケットに手を入れて手帳のようなものを捜索しています。ここでは，場所に対する捜索差押許可状によってAの身体を捜索することができるかという点が問題となります。

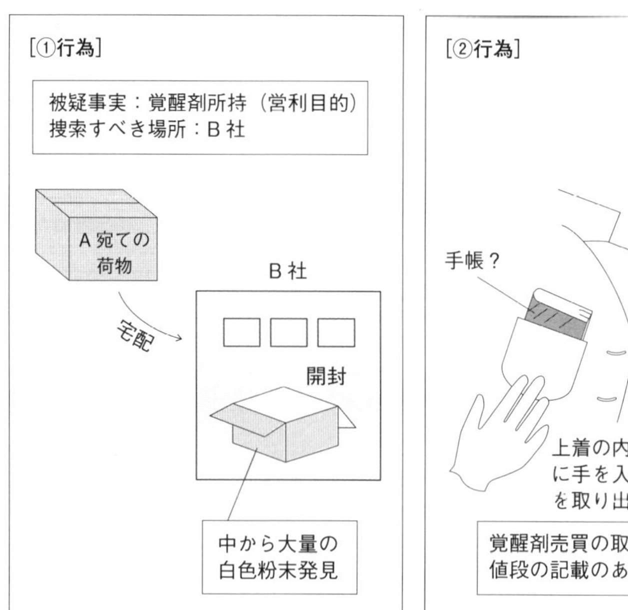
[①行為]
被疑事実：覚醒剤所持（営利目的）
捜索すべき場所：B 社
A 宛ての
荷物
宅配
B 社
開封
中から大量の
白色粉末発見

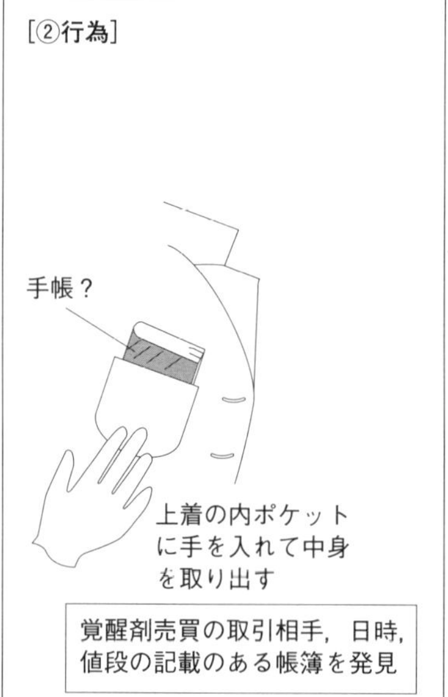
[②行為]
手帳？
上着の内ポケット
に手を入れて中身
を取り出す
覚醒剤売買の取引相手，日時，
値段の記載のある帳簿を発見

答案構成用紙

答案例

第1　①行為の適法性

1　①行為は，A宛の配達物の「封を開」く行為であり，本問捜索差押許可状に基づく捜索に付随する「必要な処分」（刑事訴訟法222条1項本文前段・111条1項前段。以下「刑事訴訟法」法名省略）と考えられる。もっとも，上記許可状は捜索対象をB社という「場所」（219条1項）として特定しているところ，本件荷物は「物」である。そこで，「場所」に対する捜索差押許可状に基づき「物」を捜索できるか，問題となる。

論「場所」に対する捜索差押許可状による「物」の捜索の可否

(1)　この点，物に対する捜索により侵害される利益は，一般的には所有権の帰属にかかわらず場所に対する捜索により侵害される利益に包摂されており，場所に対する令状においては当該場所の管理者の管理権を侵害する「正当な理由」（憲法35条1項）につき審査が及んでいる。

規範

したがって，第三者の排他的支配下にあるなど別個独立の保護に値する管理権があり，その物に対するプライバシーの利益が場所に対するそれに包摂されていない場合でないかぎり，場所に対する令状により捜索場所にある物を捜索できると考える。

あてはめ

(2)　本件荷物にかかるAのプライバシーの利益は，B社という場所に対するプライバシーの利益に内包されており，別個独立に保護に値するとして令状裁判官の審査を要するものではない。よって，本件荷物を「場所」に対する令状によって捜索しうる。

論 捜索中に配達された荷物についての捜索の可否

2　次に，本件荷物は捜索開始後に配達されており，捜索開始時点ではB社に存在していなかったことから，本件荷物には上記許可状の効力が及ばないのではないか。

(1)　この点，219条1項は令状裁判官が令状の「有効期間」内に捜索場所に差押対象物が存在する蓋然性を審査することを想定しているから，令状裁判官の令状審査は，有効期間内である捜索差押許可状の執行終了時点までは当然に及んでいる。

規範

そこで，捜索差押許可状の執行終了時点までに捜索場所に搬入された物も捜索「場所」に含まれ，これを「場所」に対する令状により捜索できると考える。

結論

(2)　よって，捜索執行中に届いた本件荷物にも本件許可状の効力が及ぶ。

規範

3　さらに，捜索が適法であるためには，被疑事実に関連する物が存在する蓋然性が令状執行段階においても認められる必要がある（憲法35条参照）。

あてはめ

本件荷物が届いてからAが不審な言動をしていること，「ブツを……さばけ」との記載があるDからのメールにある「午後3時過ぎには届く」という記載と実際の配達物の到着時刻がほぼ一致していることから，本件荷物の中に覚醒剤が存在する蓋然性が認められる。また，たしかに，６月13日時点のAの覚醒剤所持の被疑事実を構成する覚醒剤が，捜索時である６月15日に届いた本件荷物に入っていることはありえない。しかし，本件被疑事実は６月13日の営利目的での覚醒剤所持であるところ，所持する覚醒剤の分量が多いことは営利の目的を強く示唆する事実であるし，覚醒剤常習者が複数名B社に立ち入っていることが判明しており，小分け販売用と思われる道具もあったことから，捜索時である６月15日に届いた本件荷物内の覚醒剤は，６月13日時点の過去の所持の営利性を推認しうるといえ，本件被疑事実との関連性も認められる。

4　そして，相当性を欠く事情もなく，「必要があるとき」（218条１項）といえる。

➡結論

5　以上より，①行為は適法である。

第２　②行為の適法性

論「場所」に対する捜索差押許可状による「身体」の捜索の可否

捜索場所をB社とする「場所」に対する令状で，Aの上着の内ポケットという「身体」に対して手を入れて捜索を行ったK_2の行為は適法か。「場所」に対する令状により被疑者の「身体」を捜索することができるか，問題となる。

1　この点，219条１項は捜索すべき「場所」と「身体」を区別して規定しているところ，人格を有する人の身体に対するプライバシーの利益は，管理者の管理権という場所に対するプライバシーの利益とは異質である。そうだとすれば，身体に対する捜索により侵害される利益を場所に対する利益に包摂させることはできない。

➡規範

したがって，場所に対する令状により身体を捜索することは，令状裁判官の「正当な理由」の審査が及んでいない部分への捜索にあたり，許されないと考える。

2　もっとも，法は令状裁判官が捜査機関に強制処分たる捜索の権限を与えることを予定しているから，捜索・差押えに対する妨害を排除してその目的を達成するために必要かつ相当な措置をとることを許容している（222条１項本文前段・111条１項前段参照）。そこで，捜索中および直前に目的物を隠匿所持して捜索を妨害した疑いが十分に認められる場合は，「必要な処分」として必要かつ相当な処分を行うことができると考える。

➡あてはめ

3　捜索中に手帳を内ポケットに入れるというAの不審な行動からすれば，隠匿した手帳には覚醒剤売買に関する情報が記載されている可能性が高く，差押対象物たる「本件に関連する……手帳」を隠匿所持した疑いが高いといえる。また，任意の提出を求めたうえで，説得に応じなかったために内ポケットに手を入れたのみであり，②行為は「必要な処分」として必要かつ相当な処分であったといえる。

➡結論

4　以上より，②行為は適法である。　以上

出題趣旨

搜索・差押えの分野は，新・旧司法試験において頻出の分野である。本問は，捜索差押令状の効力が及ぶ範囲とその根拠についての基礎的知識および事案へのあてはめの適切さを問うものである。捜索中に配達された荷物についての捜索の可否については，2012（平成24）年新司法試験において，場所に対する捜索差押許可状による身体の捜索の可否については2017（平成29）年新司法試験および旧司法試験における2006（平成18）年度第1問で出題されており，今後も出題が予想される。

論点

1 「場所」に対する捜索差押許可状による「物」の捜索の可否
2 捜索中に配達された荷物についての捜索の可否
3 「場所」に対する捜索差押許可状による「身体」の捜索の可否

答案作成上の注意点

1 「場所」（219条1項）に対する捜索差押許可状による「物」（同項）の捜索の可否

「場所」に対する令状は，当該場所の管理者の有する管理支配全般に関する権利利益を侵害する「正当な理由」（憲法35条1項）があるか否かを審査したうえで発せられます。そして，捜索場所に存在する「物」は，その場所における管理支配に関する権利利益の構成要素のうちのひとつにあたります。そうだとすれば，物に対する捜索により侵害される利益は，一般的には，その物の所有権がだれに帰属するのかに関係なく，場所に対する捜索により侵害される利益に包摂されているといえますから，当該「物」についても令状裁判官による「正当な理由」の有無の審査が及んでいるといえるでしょう。

したがって，捜索される物が第三者の排他的支配下にあるなど別個独立の保護に値する管理権があり，その物に対するプライバシーの利益が捜索場所に対するそれに包摂されているとはいえない場合でないかぎり，「場所」に対する令状によって捜索場所にある「物」を捜索することができるといえます。

判例も，特定の居室に対する捜索差押令状により，居住者の所持するバッグの中身を捜索することができるとしています（最決平成6年9月8日刑集48巻6号263頁〔判例シリーズ13事件〕）。

「場所」に対する令状の効力の範囲を決する際は，令状裁判官は当該場所の管理権を侵害してまでも捜査官を立ち入らせる「正当な理由」があるかを審査する，という点を意識するようにしましょう。

2 捜索中に配達された荷物についての捜索の可否について

捜索中に捜索場所に配達された物に対して，「場所」に対する令状によって捜索することは許されるのでしょうか。

そもそも刑事訴訟法219条1項は，令状裁判官が令状の「有効期間」内に捜索場所に差押対象物が存在する蓋然性を審査することを想定しています。ですから，令状裁判官による令状審査は，有効期間内である捜索差押許可状の執行終了時点までは当然に及んでいるといえます。また，捜索開始時期が偶然前後するだけで物に対する捜索の可否が左右されるのは不合理ともいえるでしょう。

そこで，捜索差押許可状の執行終了時点までに捜索場所に搬入された物も，捜索「場所」に含まれ，これを「場所」に対する令状により捜索できると考えられます。

判例も，被告人方を捜索場所とする捜索差押許可状の効力は，令状提示後に被告人方に配達された物品にも及ぶとしています（最決平成19年2月8日刑集61巻1号1頁〔百選20事件〕）。

3 関連性について

1　令状に基づく捜索が適法であるというためには，捜索対象（場所・物・人）に被疑事実に関連する証拠物が存在する蓋然性が認められる必要があり，令状に基づく差押えが適法であるというためには，差押対象物に被疑事実との関連性が認められる必要があると解されています。

しかし，そもそも捜索場所に対する令状がでている以上，関連する証拠が存在する蓋然性があることは令状裁判官が確認ずみですし，「差し押さえるべき物」に記載された物が関連性を有することについても令状裁判官が確認ずみなのですから，令状に基づく捜査において，捜査機関に逐一関連性を確認させる必要はないのではないかという疑問が生じえます。

2　この点については，以下のような説明をすることができます。

そもそも，憲法35条の要請を受けて令状審査の際に裁判官に押収の「正当な理由」の有無を判断させる趣旨は，捜索・押収の範囲を必要最小限度にとどめることで，被処分者に対する不当な権利侵害を防止する点にあります。このような被処分者の権利保護の見地からは，令状執行段階においても，目的物と被疑事実との関連性の有無を判断すべきです。そこで，やはり，①令状に基づく捜索が許されるのは，被疑事実と関連する証拠物が存在する蓋然性がある場合，②令状に基づく差押えが許されるのは，対象物が被疑事実と関連性を有する場合にかぎられると解するべきでしょう。

4 「場所」に対する捜索差押許可状による「身体」の捜索の可否について

「場所」に対する令状で，捜索場所に居合わせた者の「身体」を捜索することは許されるのでしょうか。

1　まず刑事訴訟法219条１項をみてみると，同条は捜索すべき「場所」と「身体」を区別して規定しています。また，人格を有する人の身体に対するプライバシーの利益は，管理者の管理支配全般に関する権利利益という場所に対するプライバシーとは異質です。これらのことからすれば，身体に対する捜索により侵害される利益を，場所に対する利益に包摂させることはできません。

したがって，場所に対する令状によって人の身体を捜索することは，令状裁判官の「正当な理由」の審査が及んでいない部分への捜索にあたり，許されないといえるのです。

2　一方で，刑事訴訟法は，令状裁判官が捜査機関に強制処分たる捜索の権限を与えることを予定しています。そうだとすれば，捜索・差押えに対する妨害を排除してその目的を達成するために必要かつ相当な措置をとることを，刑事訴訟法みずからが許容しているといえます。222条１項本文前段が準用する111条１項前段は，このような合理的に必要とされる最小限度の付随的な強制力の発動が許されることを確認しているものといえるでしょう。

そこで，捜索中または捜索直前に目的物を隠匿所持して捜索を妨害した疑いが十分に認められる場合には，「必要な処分」（222条１項本文前段・111条１項前段）として必要かつ相当な処分を行うことができると解することができます。

ここで，このような処分はあくまでも捜索妨害に対する付随的措置として許容されるという構成であることに注意してください。すなわち，ここで注意すべきなのは，“原則，違法。しかし，例外的に許容”というロジックではないということです。「場所」に対する令状により，「身体」を捜索することは許されないのです。十分に理解しておきましょう（川出『判例講座刑事訴訟法〔捜査・証拠篇〕［第２版］』40頁以下）。

3　なお，差し押さえるべき物をその着衣・身体に隠匿所持していると疑うに足りる相当な理由がある場合には，これに対する妨害排除・原状回復の措置は，（「必要な処分」であると解するのではなく，）捜索の権限に当然に含まれる措置であると解する説もあります（東京高判平成６年５月11日判タ861号299頁等）。この説によれば，捜索として許される以上，許される措置は着衣・身体の捜索にかぎられ，身体の検査にまでは及ばないことになります。

もっとも，この説に対しては，捜索現場に居合わせた者は捜索機関に対して差押目的物を提出しなければならないという義務はありませんから，「捜索すべき場所に現在する者が当該差し押さえるべき物をその着衣・身体に隠匿所持している」（前掲東京高判平成６年）というだけでは妨害行為と評価することはできないとの批判があります。

【参考文献】

試験対策講座５章４節①【1】(2)(b)・(d)・(3)(b)。判例シリーズ13事件。条文シリーズ219条②１(2)(b)，２(2)，判例セレクト２。

第8問A　令状に基づく捜索・差押え(2)

捜査官Kらは，被疑者Aらに対し，組織的な特殊詐欺の嫌疑を抱いた。そこで，同特殊詐欺を被疑事実とし，差し押さえるべき物を「組織的犯行であることを明らかにするための磁気記録テープ，フロッピーディスク，パソコン一式，その他本件に関係ありと思料されるいっさいの書類等」とする捜索差押許可状の発付を得て，Aらのマンションに赴いた。しかし，玄関扉が施錠されていたため，「宅配便です。」と声を掛け，Aを誤信させて鍵を開けさせた。その後，ただちに捜索差押許可状を示したうえで部屋に立ち入った。

Kらはパソコンを起動させる際にそこに記録されている情報を瞬時に消去するソフトが開発されているとの情報を得ており，以前にAの所属する組織の捜索を行った際，データが消去されたこともあった。そのため，Kらはノートパソコン1台，フロッピーディスク108枚をその内容を確認せず，差し押さえた。なお，パソコンおよびフロッピーディスクがしまわれていた引き出しには，「振り込め詐欺」と書かれたラベルが貼られていた。

本問において刑事訴訟法上問題となりうる点をあげて論ぜよ。

【解答へのヒント】

1　捜索差押許可状には氏名，罪名に加えて，「差し押さえるべき物」の記載が要求されます（219条1項参照)。本問では「差し押さえるべき物」の記載が概括的であり，このような記載が許されるのか検討する必要があります。

2　また，捜索として住居内に立ち入る際に宅配便を装って，被処分者を誤信させていますが，これは許されるのでしょうか。被処分者が玄関の扉を閉めて捜索を拒むのは考えられる抵抗のひとつですが，このような抵抗に対して，捜査機関はいかなる措置をとることができるでしょうか。さらに，A宅のドアを開けさせてから令状を呈示していますが，令状呈示の方法として適切でしょうか。

3　最後に，Kらはパソコンやフロッピーディスクを内容を確認せず包括的に差し押さえていますが，被疑事実との関連性が差押えの要件とされていることとの関係から問題はないでしょうか。また，このような差押えが許されるとしても，いかなる場合も適法といえるのでしょうか。

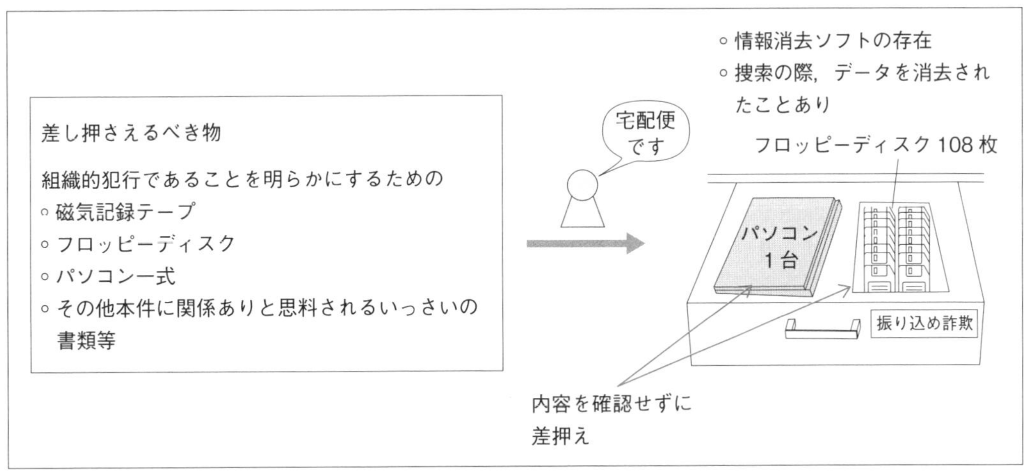

答案例

論「差し押さえるべき物」の特定の程度

1　本件許可状には，差押え対象物につき「その他本件に関係ありと思料されるいっさいの書類等」という概括的な記載がされている。このような記載であっても，憲法35条１項を受けて規定された刑事訴訟法219条１項（以下「刑事訴訟法」法名省略）にいう「差し押さえるべき物」の要件をみたすか。

(1)　同項の趣旨は，捜査機関に対し権限の範囲を明確にし，被処分者に対して受忍すべき範囲を明示することにある。したがって，差押え対象物は，個別具体的に特定されていることが望ましい。

もっとも，捜査の流動性に照らすと，令状の段階で完全な記載を要求することは，捜査機関に不可能を強いることになり，妥当でない。

➡規範

そこで，①具体的例示に付加されたものであり，②本件の内容が明らかであれば，「その他本件に関係ありと思料されるいっさいの書類等」という記載も「差し押さえるべき物」という要件をみたすと解する。

➡あてはめ

(2)　本問では，単なる概括的記載ではなく，「磁気記録テープ，フロッピーディスク，パソコン一式」という類型的表示に付加されており（①充足），また本件の内容が特殊詐欺事案であることは明らかである（②充足）。

➡結論

(3)　したがって，本件のような概括的記載は憲法35条１項および219条１項に反せず，適法である。

2　次に，KらはA宅に立ち入る際に宅配業者を装い，Aに玄関扉を開けさせてから令状を呈示している。Kらの一連の行為は適法か。

論「必要な処分」としての適法性

(1)　まず，このような欺罔（ぎもう）的行為は，「必要な処分」（222条１項本文前段・111条１項前段）として適法かが問題となる。

ア　捜査機関が詐術を用いることは，適正手続の見地からは許されないとも思える。

しかし，法は「必要な処分」として錠を破壊することをも許容しているところ，

➡規範

欺罔的行為も，必要かつ相当といえる範囲で「必要な処分」として許されると解する。

➡あてはめ

イ　本問では，警察が来たと知られれば，開扉を拒んでいるうちに記録を消去されるおそれがあったため，警察の身分を秘しておく必要性があったと認められる。

また，KらはAを欺罔したにとどまるから，執行の目的達成のために相当な手段であったといえる。

➡結論

ウ　よって，Kらの欺罔的行為は適法である。

論令状呈示の時期

(2)　もっとも，KらはA宅のドアを開けさせてから令状を呈示しているが，これは222条１項本文前段が準用する110条に反し許されないのではないかが問題となる。

ア　110条の趣旨は手続の明確性と公正さを担保することにあるところ，この趣旨は被処分者が令状の内容を事前

に了知することで達成されるから，110条にいう令状の呈示は，執行着手前に行うのが原則である。

もっとも，令状の事前呈示により，令状執行の目的が阻害される場合に，着手後ただちに令状を呈示して行うのであれば，110条の趣旨は大きく害されない。

➡規範

そこで，①令状呈示に先行した執行の必要性があり，②執行着手後ただちに令状が呈示された場合，令状呈示に先行した執行は110条に反しないと解する。

➡あてはめ

イ　本問では，特殊詐欺を被疑事実とする令状を提示すれば，ソフトに記録されていた情報を消去されるおそれがあったから，令状呈示に先行した執行の必要性があった（①充足）。

また，Kらは A宅のドアを開けさせた後ただちに令状を呈示している（②充足）。

➡結論

ウ　よって，Kらのドアを開けさせた行為が令状呈示に先行したことは，110条に反しない。

➡結論

(3)　以上より，Kらの一連の行為は適法である。

論 電磁的記録媒体の差押え

3　そうだとしても，Kらはフロッピーディスク等を，内容を確認せずに差し押さえている。このような差押えは，一般的・探索的捜索押収を禁止した憲法35条１項，218条，219条に反し，許されないのではないかが問題となる。

(1)　被処分者の人権保護という憲法35条１項等の趣旨からすれば，差押えは被疑事実に関連する物件についてのみ行われるべきであり，関連性を確認せずに差押えをすることは原則として許されない。

もっとも，フロッピーディスク等は，文書と異なり直接的な可視性・可読性がなく内容確認が困難なうえ，瞬間的に情報を消去することも容易である。

➡規範

そこで，①対象物件に被疑事実に関連する情報が記録されている蓋然性が高く，②現場で関連性を確認していたのでは，情報を隠滅される危険が認められる場合には，内容を確認せずにする差押えも許されると解する。

➡あてはめ

(2)　本問では，パソコンやフロッピーディスクは「振り込め詐欺」と書かれたラベルが貼られた引き出しから発見された。このような引き出しにラベルの内容と関係のない物をしまうとは通常考えられないから，フロッピーディスク等に詐欺に関する情報が含まれている高度の蓋然性が認められる（①充足）。また，Aらが情報を瞬時に消去するソフトを開発しているとの情報を得ており，以前にデータを消去されたこともあったことから，現場でフロッピーディスクやパソコンの中を確認すればソフトが起動され，情報を隠滅されるおそれが高かったといえる（②充足）。

➡結論

(3)　よって，Kらがフロッピーディスク等の内容を確認せずに差し押さえたことは適法である。　以上

出題趣旨

令状に基づく捜索・差押えの２問目である。短い問題文であるが重要論点が多数含まれている。予備試験や司法試験の受験生のほとんどは書くことのできる論点であるから，本問を機に完璧に理解しておこう。

本問の論点は2021（令和３）年司法試験にも出題されており，司法試験委員会の関心が高い分野といえるだろう。解けなかった部分はそのままにせず，必ず復習しておいてほしい。

論点

1 「差し押さえるべき物」の特定の程度
2 「必要な処分」としての適法性
3 令状呈示の時期
4 電磁的記録媒体の差押え

答案作成上の注意点

1 捜索差押許可状の記載の特定性

差押えをするにあたっては，「差し押さえるべき物」の記載が要求されます（219条１項参照）。そして同項が憲法35条の要求を受けて規定されたことを考えると，対象物件はできるかぎり具体的に示される必要があります。記載が具体的になることにより，捜査機関に対し権限の範囲を明確にし，一般令状を防止するという刑事訴訟法219条１項の趣旨も達成されるのです。

もっとも，捜索・差押えは捜査の初期段階でなされることが多く，この段階では目的物が明確に特定されていないことも多いため，あまりに厳格な特定を求めると，捜査機関に無理を強いることになり，かえって自白偏重の捜査が助長される結果になりかねません。そのため，捜査の必要性も考慮したうえで，特定の程度を判断しなければなりません。つまり，「差し押さえるべき物」の特定の程度という論点では，捜査上の必要性と，219条１項の趣旨という２つの対立する要請を考慮したうえで，適切な妥協点をとる必要があるのです。

このような思考過程を経て，①具体的例示に付加されており，かつ②「本件」の内容が明らかであれば，「その他本件に関係ありと思料されるいっさいの書類等」といった概括的記載も許容されるという論証が生まれるのです。本問では，磁気テープ，フロッピーディスク，ノートパソコン一式などの具体的例示が先行しており，また，被疑事実も特殊詐欺と記載されているから，「本件」の内容も明らかといえるでしょう。

2 宅配業者を装って立ち入った行為の適法性

本問では欺罔手段を用いて玄関扉を開けさせているところ，このような手段は適法かが問題となります。捜査機関は捜索・差押えの際，錠を外し，封を開き，その他「必要な処分」（222条１項本文前段，111条１項前段）をすることができますが，欺罔手段が「必要な処分」として許容されるでしょうか。

この点につき，「必要な処分」として許容されるためには，捜索・差押えを執行するための必要性のみならず，相当性も要求されます。本問では欺罔手段がとられていますが，迅速な捜索を行うために扉を開けさせる必要性が認められるとともに，欺罔手段は扉を破壊するなどの有形力行使よりも平和的な手段であり，相当な範囲であるといえるでしょう。判例（大阪高判平成６年４月20日判タ875号291頁）も覚醒剤取締法違反のケースで，欺罔手段により立ち入った行為を適法であると判断しています。

なお，本問では捜索差押許可状を示す前に上記のような欺罔手段にでているので，222条１項本文前段が準用する110条から導かれる令状の事前呈示の原則に抵触しないかも問題となります。もっとも，本原則は例外をまったく許さないものではないため，捜査のために必要かつ相当な範囲内で，令状呈示前に執行に移ることも許容されると考えられています。この論点についても忘れずに記述しましょう。

3 電磁的記録媒体差押えの適法性

差押えの対象は令状に「差し押さえるべき物」として記載されている物件で，かつ被疑事実に関連する物でなければなりません。しかしながら，パソコンやディスクなどの記録媒体は，可視性・可読性がなく，セキュリティロックなどが掛けられている場合もあり，加えて証拠隠滅も容易であることから，関連性を現場で確認することが難しいです。そこで，一定要件のもとで関連性を確認しない差押えが認められるべきではないかが問題となります。

パソコン，フロッピーディスク等が損壊される可能性があった事案において判例（最決平成10年5月1日刑集52巻4号275頁〔判例シリーズ16事件〕）は，次のような場合には，捜索の現場において，関連性を確認せずに包括的に差し押さえても適法であるとします。

①被疑事実に関連する情報が記録されている蓋然性が高い

かつ，

②現場で関連性を確認していたのでは記録された情報を損壊される危険がある

本問ではデータを消去するソフトの存在が疑われていたこと，過去に同一組織がデータを消去したことがあることから，②の要件はみたされるでしょう。また，パソコンとフロッピーディスクは「振り込め詐欺」と書かれた引き出しから見つかっており，このような引き出しには通常事件と関係性のある物が入っている可能性が高いと考えられるから，①も認められるでしょう。

なお，被処分者が証拠隠滅などをするおそれが認められない場合，上記②要件はみたされず，関連性を確認せずに差し押さえることはできませんが，そのほかにさまざまな手段を採ることができます。本問とは直接的な関係はありませんが，この機会に整理しておいてください。

手　段	内　容
(1)差押えに代わる処分（222Ⅰ本文前段，110の2）	記録媒体の情報を他の記録媒体に複写，印刷，移転させ，移動先の記録媒体を差し押さえること
(2)記録命令付差押え（218Ⅰ前段，99の2）	通信事業者などの電磁的記録を保管する者に命じて，記録媒体に情報を記録，印刷させ，当該記録媒体を差し押さえること
(3)電子計算機に通信回路で接続している記録媒体からの複写（218Ⅱ，99Ⅱ）	外部サーバーなどの情報を電子計算機等に複写したうえで差し押さえること
(4)被処分者への協力要請（222Ⅰ本文前段，111の2）	被処分者に協力させて，電子計算機の操作その他必要な協力を求めること
(5)通信事業者に対する通信履歴の保全要請（197Ⅲ，Ⅳ，Ⅴ）	通信事業者に対し，通信履歴を消去しないように書面で要請すること

4 原則と例外

予備試験，司法試験を通じて求められるのは，基礎をしっかり理解したうえで論証をすることです。

本問を解くうえでも，しっかりと原則論をふまえて論証を進めなければ点数は伸びません。論点に飛びついてそれだけを厚く論証しても，基礎を理解していないとみなされ，悪しき論点主義の烙印を押されるだけです。

たとえば，電磁的記録媒体の差押えの場合，みなさんの答案は原則をふまえたものになっているでしょうか。「差押えにおいては被疑事実との関連性を確認する必要がある」，これが原則です。これに対する例外としてはじめて関連性を確認しない差押えの論点が登場するわけです。勉強が進んで，論証を覚えてくるとつい論点から書きたくなりますが，あくまで原則あっての例外なので，慎重に記述しましょう。

【参考文献】

試験対策講座５章４節①【1】(2)(c)・(3)(a)・(b)・(6)。判例シリーズ14事件，16事件。条文シリーズ110条②２，111条②２，219条②１(3)(a)・(4)。

第9問 A　逮捕に伴う捜索・差押え

警察官は，被疑者AおよびBについて，Vをナイフで脅迫し現金を奪った旨の強盗の被疑事実により逮捕状の発付を得た。

1　警察官は，Aが19時に帰宅するとの情報をつかみ，令和4年2月5日19時15分に，Aを逮捕するためその自宅に赴いたが，Aは不在であり，同居しているAの妻から，間もなくAは帰宅すると聞いた。そこで，警察官は，妻に逮捕状を示したうえ，A宅内を捜索し，Aの居室でナイフを発見し，差し押さえた。この捜索・差押えは適法か。

2　警察官は，Bの勤務先において逮捕状を示してBを逮捕し，その場で，Bが使用していた机の引き出し内部を捜索したところ，覚醒剤が入った小袋を発見した。警察官はこれを押収することができるか。

【解答へのヒント】

1　小問1について

まずは，問題となっている捜索・差押えが，捜索差押許可状に基づいて行われているかに注意しましょう。本問では，捜索差押許可状の発付を得ていません。そこで，逮捕に伴う捜索・差押えとして，本件捜索・差押えが適法かを検討することになります。

逮捕に伴う捜索・差押えが認められる趣旨に関しては，緊急処分説と相当説という2つの対立した説があります。どちらの立場を採用するかを明確にし，自分の採った説に立って論理的にあてはめましょう。

2　小問2について

小問2においても，捜索差押許可状の発付を得ることなく物が押収されているので，まずは，逮捕に伴う捜索・差押えとして適法かを検討することになります。

次に，逮捕に伴う捜索・差押えとして適法でなかったとしても，ほかの方法により押収することができるかどうかを検討してみましょう。

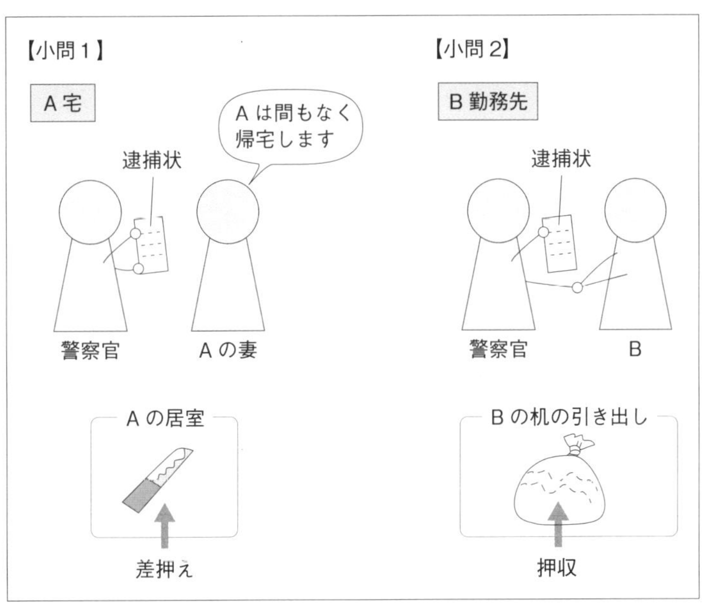

答案例① 緊急処分説

第1　小問1について

1　警察官は，A宅内を捜索し，Aの居室でナイフを差し押さえている。捜索・差押えは，捜索差押許可状を得て行うのが原則である（令状主義，憲法35条，刑事訴訟法218条1項。以下「刑事訴訟法」法名省略）ところ，本問ではこれを得ずに捜索・差押えを行っている。したがって，本件捜索・差押えは原則として違法である。

論 逮捕に伴う捜索・差押えの時間的範囲

2　もっとも，本問では，逮捕状が発付されているため，逮捕に伴う捜索・差押え（220条1項2号）として例外的に適法とならないか。本件捜索・差押え時には，被疑者Aが不在であるため，「逮捕する場合」（同項柱書前段）になされたといえるか検討する。

(1)　同条の趣旨は，逮捕の現場には，証拠の存在する高度の蓋然性があることに加えて，被疑者等による証拠隠滅の危険も高いためこれを防止して証拠を保全する緊急の必要性が認められることにある。

➡規範

そこで，「逮捕する場合」とは，逮捕に着手しかつ逮捕と接着している場合，または被疑者が現存しかつ着手が現実に見込まれる場合をいうと解する。

➡あてはめ

(2)　これを本問についてみると，捜索・差押えの段階で逮捕に着手していない。また，警察官は，「間もなくAは帰宅する」旨，Aの妻から聞いたとはいえ，Aが現存していない。

➡結論

(3)　したがって，本件捜索・差押えは「逮捕する場合」になされたとはいえない。

➡結論

3　よって，本件捜索・差押えは，強盗罪（刑法236条1項）での逮捕に伴う捜索・差押えとして適法とはならず，令状主義に反し違法である。

第2　小問2について

1　本問において，警察官は，覚醒剤を発見しているが捜索差押許可状を得ていない。そこで，強盗罪の逮捕に伴う差押え（220条1項2号）として本件覚醒剤を押収することはできないか。

(1)　まず，警察官はBの逮捕に着手しており，かつ，その場で捜索して差押えを行っているため，逮捕と接着している場合といえる。したがって，本件差押えは「逮捕する場合」（同項柱書前段）になされたといえる。

論 逮捕に伴う捜索・差押えの場所的範囲

(2)　次に，「逮捕の現場」（同項2号）における差押えといえるか。

➡規範

ア　この点について，前述の同条の趣旨にかんがみ，「逮捕の現場」とは，被疑者等による証拠の隠滅破壊が可能な範囲，具体的には，当人の手が届くなど事実的支配が現に及びうる範囲内の場所・物に限定されると解する。

➡あてはめ

イ　これを本問についてみると，差押対象物たる覚醒剤は，Bを逮捕したその場にあるBが使用していた机の引き出し内部にあった。このような場所は，Bの手が容易に届く，Bによる事実的支配が現に及びうる範囲内といえる。そのため，被疑者による証拠の隠滅破壊が可能な範囲であるといえる。

➡結論

ウ　したがって，本件覚醒剤の差押えは「逮捕の現場」でなされたといえる。

論 逮捕に伴う捜索・差押えの物的範囲

(3)　では，本件覚醒剤は，差押えの対象物の範囲内といえるか。逮捕に伴う差押えの物的範囲が問題となる。

➡規範

ア　この点について，前述の同条の趣旨から，捜索・差押えの対象物の範囲は，逮捕の理由となった被疑事実に関連する物件にかぎられると解する。

➡あてはめ

イ　これを本問についてみると，本件逮捕の理由となった被疑事実たる強盗行為は，現金を強取したもので，本件覚醒剤と何ら関連しない。

➡結論

ウ　したがって，本件覚醒剤の差押えは，逮捕に伴う捜索・差押えの物的範囲を超える。

➡結論

(4)　よって，強盗罪の逮捕に伴う差押えとして，本件覚醒剤を押収することはできない。

2　もっとも，覚醒剤は法禁物なので，Bを覚醒剤所持罪で現行犯逮捕（212条1項，213条）した場合には，被疑事実たる覚醒剤所持との関連性が認められるため，当該逮捕に伴う差押えとして本件覚醒剤を押収することができる。

3　また，Bから本件覚醒剤の任意提出を受けた場合には，これを領置する（221条）することにより押収することもできる。

以上

答案例② 相当説

第1　小問1について

1　警察官は，A宅内を捜索し，Aの居室でナイフを差し押さえている。捜索・差押えは，捜索差押許可状を得て行うのが原則である（令状主義，憲法35条，刑事訴訟法218条1項。以下「刑事訴訟法」法名省略）ところ，本問ではこれを得ずに捜索・差押えを行っている。

> 論 逮捕に伴う捜索・差押えの時間的範囲

2　もっとも，本問では，逮捕状が発付されているため，逮捕に伴う捜索・差押え（220条1項2号）として適法とならないか。まず，本件捜索・差押え時には，被疑者Aが不在であるため，「逮捕する場合」（同項柱書前段）になされたといえるか検討する。

(1)　同条の趣旨は，逮捕の現場には，証拠の存在する高度の蓋然性があるため，裁判官の事前の司法審査を経る必要がないことにある。

> ➡規範

そこで，「逮捕する場合」とは，このような蓋然性の認められる場合，すなわち逮捕の事前事後をいうと解する。もっとも，被逮捕者の人権保護の観点から，逮捕の着手前に捜索・差押えをする場合には，逮捕に着手する現実的可能性があることを要すると解する。

> ➡あてはめ

(2)　これを本問についてみると，警察官は，Aの帰宅時間にあわせてA宅を訪ねており，たまたまAは不在であったものの，Aの妻から「間もなくAは帰宅する」旨聞いている。そのため，Aの逮捕に着手はしていないものの，Aの帰宅にあわせて逮捕に着手する現実的可能性があったといえる。

> ➡結論

(3)　したがって，本件捜索・差押えは「逮捕する場合」になされたといえる。

> 論 逮捕に伴う捜索・差押えの場所的範囲

3　次に，「逮捕の現場」（同項2号）における捜索・差押えといえるか。

> ➡規範

(1)　この点について，前述の同条の趣旨にかんがみ，「逮捕の現場」とは，かりに令状発付を受ければ捜索できる範囲，つまり逮捕の場所と同一の管理権限内をいうと解する。

> ➡あてはめ

(2)　これを本問についてみると，本件ナイフは，Aが逮捕される予定であるA宅の居室で発見され，差し押さえられているため，逮捕の場所と同一の管理権限内での捜索・差押えであるといえる。

> ➡結論

(3)　したがって，本件捜索・差押えは「逮捕の現場」における捜索・差押えといえる。

> 論 逮捕に伴う捜索・差押えの物的範囲

4　では，本件ナイフは，捜索・差押えの対象物の範囲内といえるか。逮捕に伴う捜索・差押えの物的範囲が問題となる。

> ➡規範

(1)　この点について，前述の同条の趣旨から，捜索・差押えの対象物の範囲は，逮捕の理由となった被疑事実に関連する物件にかぎられると解する。

➡あてはめ

(2) これを本問についてみると，本件逮捕の理由となった被疑事実において，被疑者たるAは被害者をナイフで脅迫するという手段を用いているところ，Aの居室内で発見された本件ナイフは，被疑事実たる強盗において用いられた凶器である可能性がある。そのため，本件ナイフは被疑事実に関連する物件である。

➡結論

(3) したがって，本件ナイフは捜索・差押えの対象物にあたる。

➡結論

5 よって，本件捜索・差押えは，強盗罪の逮捕に伴う捜索・差押えとして適法である。

第2 小問2について

1 本件において，警察官は，覚醒剤を発見しているが捜索差押許可状を得ていない。そこで，強盗罪の逮捕に伴う差押え（220条1項2号）として本件覚醒剤を押収することはできないか。

➡あてはめ

(1) まず，警察官が強盗罪でBを逮捕して，Bが現存する場で捜索がなされているため，逮捕の事前事後に含まれるといえ，「逮捕する場合」（同項柱書前段）の差押えにあたる。

(2) 次に，本件覚醒剤は，逮捕の場所となったBの勤務先にある机の引き出し内部において発見され，差し押さえられている。この机はBが使用していたものの，勤務先の机の引き出しは，特別な場合を除き，通常，だれもが開けられるようになっているため，Bによる排他的支配は認められず，Bの勤務先と同一の管理権限が及んでいると考えられる。そのため，逮捕の場所と同一の管理権限内での差押えであり，「逮捕の現場」（同項2号）における差押えといえる。

(3) しかし，本件逮捕の理由となった被疑事実たる強盗行為は，現金を強取したもので，本件覚醒剤と何ら関連しない。そのため，本件覚醒剤の差押えは，逮捕に伴う捜索・差押えの物的範囲を超える。

➡結論

(4) よって，強盗罪の逮捕に伴う差押えとして，本件覚醒剤を押収することはできない。

2 もっとも，覚醒剤は法禁物なので，Bを覚醒剤所持罪で現行犯逮捕（212条1項，213条）した場合には，被疑事実たる覚醒剤所持との関連性が認められるため，当該逮捕に伴う差押えとして本件覚醒剤を押収することができる。

3 また，Bから本件覚醒剤の任意提出を受けた場合には，これを領置する（221条）することにより押収することもできる。

以上

出題趣旨

逮捕に伴う捜索・差押えは，旧司法試験では2004（平成16）年度第1問，2007（平成19）年度第1問において，新司法試験では2006（平成18）年第1問，2012（平成24）年第2問，2013（平成25）年第2問において，出題されている。本問は，旧司法試験2004（平成16）年度第1問の問題であり，逮捕に伴う捜索・差押えに関する基本的知識を確認し，これと関連する手続にも意識を向けてもらう趣旨で出題した。

論点

1 逮捕に伴う捜索・差押えの時間的範囲
2 逮捕に伴う捜索・差押えの場所的範囲
3 逮捕に伴う捜索・差押えの物的範囲

答案作成上の注意点

1 はじめに

本問では，逮捕に伴う捜索・差押えが問われているのは明らかでしょう。しかし，問題全体を解くうえでは，逮捕に伴う捜索・差押えの論点にいきなり飛びつかないことが大切です。まず，逮捕に伴う捜索・差押えを検討する前に，令状に基づく捜索・差押えとして適法となる余地がないか検討するようにしてください。なぜなら，令状主義（憲法35条，刑事訴訟法218条1項）のもとでは，原則として，事前の司法審査を経て発付される令状によらなければ，住居・書類・所持品に対する侵入・捜索・押収をすることはできないからです。

本問では，捜索差押許可状が発付されているという事情はみあたりませんから，令状に基づく捜索・差押えとしては，違法ということになります。短くてもよいので，必ず答案で触れるようにしてください。

2 逮捕に伴う捜索・差押え

逮捕に伴う捜索・差押えは220条1項2号で認められています。根拠条文をあげて，まずは条文にあげられている要件にあてはめていきましょう。

1 「逮捕する場合」（220条1項柱書）

(1) 緊急処分説

緊急処分説の立場によれば，逮捕に伴う捜索・差押えが認められる趣旨は，逮捕現場には逮捕被疑事実に関連する証拠が存在する蓋然性が一般に高いことに加えて，そのような証拠が被逮捕者等により隠滅破壊されることを防止して，これを保全する緊急の必要性があることにあります。

このような趣旨からすれば，証拠を保全する緊急の必要性が認められる状況の存在が要求されるため，「逮捕する場合」とは，逮捕に着手しかつ逮捕と接着している場合，または被疑者が現存しかつ着手が現実に見込まれる場合をいうと考えられています。

(2) 相当説

相当説の立場によれば，逮捕に伴う捜索・差押えが認められる趣旨は，逮捕現場には逮捕被疑事実に関連する証拠が存在する蓋然性が一般に高く，捜索差押令状が発付される要件を類型的に備えているため，裁判官の事前の司法審査を経ることなく捜索・差押えをすることも許容されることにあります。

このような趣旨からすれば，証拠を保全する緊急の必要性が認められる状況の存在までは要求されないため，緊急処分説のような時間的緊密性は求められず，「逮捕する場合」といえるためには，逮捕の事前事後も含み，ある程度の時間的な幅も許容されると考えられています。

(3) 関連判例

関連判例として，最大判昭和36年６月７日刑集15巻６号915頁（判例シリーズ18事件）があげられます。この判例の事案では，麻薬取締官等４名が，緊急逮捕すべく被疑者の自宅に赴いたところ，被疑者は不在であったが，捜索・差押えを開始し，捜索の開始後約20分を経過した時に被疑者が帰宅したため，被疑者を緊急逮捕したというものです。これに対し，判旨は，被疑者がたまたま不在であったとしても，「帰宅次第緊急逮捕する態勢の下に捜索，差押がなされ，且つ，これと時間的に接着して逮捕がなされる限り」，それに続く捜索・差押えは，適法となりうるとしています。

この判例は，逮捕に着手する前であって，なおかつ被疑者がその場にいないときにおける捜索・差押えを認めるものであり，「逮捕する場合」の範囲をかなり広く認めているものであるといえます。このような立場は，緊急処分説からは説明できるものではなく，相当説に立てば許容しうるものと考えられています。しかし，判例の事案は，帰宅する時間も逮捕の可能性も定かでない事案であり，その後被疑者が帰宅したか否かという偶然の事情により，適法か否かの結論が変わってしまうのは妥当ではないとの批判が向けられています（横田喜三郎裁判官反対意見等）。また，どのような立場に立ったとしても，逮捕行為に着手する現実的な可能性が必要であると考えるべきだとの指摘もあります（酒巻『刑事訴訟法』125頁）。そのため，相当説に立ったとしても，判例と同様の事案において捜索・差押えが認められるか否かについては，慎重な検討が必要です。

2 「逮捕の現場」(220条１項２号)

(1) 緊急処分説

緊急処分説の立場によれば，前述のとおり，逮捕に伴う捜索・差押えが認められる趣旨は，逮捕現場には逮捕被疑事実に関連する証拠が存在する蓋然性が一般に高いことに加えて，そのような証拠が被逮捕者等により隠滅破壊されることを防止して，これを保全する緊急の必要性があることにあります。

このような趣旨からすれば，「逮捕の現場」は，被疑者等による証拠の隠滅破壊が可能な範囲，具体的には，当人の手が届くなど事実的支配が現に及びうる範囲内の場所・物に限定されると解されます。

なお，上記立場は，被逮捕者だけでなく，被逮捕者の家族や共犯者などの第三者による証拠破壊の可能性をも考慮する立場であり，近年有力なものです。

(2) 相当説

相当説の立場によれば，前述のとおり，逮捕に伴う捜索・差押えが認められる趣旨は，逮捕現場には逮捕被疑事実に関連する証拠が存在する蓋然性が一般に高く，捜索差押令状が発付される要件を実質的に備えているため，裁判官の事前の司法審査を経ることなく捜索・差押えをすることも許容されることにあります。

このような趣旨からすれば，「逮捕の現場」とは，かりに令状発付を受ければ捜索できる範囲，つまり逮捕の場所と同一の管理権限内をいうと解されます。

なお，同一の管理権限内かを検討するにあたり，他人による排他的支配が及んでいるか否かには注意が必要です。たとえば，Vの自宅で逮捕された場合であって，Vの自宅にあった金庫の中を捜索した場合であっても，その金庫は第三者Bのものであり，Bだけが鍵を開けられる状況にあった場合には，Bによる排他的支配が及んでいるため，金庫の中の物を捜索・差押えすることはできません。

3 捜索・差押えの対象物の範囲

「逮捕する場合」における「逮捕の現場」での捜索・差押えであったとしても，捜索・差押えができるのは，被疑事実に関連性のある物にかぎられると解されています。なぜなら，前述のとおり，緊急処分説，相当説のいずれに立っても，逮捕に伴う捜査・差押えが認められる趣旨は，逮捕の現場には逮捕被疑事実に関連する証拠の存在する蓋然性が一般的に認められることにあるからです。
また，捜索をする際には，捜索場所に逮捕被疑事実に関連する証拠の存在する蓋然性が必要です（222条1項本文前段・102条）。明らかに関連する証拠物が存在しないときには，捜索の必要性が認められないと考えられています。
なお，被疑事実に関連性のある物でなくて，凶器や逃走するための道具であれば，逮捕行為に対する妨害排除措置として，逮捕の効力により取り上げることが認められると解されています。もっとも，この場合には，逮捕の完遂に必要なかぎりで，それを取り上げて保管する限度にとどまるべきであって，差押えをすることはできないと考えられています。

逮捕に伴う捜索・差押え	緊急処分説	相当説
「逮捕する場合」（220Ⅰ柱書）	逮捕に着手しかつ逮捕と接着している場合，または被疑者が現存しかつ着手が現実に見込まれる場合をいう	逮捕の事前事後も含み，ある程度の時間的な幅も許容される＊
「逮捕の現場」（220Ⅰ②）	被疑者等による証拠の隠滅破壊が可能な範囲 →当人の手が届くなど事実的支配が現に及びうる範囲内の場所・物に限定される	かりに令状発付を受ければ捜索できる範囲 →逮捕の場所と同一の管理権限内
捜索・差押えの対象物の範囲	被疑事実に関連性のある物にかぎられる	

＊　答案例では，逮捕の着手前に捜索・差押えをする場合，逮捕に着手する現実的可能性があることを要するとして，時間的範囲に限定をかけています。

3　各小問について

1　小問1では，捜索・差押えの適法性が問われています。前述のとおり，令状に基づく捜索・差押えとしては適法にはなりませんから，逮捕に伴う捜索・差押えとして適法か否か，丁寧に検討してください。緊急処分説と相当説のどちらを採っても問題ありませんが，自分が採った説をしっかりと理解し，趣旨から規範を立てて，丁寧にあてはめをしましょう。
2　小問2でも，まずは，強盗罪の逮捕に伴う差押えとして適法となるか，検討することになります。
次に，逮捕に伴う差押えとしては違法であると判断した場合であっても，他の方法によって押収することができないか否か，検討する必要があります。逮捕に伴う差押えだけを検討して答案を終わらせてしまう人も多いと思いますが，小問1と異なり，捜索・差押えの適法性ではなく，押収の可否が問われていますから，問題文をよく読んでその意図をくみとることができれば，ほかの手段を検討する必要性に気づくことができるでしょう。
押収の方法としては，まず，覚醒剤所持罪での現行犯逮捕に伴う差押えが考えられます。
次に，覚醒剤の任意提出を受けて，これを領置する（221条）方法が考えられます。
現場で，これらの方法をただちに思い浮かべることは難しいかもしれません。押収の手段としてどのようなものがあるのかを，あらかじめストックしておくとよいでしょう。

【参考文献】
試験対策講座5章4節1【1】(2)(f)，2【1】・【2】。判例シリーズ18事件，19事件。条文シリーズ220条2 1，221条。

第10問 A　逮捕の現場から連行した先での捜索・差押え

以下の各設問 に答えなさい。なお，設問(1)(2)は独立した問題である。

(1) K_1巡査は，某日午後３時，デパート前の路上において，Aを傷害事件の犯人として準現行犯逮捕した。

その際，AはK_1の腕を振りほどこうともがき，激しく抵抗した。K_1はこのようなAを見て，人通りの多い路上での捜索・差押えは不可能であると判断し，Aをパトカーに乗せ，500メートル先の交番まで連行した。その背景には，K_1は当初はパトカー内で捜索・差押えを行うつもりであったが，Aが暴れるため，１人での捜索・差押えは難しいと考え，交番において同僚の手を借りようと連行したという事情があった。

交番に着いてすぐの午後３時５分，K_1巡査は同僚とともに，Aを制圧したうえで，Aの身体の捜索を行った。そして，Aの携帯電話（共犯者との連絡用）を差し押さえた。

本件における捜索・差押えは適法か。

(2) K_2巡査は，同日午後４時，市内の路地裏においてBを傷害事件の犯人として準現行犯逮捕した。

その際，Bは観念したのか，特に抵抗はしなかった。しかし，Bを逮捕したのは幅４メートルほどの道路上であり，車が通る危険があったことから，K_2は現場での捜索・差押えは不可能であると判断し，Bをパトカーで１キロメートル先の交番に連行した。なお，逮捕場所から15メートル離れた場所には寂れた公園があり，人がほとんどいなかった。

午後４時10分にBを連行後，K_2はすぐに捜索に着手し，Bが所持していたかばんの中から血の付いた果物ナイフを差し押さえた。

本件における捜索・差押えは適法性か。

【解答へのヒント】

1　逮捕の現場では，令状が発付されていなくても一定要件のもとで，いわゆる無令状捜索・差押えが許されるというのは，第９問で学びました。では，逮捕の場所から移動した場合はどうでしょうか。第９問での規範を前提としつつ，認めるべきか，認められるとすればいかなる事情があればよいか考えてみましょう。

2　判例を知っていれば，逮捕の現場から連行した先での捜索・差押えも認められる場合があるとわかるでしょう。しかし，いかなる場合でも認められるわけではなく，移動距離や周囲の状況によっては，違法となることもあります。本問では，問題文の事情も評価して連行が適法か判断する必要があります。

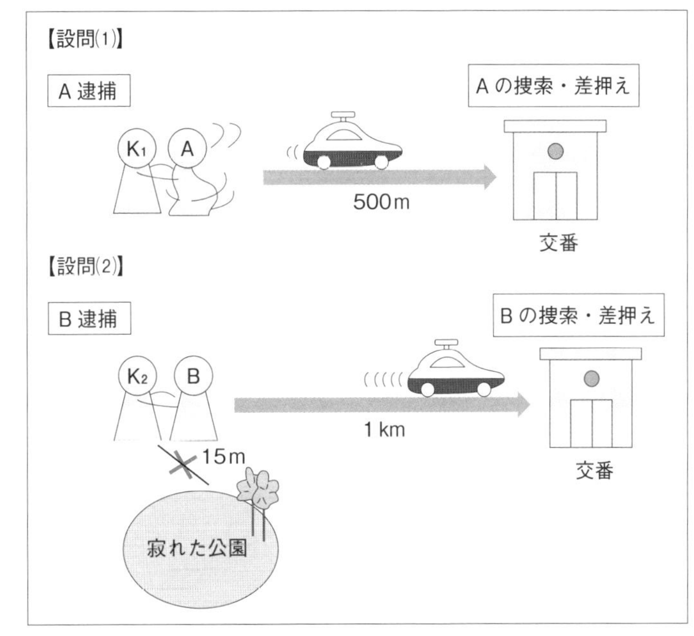

答案例

第1　設問(1)について

本問では，逮捕の現場から移動したうえで無令状捜索・差押えが行われているが，これは適法か。刑事訴訟法220条1項柱書前段および2号（以下，法名省略）の要件をみたすかが問題となる。

1　本問では，逮捕後5分以内に捜索・差押えが行われており，逮捕の直後に行われたものといえるから，「逮捕する場合」（220条1項柱書前段）にあたる。

論 逮捕の現場から連行した先での捜索・差押えの可否

2　しかし，本問では逮捕の現場から500メートル離れた場所で捜索・差押えが行われている。これは「逮捕の現場」（220条1項2号）という要件をみたさず，違法ではないか。

規範

(1)　この点，常に逮捕した場所での捜索・差押えしか許されないとすると，捜査の実効性があまりに害される。そこで，①逮捕現場付近の状況に照らし，被疑者の名誉等を害し，被疑者らの抵抗による混乱を生じ，または現場付近の交通を妨げるおそれがある等の事情のため，その場で捜索・差押えを行うことが適当でない場合には，②すみやかに適当な最寄りの場所に移動して捜索・差押えを行うことも，「逮捕の現場」における捜索・差押えと同視できると解する。

あてはめ

(2)　本問では，人通りが多いデパートの前で激しく抵抗するAを制圧して捜索・差押えを行うことは，Aの名誉や現場の交通を害するおそれがあり，適当でなかったといえる（①充足）。また，パトカー内での捜索・差押えも，抵抗を続けるAとの関係では，K_1が1人で行うことは著しく困難であった。加えて，交番までの一本道には商店街が並び，人通りが多いと考えられるため，500メートル離れた交番は捜索・差押えの実施に適する最寄りの場所といえる（②充足）。

結論

(3)　以上より，本件における捜索・差押えは適法である。

第2　設問(2)について

1　本問も逮捕後10分以内に捜索・差押えが行われているから，「逮捕する場合」という要件はみたされる。

あてはめ

2　そして，Bを逮捕した現場は幅4メートルの道路上であり，その場にとどまると交通が阻害されるため移動の必要はあったと考えられる（①充足）。

しかし，逮捕現場から15メートル離れた場所に寂れた公園があり，Bのプライバシー保護の観点からも，この公園が捜索・差押えに適した最寄りの場所であったと評価できる。Bが無抵抗で，K_2が1人で捜索を行うことは可能であったと考えられることもふまえると，1キロメートル先の交番は適当な最寄りの場所とはいえない（②不充足）。

結論

3　以上より，本件における捜索・差押えは違法である。

以上

出題趣旨

逮捕の現場から連行した先での捜索・差押えについて，判例を意識しつつ規範を立て，問題文の事情を評価しあてはめることが求められる問題である。重要判例として最決平成８年１月29日刑集50巻１号１頁（判例シリーズ20事件）があるが，下級審決定も多数存在することから，これらも意識したうえで，どのような事情があれば認められるのか，相場観をつかむことが期待される。

論点

逮捕の現場から連行した先での捜索・差押えの可否

答案作成上の注意点

1　逮捕の現場から連行できる範囲

逮捕の現場において無令状で捜索・差押えを行うことは，一定要件のもとで許されることはすでに学びました。しかし，常に逮捕の現場でしか無令状捜索・差押えができないと考えると，移動の必要がある場合にもいっさい捜索・差押えができないという不合理な結果を招来します。たとえば人通りの多い路上で逮捕した場合，その場で捜索・差押えを行えば，通行に大きな支障が生じますし，加えて被処分者の名誉も損なわれることになります。そこで，このような不合理を回避するため，一定の場合には，逮捕の現場から移動した先でも無令状捜索・差押えが許されるべきではないかという問題意識が生じます。

この問題について判断した前掲最決平成８年は，逮捕した被疑者の身体または所持品に対する捜索・差押えについて，逮捕現場付近の状況に照らして，被疑者の名誉等を害したり，被疑者らの抵抗による混乱を生じたり，現場付近の交通を妨げるおそれがあるといった事情のために，その場でただちに捜索・差押えを実施することが適当でない場合には，すみやかに被疑者を捜索・差押えの実施に適切な最寄りの場所まで連行したうえで，これらの処分を実施するときであっても，220条１項２号の「『逮捕の現場』における捜索，差押えと同視する」ことができるとしています。

つまり，判例は，捜索の実効性を確保するための付随措置として必要最小限度の移動を許容しているのです。そのため，移動が必要最小限といえない場合，たとえば，そもそも移動の必要がなかったとか，もっと近い場所で行うことが可能だったなどの事情があれば，許容されないという判断になります。

また，逮捕の現場から移動したとしても，被疑者の身体や所持品に変化はなく，移動先でも証拠が存在する蓋然性は認められる（相当説）ということ，さらに，証拠保全の緊急性も存在する（緊急処分説）ということも，必要最小限度の移動を許容する根拠となるでしょう。

設問(1)は，逮捕現場が人通りの多いデパートの前だったため，Aの名誉を守り，かつ通行が阻害されることを避けるため，移動の必要性はあったと考えられます。そして，連行した交番は，犯行現場から500メートルしか離れていないから，最寄りの交番であったといえます。加えて，パトカーの中での捜索も，Aが激しく抵抗していたこと，K_1巡査が１人であったことをふまえると，交番への連行は必要最小限度のものと評価できるでしょう。

一方，設問(2)におけるK_2巡査の連行については，周囲に捜索・差押えに適した公園があり，Bも抵抗しておらず，応援も必要なかったと考えられるので，わざわざ１キロメートル離れた交番まで連行したことは過度であると評価できます。

2　「逮捕の現場と同視できる」とは

本問で論述を進めるにあたっては，上記判例がいかなる条文上の要件について判断したものか明確に記載する必要があります。

本問ではあくまで逮捕の現場での無令状捜索・差押えが問題となっていますから，「逮捕する場合」（220条1項柱書前段），「逮捕の現場」（220条1項2号）という要件をみたす必要があります（第9問参照）。そこで，この「逮捕の現場」という要件との関係で上記判例が問題となります。また，「逮捕の現場」という要件がみたされただけでは無令状捜索・差押えはできませんから，「逮捕する場合」という要件についても忘れずにあてはめることが必要になります。無令状捜索・差押えの要件については第9問の解説を参考にしてください。

なお，ここで注意してほしいのが，判例は，捜索・差押えを行った警察署内が「逮捕の現場」に含まれると考えているわけではないということです。文理上も逮捕現場から数百メートル離れた場所が「逮捕の現場」であると解釈することは難しいでしょう。このような解釈の困難性にかんがみ，判例は「逮捕の現場と同視」という言葉にとどめたのです。したがって，本問も「逮捕の現場」という要件が問題となる点は変わらないのですが，「同視」というキーワードを忘れずに入れる必要があります。

3 裁判例でみる「逮捕の現場」とは

「逮捕の現場」という要件については複数の裁判例が存在します。①逮捕現場から10.7キロメートル離れた警察署に20分かけて連行し，捜索・差押えを行った事案（東京高判昭和47年10月13日判時703号108頁）は，移動距離も長大であり，10キロメートル以上移動する必要性がないため，違法と判断されました。

また，②移動距離が1キロメートルほどであっても，大阪高判昭和49年11月5日判タ329号290頁は，警察車両に乗せるため18メートル移動した後は，移動の必要性がなかったとして違法としました。

なお，これらは前掲最決平成8年以前の裁判例であるため，「同視」できるかではなく，「逮捕の現場」にあたるかが直接の争点になっていることに注意が必要です。

このように，下級審も前掲最決平成8年と同様に，形式的な移動距離のみならず，実質的な移動の必要性を重視した判断を行っています。この考えは「速やか」「最寄りの場所」といった言葉に現れており，たとえ移動距離が短くても，移動の必要性がなければ違法と判断されることになるでしょう。あてはめにおいても，距離のみを重視すべきではなく，周囲の状況や，現場で捜索・差押えをすることの弊害なども考えなければなりません。自身の答案が，このような事情を適切に評価できているか見直してみてください。

裁判例	結論	内　容
東京高判昭和47年10月13日判時703号108頁	違法	○バス停付近で準現行犯逮捕後，約10.7キロメートル離れた警察署に連行 ○付近に身体を捜索するのに適当な場所があるとして違法と判断
大阪高判昭和49年11月5日判タ329号290頁	違法	○公園の出入り口付近で逮捕後，18メートルの道路をわたってパトカーに乗せ，約1キロメートル離れた警察署まで連行 ○道路をわたった後は捜索・差押えを行うことができたとして違法と判断
大阪高判昭和50年7月15日判時798号102頁	適法	○路上で逮捕後，約120メートル離れた派出所まで連行 ○路上で上着を脱がせるのは不体裁であるし，抵抗のおそれもあったとして適法と判断
東京高判昭和53年11月15日高刑31巻3号265頁	適法	○駅前の路上で逮捕後，400メートル離れた警察署まで連行 ○駅前の路上には人が多く，被疑者の名誉が害されるおそれがあったとして適法と判断

【参考文献】
試験対策講座5章4節2【2】(3)。判例シリーズ20事件。条文シリーズ220条2 1(3)。

第11問 A　捜索・差押えの現場における写真撮影の限界

　警察は，Aに対する覚醒剤取締法違反の被疑事実で，捜索すべき場所をAの勤め先であるB社事務所とする捜索差押許可状の発付を請求し，裁判官から捜索差押許可状の発付を受けた。同許可状には，「被疑者Aに対する覚醒剤取締法違反被疑事件について，B社事務所を捜索し，かつ，覚醒剤，覚醒剤が付着していると認められる物，覚醒剤の小分けに用いられたと認められる物，注射器，注射針など使用に関する器具，覚醒剤取引や使用などに関する日記帳，通信文，電話アドレス帳，金銭出納帳，預金通帳および本件に関するメモ類を差し押さえることを許可する。」旨が記載されていた。

　C警察署司法警察職員Kらは，令和3年2月15日，B社事務所に赴き，B社の社員Dに捜索差押許可状を示したうえで，午前9時15分ころからDの立会いのもとにB社事務所の捜索を開始した。

　Kらは，Aが使用していた机の中から，金銭出納帳，電話アドレス帳，日記帳，各1冊を発見した。そこで，Kらは，机の引き出しを開けた状態にして写真を1枚撮った（写真①）。その後，Kらはこれらを差し押さえた。

　また，Kらは，B社が計画に着手しているゴルフ場の造成計画平面図等の各図面の写真を1枚撮った（写真②）。なお，Kらは，同図面を差し押さえなかった。

　B社事務所における捜索・差押えの際に行われた写真撮影の適法性について，答えよ。

【解答へのヒント】

　写真撮影は，原則として検証としての性質をもちます。そのため，検証令状なく行われた本問の写真撮影は，違法であるとも思えます。

　もっとも，本問の写真撮影は，捜索・差押えの際に行われています。そこで，捜索・差押えに伴う写真撮影として適法とならないか，検討しましょう。

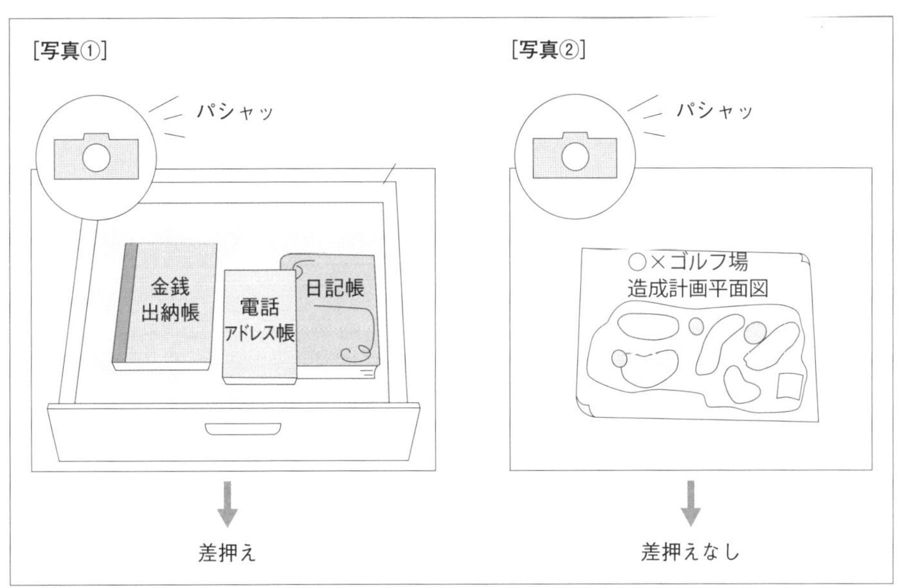

答案例

1　写真①について

写真撮影は，五感の作用によって物や場所の状態を認識する処分たる検証にあたる。したがって，原則として検証令状（刑事訴訟法218条１項。以下「刑事訴訟法」法名省略）が必要である。本問において，検証令状は発付されていないため，写真①の撮影行為は，令状主義（憲法35条，218条１項）に反し，違法であるとも思える。

もっとも，捜索・差押えに付随する「必要な処分」（222条１項本文・111条１項前段）として適法とならないか。

論 捜索・差押えの現場における写真撮影の限界

(1)　この点，写真撮影によって被る程度のプライバシーの侵害は捜索・差押えの実施に不可避的に伴うものであるため，その範囲内であるかぎり受忍限度内であるといえる。

そこで，①撮影の目的が，差押えの対象物の現状やその存在している状況を保存すること，または，捜索差押手続の適法性を担保することにある場合で，②撮影の範囲が目的達成に必要な範囲を超えないときには，捜索・差押えに付随する「必要な処分」として，検証令状なしに，写真撮影をすることが許されると解する。

➡規範

(2)　本件の撮影対象である金銭出納帳等は，令状記載の差押え物件であるうえ，Aが使用していた机の引き出し内部にあったことからすれば，いずれも被疑事実に関連する物である可能性が高いため，差押対象物にあたる。そして，本件写真撮影は，これらの差押対象物がAの机の引き出しの中にあったことを明らかにするためになされたものといえ，撮影の目的は，差押えの対象物の存在している状況を保存することにあるといえる（要件①）。

➡あてはめ

また，Kらは，上記差押対象物がAの机の引き出しの中にあることがわかるように，Aの机の引き出しを開けた状態で写真を１枚撮影しており，撮影の範囲が目的達成に必要な範囲を超えていない（要件②）。

(3)　したがって，写真①の撮影行為は適法である。

➡結論

2　写真②について

写真②の撮影行為も捜索・差押えに付随する「必要な処分」として適法とならないか。前述の規範により検討する。

論 捜索・差押えの現場における写真撮影の限界

(1)　本件の撮影対象は，B社が計画に着手しているゴルフ場の造成計画平面図等の各図面である。このような図面は，ゴルフ場の造成計画について記した書面であって，資金ルートの解明に寄与するものとはいえないことから，何ら覚醒剤取締法違反の被疑事件との関連性があるといえず，差押対象物にはあたらない。そうだとすれば，撮影の目的は，差押えの対象物の現状やその存在している状況を保存することにあるとはいえず，捜索差押手続の適法性を担保することにあるともいえない（要件①）。

➡あてはめ

(2)　したがって，写真②の撮影行為は違法である。　以上

➡結論

出題趣旨

捜索・差押えの際の写真撮影の限界については，司法試験2009（平成21）年，予備試験2015（平成27）年に出題されている。この論点では，写真撮影の性質をしっかりと理解し，令状主義の意義と趣旨に立ち帰って，各自の基本的な立場を刑事訴訟法の解釈として論ずる必要が求められる。本問は，これらの基礎的な事項を確認するために出題するものである。

論点

捜索・差押えの現場における写真撮影の限界

答案作成上の注意点

1　はじめに

本問では，写真撮影の適法性について問われています。そもそも，捜査手段としての写真撮影は３種類に分かれています。

１つ目は，実際に犯罪が行われている犯行現場を撮影するものであり，現場写真といわれるものです。この場合，そもそも撮影が令状なくして許されるのか，写真撮影が強制処分か任意処分かという点が問題となります。

２つ目は，検証の一環として犯行現場や捜索・差押えの現場を撮影するものです。本問は，これにあたります。

３つ目は，被疑者が捜査機関に対して犯行状況を再現して，その様子を写真に撮影するもので，再現写真とよばれるものです。この場合，口頭ではなく動作によって供述しているものであって，被疑者の供述と同様のものと考えられるので，その可否については，受忍義務や任意性の担保が問題となるにすぎません。また，再現写真が証拠として提出された場合には，伝聞証拠にあたるかが争われることもあります（第38問参照）。

このように，写真撮影の適法性や可否等は，問題となっている写真撮影の種類によって異なります。そのため，問題を検討するうえでは，当該設問において問題となっている写真撮影の種類がどれにあたるのかを適切に判断する必要があります。

2　捜索・差押えに付随する写真撮影

検証の一環として犯行現場や捜索・差押えの現場を撮影する場合の写真撮影（以下，「捜索・差押えに付随する写真撮影」といいます）についてみていきましょう。

写真撮影は，本来，人・物・場所の形状を五官の作用によって認識する処分たる検証にあたります。そのため，令状主義（憲法35条）のもと，原則として検証令状（刑事訴訟法218条１項）が必要であると解されています。もっとも，令状による捜索・差押えの執行に際して，令状記載の「差し押さえるべき物」（219条１項）の証拠価値を維持・保全するため，発見された場所・状態においてその物の写真を撮影することは，捜査実務においてよく行われています。

では，なぜそのような写真撮影が許される場合があるのでしょうか。物の証拠価値は，往々にして，その発見場所・存在状況によって高くなったり，低くなったりします。そのため，差押えに際して証拠価値を保全するためにその証拠物を発見場所や存在状況とともに写真撮影をしておく必要性は小さくありません。その一方で，捜索・差押えを受ける者にとってプライバシーの侵害は，捜索・差押えの実施に不可避的に伴うため，その範囲内であるかぎり，受忍限度内にあるといえます。そのため，捜索・差押えに付随する写真撮影は，検証令状がなくても許される場合があると考えられています。

そうだとしても，捜索・差押えに付随する写真撮影が認められる根拠は，どのようなところにあるのでしょうか。捜索・差押えに付随する写真撮影が許される根拠として，２つの考え方があります。

１つ目は，捜索・差押えに当然付随する処分として許容されるという考え方です。この考え方を採用する裁判例もあります（名古屋地決昭和54年３月30日判タ389号157頁）。

２つ目は，「必要な処分」（222条１項本文前段・111条１項前段）として許容されるという考え方です。

3 設問について

1　はじめに

写真①，写真②の撮影行為の適法性を検討するにあたり，まずは，前述のとおり，原則として検証令状が必要であることを指摘しましょう。

そのうえで，捜索・差押えに付随する処分として，適法となるかを検討していくことになります。その際には，捜索・差押えに当然付随する処分として検討するのか，「必要な処分」（222条１項本文前段・111条１項前段）として検討するのかを必ず明示しましょう。

そのうえで，捜索・差押えに付随する写真撮影が許容される場合について規範を立て，検討することになります。一般的には，証拠物の証拠価値を保存するため，または，捜索・差押え手続の適法性を担保するためにされるもので（必要性要件），目的達成に必要な範囲を超えないときには（相当性要件），適法であると考えられています。

2　写真①について

写真①の撮影対象は，金銭出納帳，電話アドレス帳，日記帳です。これらは，令状に記載された差押対象物です。後述のとおり，差押対象物でなければ，これを撮影することはできないので，注意が必要です。これらの物は，被疑者の使用していた机の中から発見されています。このことは，これらの物が被疑者の物であることを推認させます。このような場合，対象物が被疑者の机の中から発見されたことに大きな意味があるため，証拠価値を保存するには，対象物が被疑者の机の中から発見されたという状況を撮影しておく必要があるのです。

また，写真①は，対象物が被疑者の机の中にあることがわかるように，机の引き出しを開けた状態で１枚撮影されたものであり，目的達成に必要な範囲を超えていないといえます。

よって，答案例では，写真①の撮影は適法であるとしました。

3　写真②について

写真②の撮影対象は，B社が計画に着手しているゴルフ場の造成計画平面図等の各図面です。これは，令状に列挙されていませんし，何ら覚醒剤取締法違反の被疑事実との関連性があるともいえないことから，「本件に関するメモ」にもあたりません。そのため，写真②の撮影対象は，令状に記載された差押対象物にはあたりません。

捜索・差押えに付随して写真撮影が許容されるのは，前述のとおり，捜索・差押えを受ける者にとってプライバシーの侵害は，捜索・差押えの実施に不可避的に伴うため，その範囲内であるかぎり，受忍限度内にあるといえるからです。これに対し，令状に記載された差押対象物以外の物件については，そもそも捜索・差押えが許されていない以上，これらの写真撮影は，令状による捜索・差押えに伴うプライバシーの侵害の受忍限度内にあるとはいえず，新たにプライバシー権を侵害するものであるといえます。そのため，令状に記載された差押対象物以外の物を撮影することは，捜索・差押えに付随するものとしては許容されず，原則どおり検証令状が必要となります。

よって，答案例では，写真②の撮影は，捜索・差押えに付随する処分として適法とはいえず，検証令状がない以上，違法であるとしました。

【参考文献】

試験対策講座５章４節4【1】(2)。判例シリーズ23事件。条文シリーズ219条2１(3)(d)。

第12問 A+　写真撮影，ビデオ撮影

警察官は，振り込め詐欺事件に関与した疑いの濃厚な被疑者Aについて，銀行の現金自動預払機（ATM）から現金を引き出す際に防犯ビデオカメラに写っていた犯人の同一性を判断するため，Aが公道に出るために玄関ドアを開けて姿を見せた際，A宅前の路上から，所携のビデオカメラで，Aの容貌を撮影した。

警察官の撮影行為は適法か。

【解答へのヒント】

1　本問では，ビデオ撮影の適法性が問題となっています。まずは，このようなビデオ撮影が強制処分にあたるか検討しましょう。

2　かりに強制処分にあたらないとした場合，任意処分として適法か，検討しましょう。

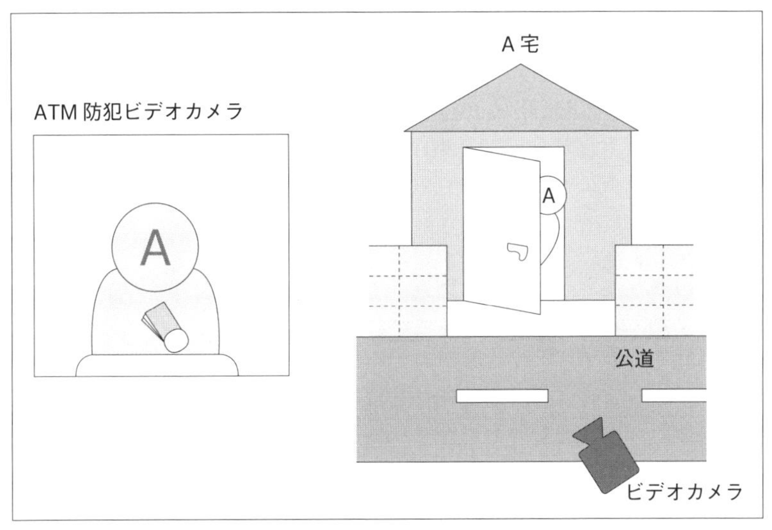

答案例

1　本件撮影行為が，「強制の処分」（刑事訴訟法197条１項ただし書。以下「刑事訴訟法」法名省略）たる検証にあたれば，無令状で行われた点で令状主義（憲法35条，218条１項）に違反する。そこで，本件撮影行為は「強制の処分」にあたるか，「強制の処分」の意義が問題となる。

論 ビデオ撮影の「強制の処分」該当性

(1)　この点，相手方の真意に基づく承諾があれば，権利・利益の侵害は存在せず，任意処分である。また，強制処分に対しては強制処分法定主義（197条１項ただし書）や令状主義という厳格な規律が及ぶため，こうした厳格な規律による保護に値する権利・利益の侵害が生じている場合にかぎって，強制処分に該当するというべきである。

そこで，「強制の処分」とは，相手方の明示または黙示の意思に反して，重要な権利・利益を実質的に侵害する処分をいうと解する。

→ 規範

(2)　本問では，Aは本件撮影行為が行われているのを知れば当然拒絶すると考えられるので，本件撮影行為はAの黙示の意思に反しているといえる。

→ あてはめ

また，本件撮影行為は，Aの，容貌をみだりに撮影されない自由を侵害する。しかし，容貌は公の場にでれば不特定多数者に観察されるものであるため，上記自由の要保護性は低い。また，本件撮影行為は，Aが公道にでようとした際に撮影したものであり，Aの室内という私的領域におけるプライバシーに対する合理的期待を侵害するものでもない。そのため，本件撮影行為は重要な権利・利益を実質的に侵害するものではない。

(3)　よって，本件撮影行為は「強制の処分」にあたらない。

→ 結論

2　では，本件撮影行為は任意処分として適法か。

論 任意処分の限界

(1)　この点，任意処分であるとしても一定の権利・利益を制約する以上，捜査比例の原則（197条１項）のもと，必要性・緊急性等を考慮したうえ，具体的状況のもとで相当と認められる限度において，適法となると解する。

→ 規範

(2)　本問では，詐欺罪は法定刑が10年以下（刑法246条１項）の重大な犯罪であるうえ，振り込め詐欺の手法は簡易であり被害が拡大しやすいため，これを防ぐために早期に真犯人を確保する必要性・緊急性がある。そして，Aは振り込め詐欺事件に関与した疑いが濃厚であるため，被害の拡大を防止するためにAの容貌を撮影して犯人との同一性を判断する必要性・緊急性は大きい。

→ あてはめ

これに対して，前述のとおり，処分によって侵害される自由の要保護性は小さい。

(3)　したがって，必要性・緊急性を考慮すると，具体的状況のもとにおいて，本件撮影行為は相当と認められる。

→ 結論

3　よって，本件撮影行為は適法である。

→ 結論

以上

出題趣旨

捜査官が人の容貌を撮影する問題について，写真撮影については，旧司法試験2003（平成15）年度第２問で，ビデオ撮影については，旧司法試験2009（平成21）年度第１問で，それぞれ出題されている。本問は，強制処分と任意処分との区別などの基本的事項を確認し，適法性の判断基準を考えてもらう趣旨で出題した。

論点

1　ビデオ撮影の「強制の処分」該当性
2　任意処分の限界

答案作成上の注意点

1　強制処分法定主義と令状主義

ビデオ撮影等の法に明文の規定のない新しい捜査方法については，強制処分と任意処分の区別を論じる必要がありますが，その際には，そもそもなぜ，強制処分該当性を検討する必要があるのかを理解することが大切です。まずは，強制処分法定主義と令状主義の関係を確認しておきましょう。

強制処分法定主義とは，「強制の処分」は，刑事訴訟法に特別の定めのある場合でなければ，これをすることができないとする建前をいいます（197条１項ただし書）。これに対して，令状主義とは，刑事訴訟法に特別の定めのある強制処分でも，事前の司法審査を経て発付される令状に基づいて行わなければならないとする建前をいいます（憲法33条，憲法35条）。

以上の２つの原則をふまえると，写真撮影やビデオ撮影等の新しい捜査方法が「強制の処分」にあたる場合には，まず，強制処分法定主義に反するかが問題となります。写真撮影やビデオ撮影については，検証としての性質を有し，検証に関する規定（刑事訴訟法218条等）があるため，強制処分法定主義には反しないことになります。

2　強制処分と任意処分の区別

1　「強制の処分」の意義について，ここでは，近年有力な２つの立場を紹介します。

(1)　重要権利利益実質的侵害説

重要権利利益実質的侵害説は，「強制の処分」とは，相手方の明示または黙示の意思に反して，重要な権利・利益を実質的に侵害・制約する処分をいうと解します。

なお，類似の学説では，「重要な」の文言や「実質的に」の文言がない場合もあります。これらの学説は，利益侵害説（強制処分を，物理力によると否とを問わず，同意を得ないで個人の権利・利益を侵犯する処分と解する学説）では大部分の捜査が強制処分となってしまうとの批判をもとに，侵害される権利・利益の質に着目した学説であるという点で共通します。

(2)　判例

最決昭和51年３月16日刑集30巻２号187頁（判例シリーズ１事件）は，「強制手段とは，有形力の行使を伴う手段を意味するものではなく，個人の意思を制圧し，身体，住居，財産等に制約を加えて強制的に捜査目的を実現する行為など，特別の根拠規定がなければ許容することが相当でない手段を意味するもの」としています。

2　前掲最決昭和51年は，重要権利利益実質的侵害説と実質的に同じであるとの考え方もあります。しかし，この判例の事案は，警察官が対象者の腕をつかんで引き止めた行為の適否が問題となった事案であり，判例の規範は，「強制の処分」のうち，現実に物理的な有形力を行使して捜査目的を達成実現する類型の行為に着目したものであるとの考え方も有力です。そのため，写真撮影・ビデオ撮影等の，有形力を行使するような行為ではない類型については，重要権利利益実質的侵害説が適しているでしょう。答案例も，重要権利利益実質的侵害説に立っています。

3　では，写真撮影，ビデオ撮影の被侵害利益として，どのような権利・利益があるでしょうか。

(1)　この点について，主に２つのものが考えられます。

１つは，みだりに容貌等を撮影されない自由です。この自由は，憲法13条後段に由来するものです（京都府学連デモ事件，最大判昭和44年12月24日刑集23巻12号1625頁〔判例シリーズ22事件〕参照）。本問のように公道上に出た際に撮影された場合であっても，対象者が住居等にいる際に撮影された場合であっても，問題となります。

もう１つは，憲法35条で保障される私的領域におけるプライバシーの合理的な期待です。対象者が住居等にいる際には，このような利益が問題となりますが，本問のように，対象者が公道など通常他人から容貌等を観察されるような場所にいる場合は，通常プライバシー権がある程度放棄されているといえるため，合理的期待は存在せず，問題となりません。

私的領域におけるプライバシーの合理的な期待は，重要な権利利益といえるため，このような利益が侵害されている場合には，「強制の処分」にあたると考えられます。これに対し，みだりに容貌等を撮影されない自由のみが侵害されている場合には，異論はありますが，判例の傾向によれば，容貌等は公の場にでれば不特定多数者に観察されるものであるため，重要な権利利益の侵害とはいえず，「強制の処分」にはあたらないと考えられます。

(2)　本問においては，ビデオ撮影は，対象者が公道に出るために玄関ドアを開けて姿を見せた際に行われています。対象者は，すでに通常他人から容貌等を観察されるような場所に姿を現していますので，私的領域におけるプライバシーの合理的な期待は侵害されていないと評価できるでしょう。この場合，前述のとおり，みだりに容貌等を撮影されない自由は侵害されていますが，重要な権利・利益を侵害しているとまではいえませんので，「強制の処分」にはあたらないと評価できます。

3　任意処分の限界

「強制の処分」にあたらない行為であっても，法益を侵害しまたは侵害するおそれがあるため，無制約には許されません。任意捜査は，「必要性，緊急性なども考慮したうえ，具体的状況のもとで相当と認められる限度において」（前掲最決昭和51年）適法となると考えられています。

写真撮影とビデオ撮影も同様に，撮影の必要性，緊急性を考慮し，対象者の被侵害利益の性質・侵害の程度等と比較衡量して相当であるか否かを検討すればよいでしょう。最決平成20年４月15日刑集62巻５号1398頁（百選８事件）も，問題となったビデオ撮影は，「捜査目的を達成するため，必要な範囲において，かつ，相当な方法によって行われたもの」であるとして，適法であると判断しています。

なお，写真撮影に関する有名な判例（前掲最大判昭和44年）は，「現に犯罪が行なわれもしくは行なわれたのち間がないと認められる場合であって，しかも証拠保全の必要性および緊急性があり，かつその撮影が一般的に許容される限度をこえない相当な方法をもって行われるとき」には，本人の同意や令状がなくても写真撮影をすることが許されると判示していますが，前掲最決平成20年は，前掲最大判昭和44年は「現に犯罪が行われ又は行われた後間がないと認められる場合のほかは許されないという趣旨まで判示したものではない」として，前掲最大判昭和44年が事例に即した判示であることを明らかにしました。

また，ビデオ撮影は，断片的な記録を残す写真と異なり，対象物を継続的に映し出すものであるうえ，写真撮影よりもより多くの情報を取得するものである点で，プライバシー権侵害の程度が高いため，写真撮影の場合よりも高い必要性・緊急性が要求されると考えられています。答案を作成する際には，この点に注意しましょう。

【参考文献】

試験対策講座５章１節2【2】，４節4【1】・【2】。判例シリーズ１事件，22事件。条文シリーズ２編１章捜査■総説4１，7３(1)・(2)。

第13問 A　梱包内容のエックス線検査

CHECK

A県警所属の警察官らは，かねてから覚醒剤密売の嫌疑でA県B市内のC社に対して内偵捜査を進めていたが，C社関係者が暴力団関係者から宅配便により覚醒剤を仕入れている疑いが生じたことから，宅配便業者の営業所に対して，宅配便荷物のC社事務所への配達状況について照会等をした。その結果，同事務所には短期間のうちに多数の荷物が届けられており，それらの配送伝票の一部には不審な記載のあることが判明した。そこで，警察官らは，同事務所に配達される予定の宅配便荷物のうち不審なものを借りだしてその内容を把握する必要があると考え，上記営業所の長に対し，協力を求めたところ，承諾が得られたので，５回にわたり，同事務所に配達される予定の宅配便荷物各１個を同営業所から借り受けたうえ，同宅配便荷物に外部からエックス線を照射してその内容物の射影を観察するエックス線検査を行った。その結果，１回目の検査においては覚醒剤とおぼしき物は発見されなかったが，２回目以降の検査においては，いずれも，細かい固形物が均等に詰められている長方形の袋の射影が観察された（以下，これら５回の検査を「本件エックス線検査」という）。なお，本件エックス線検査を経た上記各宅配便荷物は，検査後，上記営業所に返還されて通常の運送過程下に戻り，上記事務所に配達された。また，警察官らは，本件エックス線検査について，荷送人や荷受人の承諾を得ていなかった。

警察官らによる本件エックス線検査は適法か。

【解答へのヒント】

本件エックス線検査が「強制の処分」（197条１項ただし書）にあたるか否かが問題となります。ただし，いきなり強制処分該当性の検討に入るのではなく，なぜそれが問題となるのか，その根拠を示しましょう。具体的には，エックス線検査の性質に着目して，かりに「強制の処分」にあたる場合，強制処分法定主義と令状主義のいずれが問題となるかを考えてみましょう。

「強制の処分」の意義については，第12問を復習しましょう。

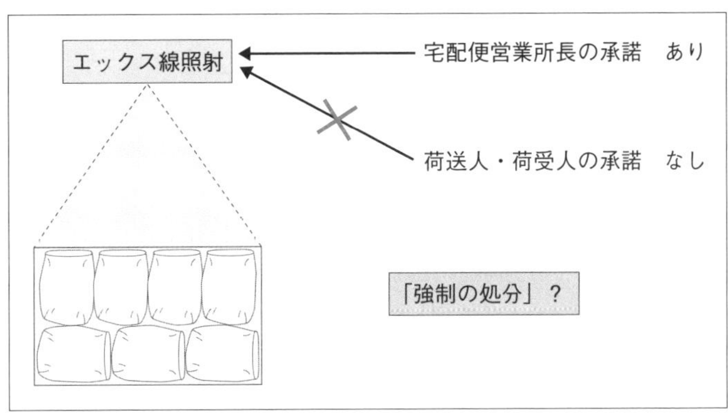

答案例

1　本件エックス線検査は，荷送人や荷受人の承諾を得ることなく，外部からエックス線を照射して宅配便荷物の内容物の射影を観察したものである。これは，五官の作用によって物の状態を認識する処分であるから，「強制の処分」（刑事訴訟法197条１項ただし書。以下「刑事訴訟法」法名省略）にあたるならば，「検証」（218条１項）に該当することとなる。

ところが，本件エックス線検査にあたって検証許可状を得ていないため，これが強制処分にあたる場合，令状主義（憲法35条，218条１項）に違反することとなる。

そこで，本件エックス線検査の強制処分該当性が問題となる。

論 エックス線検査の「強制の処分」該当性

(1)　この点，相手方の真意に基づく承諾があれば，権利・利益の侵害は存在せず，任意処分である。また，強制処分に対しては強制処分法定主義（197条１項ただし書）や令状主義という厳格な規律が及ぶため，こうした厳格な規律による保護に値する権利・利益の侵害が生じている場合にかぎり，強制処分に該当するというべきである。

そこで，「強制の処分」とは，①相手方の明示または黙示の意思に反して，②重要な権利・利益を実質的に侵害する処分をいうと解する。

➡規範

(2)　これを本問についてみると，本件エックス線検査は荷送人や荷受人の承諾を得ていない。そして，両者が検査の実施を知っていれば，通常これを拒否すると考えられるので，本件エックス線検査は，合理的に推認される両者の黙示の意思に反するといえる（①充足）。

➡あてはめ

また，本件エックス線検査は，荷送人や荷受人の宅配荷物の内容物に対するプライバシーという権利・利益を侵害するものである。そして，荷送人や荷受人において，宅配荷物の内容物が運送過程でみだりに暴露されることはないとの信頼が通常存在することからすれば，上記プライバシーの要保護性は高く，重要な権利・利益といえる。また，本件エックス線検査により観察される射影によって，荷物の内容物の形状や材質をうかがい知ることができるうえ，内容物によってはその品目等を相当程度具体的に特定することが可能であるから，上記プライバシーの侵害の程度は軽微なものとはいえない。よって，本件エックス線検査は，上記プライバシーという重要な権利・利益を実質的に侵害する処分といえる（②充足）。

(3)　したがって，本件エックス線検査は「強制の処分」に該当する。

➡結論

2　以上より，本件エックス線検査は「検証」にあたり，検証許可状を得ていないことから，令状主義違反として違法である。

➡結論

以上

出題趣旨

本問は，判例（最決平成21年９月28日刑集63巻７号868頁〔百選29事件〕）を題材に，所持人の承諾を得ないで実施する，梱包内容のエックス線検査の強制処分該当性を問うものである。強制処分該当性が問題となることの根拠や，「強制の処分」の意義について理解を深めてもらうとともに，エックス線検査という捜査方法の態様について知ってもらう趣旨で出題した。

論点

エックス線検査の「強制の処分」該当性

答案作成上の注意点

1　問題の所在

本問では，エックス線検査が「強制の処分」（197条１項ただし書）にあたるか否かが問題となりますが，いきなり論点に飛びつくのではなく，前提として，第12問と同様，なぜ強制処分該当性を検討するのか，その根拠を示すことが必要です。

この点，エックス線検査は，内容物の射影を観察し，その形状等を認識するのですから，五官の作用によって，物の状態を認識する処分といえます。そのため，エックス線検査が「強制の処分」にあたれば，「検証」（218条１項）に該当することになり，令状主義（憲法35条，刑事訴訟法218条１項）のもと，検証許可状に基づいて行われる必要が生じます。しかし，本問では，検証許可状を得ずに本件エックス線検査を実施しているので，エックス線検査が強制処分にあたる場合，本件エックス線検査は令状主義に違反し違法と評価されることとなります。そのため，本問では，本件エックス線検査が適法か否かを判断するために，令状主義との関係で，強制処分該当性を論じる必要が生じるのです。

それでは，エックス線検査は，強制処分，すなわち，①相手方の明示または黙示の意思に反して，②重要な権利・利益を実質的に侵害する処分といえるのでしょうか。

2　エックス線検査の強制処分該当性

1　相手方の明示または黙示の意思に反すること（要件①）

まず，本件エックス線検査が荷送人・荷受人の明示または黙示の意思に反するか否かを検討する必要があります。この点，本問では，本件エックス線検査にあたり，捜査機関は荷送人や荷受人の承諾を得ていません。そして，両者が本件エックス線検査の実施を知っていれば，通常これを拒否すると考えられるので，本件エックス線検査は，合理的に推認される意思に反するといえます。そのため，本件エックス線検査は，荷送人・荷受人の黙示の意思に反するといえます。

このように，相手方の黙示の意思に反するか否かの検討においては，合理的に推認される意思をふまえてあてはめるようにしましょう。

2　重要な権利・利益を実質的に侵害すること（要件②）

次に，エックス線検査が，重要な権利・利益を実質的に侵害するか否かを検討する必要があります。この点，エックス線検査は，捜査機関が宅配運送過程下にある荷物に対してエックス線を照射して内容物を観察するものですから，荷送人や荷受人の内容物に対するプライバシーを侵害することは，異論なく認められるでしょう。そして，荷送人や荷受人において，宅配荷物の内容物が運送過程でみだりに暴露されることはないとの信頼が通常存在することからすれば，プライバシーの要保護性は高いといえるので，プライバシーは重要な権利・利益といえるはずです。

他方で，エックス線検査が上記プライバシーを侵害する程度については，評価が分かれうるところです。たしかに，このような捜査方法では，荷物の内容物の形状や材質をうかがい知ることができるだけで，内容物を具体的にどのようなものであるかを特定することが常に可能なわけではありません。そうだとすれば，このような捜査方法は，荷送人や荷受人の内容物に対するプライバシー侵害を伴うとしても，その侵害の程度は軽微なものにとどまり，上記プライバシーを実質的に侵害するものとはいえず，強制処分とまではいえないとも思えます。

しかし，前掲最決平成21年は，問題となったエックス線検査について，その射影によって荷物の内容物の形状や材質をうかがい知ることができるうえ，内容物によってはその品目などを相当程度具体的に特定することも可能であり，荷送人や荷受人の内容物に対するプライバシー等を大きく侵害するものであるため，「検証としての性質を有する強制処分に当たるものと解される」と述べています。このように，判例は，エックス線検査によって，単に内容物の形状・材質をうかがい知ることができるというだけでなく，内容物の特徴等によっては，相当程度これを特定することが可能であると評価しているのです。そして，このような場合，当該検査は，荷物を開披して内容物を直接確認することに近い性質をもつといえるので，もはや荷送人や荷受人の内容物に対するプライバシー侵害の程度は軽微であるとはいえないでしょう。したがって，この判例によれば，エックス線検査は，上記プライバシーという重要な権利・利益を実質的に侵害するものとして強制捜査にあたり，検証許可状がなければ行うことは許されないことになります。

3 他の判例との整合性

この前掲最決平成21年について，携行中のバッグの施錠されていないチャックを開披して内部を一べつする行為を，「捜索」にいたらないものと判断した米子銀行強盗事件（最判昭和53年6月20日刑集32巻4号670頁〔判例シリーズ3事件〕）との整合性に疑義を呈する見解が存在します。米子銀行強盗事件と前掲最決平成21年とを整合的に理解するとすれば，前者は，一べつする行為によっては見えない部分の内容物の品目等をうかがい知ることが困難であるのに対し，後者は，荷物の内容物の形状や材質をうかがい知ることができるうえ，内容物によってはその品目などを相当程度具体的に特定することもできるため，その行為は，前者の状況下でバッグの中に手を入れ，内容物を逐一確認・点検するといった，単に一べつする行為と比べてプライバシーの侵害の程度がきわめて高い手段に匹敵するものであると考えることになるでしょう（古江『事例演習刑事訴訟法』51頁）。

以下に掲載した判例は，互いの整合性について議論がなされているものです。各判例の判旨や論点を十分に理解しておきましょう。

所持品検査 米子銀行強盗事件（最判昭和53年6月20日刑集32巻4号670頁）	警察官が，猟銃および登山用ナイフを使用しての銀行強盗の容疑が濃厚な者を深夜に検問の現場から警察署に同行して職務質問中，その者が職務質問に対し黙秘し再三にわたる所持品の開披要求を拒否するなどの不審な挙動をとり続けたため，容疑を確かめる緊急の必要上，承諾がないままその者の所持品であるバッグの施錠されていないチャックを開披し内部を一べつしたにすぎない行為は，職務質問に付随して行う所持品検査において許容される限度内の行為である＝強制処分にあたらない
梱包内容のエックス線検査 最決平成21年9月28日刑集63巻7号868頁	荷送人の依頼に基づき宅配便業者の運送過程下にある荷物について，捜査機関が，捜査目的を達成するため，荷送人や荷受人の承諾を得ずに，これに外部からエックス線を照射して内容物の射影を観察する行為は，検証としての性質を有する強制処分にあたり，検証許可状によることなくこれを行うことは違法である
GPS捜査 最判平成29年3月15日刑集71巻3号13頁（百選30事件）	車両に使用者らの承諾なくひそかにGPS端末をとりつけて位置情報を検索し把握する刑事手続上の捜査であるGPS捜査は，個人のプライバシーの侵害を可能とする機器をその所持品にひそかに装着することによって，合理的に推認される個人の意思に反してその私的領域に侵入する捜査手法であり，令状がなければ行うことができない強制の処分である

【参考文献】
試験対策講座5章4節④【3】。判例シリーズ3事件。条文シリーズ2編1章捜査■総説④，218条。

第14問 A　領置

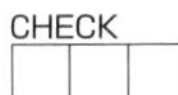

令和３年10月15日，H県I市において，金品強取の目的で女性Vが自宅で殺害され，キャッシュカード等が強取される強盗殺人事件が発生した（以下「本件強盗殺人事件」という）。

令和３年10月20日，Vが行方不明になったとして，その姉から警察に対し捜索願がだされた。警察官KがI市内の防犯カメラを調べたところ，本件強盗殺人事件の発生直後の夜に，赤いダウンベストを着た男が犯行現場付近の現金自動預払機を利用してVの口座から多額の現金を引き出す様子が写っていた。

その後の捜査の過程で，KはAが本件強盗殺人事件に関与しているのではないかとの疑いを抱いた。しかし，Aは捜査機関による尾行などを警戒して自宅からほとんど外出しなかったため，Kは本件強盗殺人事件にAが関与している証拠を入手できずにいた。

そこで，Kは，Aが自宅付近の公道上にあるごみ集積所に出したごみ袋を回収した。そのごみ袋の中身を警察署内において確認したところ，前記現金自動預払機の防犯カメラに写っていた男が着用していたものと類似する赤いダウンベストを発見したので，Kはこれを領置した。

Kによる赤いダウンベストの領置は適法か。

【解答へのヒント】

まず，領置の要件をみたすかについて，条文に照らして検討する必要があります。次に，捜査比例の原則に照らして，本問における領置が適法かを検討していくことになります。

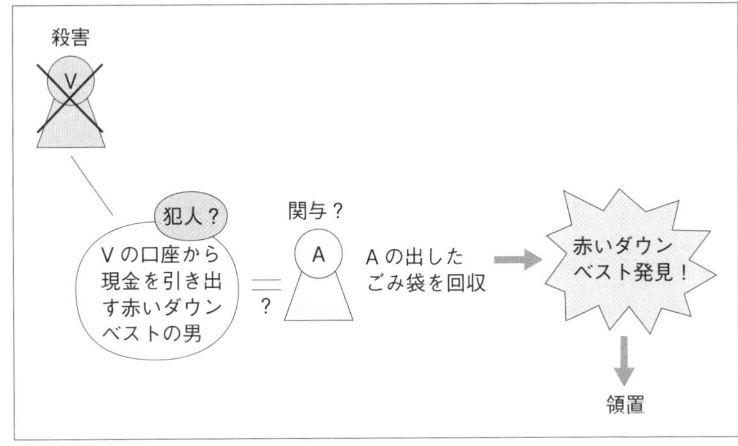

答案例

1　Kによる赤いダウンベストの領置は適法か。まず，赤いダウンベストが「被疑者……が遺留した物」(刑事訴訟法221条。以下法名省略）にあたるかを検討する。

論 領置の適法性
論「遺留した物」の意義

(1)　221条が無令状で領置を認める趣旨は，占有の取得に強制を伴わないことにあるから，「被疑者……が遺留した物」とは，遺失物のほか，被疑者が自己の意思によって占有を放棄し，離脱させた物をいうと解する。

➡ 規範

(2)　これを本問についてみると，Kが領置した赤いダウンベストは，「被疑者」であるAが，不要物として公道上のごみ集積所に排出したごみのひとつである。したがって，Aはごみ集積所にごみ袋を置くことにより，自己の意思によってその内容物である赤いダウンベストに対する自己の占有を放棄していたものと認められる。

➡ あてはめ

(3)　よって，赤いダウンベストは「被疑者……が遺留した物」にあたる。

➡ 結論

2　では，Kによる赤いダウンベストの領置は任意処分として適法か。

論 任意処分の限界

(1)　この点，捜査比例の原則（197条1項本文参照）のもと，任意処分は，捜査の必要性，緊急性などを考慮したうえ，具体的状況のもとで相当と認められる限度において適法に行えると解する。

➡ 規範

(2)　これを本問についてみると，本件強盗殺人事件は，人の生命侵害を伴うきわめて重大な犯罪であるから，真犯人の早期確保の要請が強い。ところが，本件強盗殺人事件への関与が疑われるAが捜査機関による尾行などを警戒していたため，Kは有力な証拠を入手できず，捜査が滞っていた。このような状況において，Aが遺留した赤いダウンベストは，本件強盗殺人事件の犯人とAとの同一性を推認させる重要な証拠となりうる。したがって，赤いダウンベストを領置する必要性は高いといえる。

➡ あてはめ

　一方で，Kの領置により，ごみがそのまま業者に収集されて他人にその内容が見られることはないという期待としてのAのプライバシーが害される。もっとも，公道上に排出されたごみは不特定多数人の目にさらされることが通常であるため，Aのプライバシー保護に対する要請は強くないといえる。

(3)　したがって，領置の高度の必要性が認められる一方で，Aのプライバシー保護の要請は強くないから，Kによる赤いダウンベストの領置は，具体的事情のもとで相当と認められる。よって，任意処分として適法に認められる。

➡ 結論

3　以上より，Kによる赤いダウンベストの領置は適法である。

➡ 結論

以上

出題趣旨

本問は，最決平成20年４月15日刑集62巻５号1398頁（百選８事件）の事案をアレンジしたもので，領置の適法性を検討させることを目的としている。領置については，2010（平成22）年司法試験でその適法性が問われているほか，予備試験の口述試験でもしばしば出題されている。あまりなじみのないテーマかもしれないが，本問で領置に対する基本的な知識を身につけてほしい。

論点

1　領置の適法性
2　「遺留した物」の意義
3　任意処分の限界

答案作成上の注意点

1　領置（221条）の法的性質

領置とは，被疑者等が遺留した物または所有者等が任意に提出した物の占有を取得する処分をいいます。物の占有を取得し保持する点では差押えと同様ですが，占有の取得について強制を伴わない点では異なります。よって，領置は強制処分たる「押収」（憲法35条）にはあたらず，令状なしで行うことができます。

もっとも，領置により捜査機関が占有を取得した後は，所有者等は還付手続をとらなければ領置物の占有を回復させることができません（刑事訴訟法222条１項本文前段・123条）。そのため，占有取得後は押収としての効果を発生させる点で，強制処分と同じ効果をもちます。したがって，領置は，物を取得するまでは任意処分，取得した後は強制処分の性質があります。

本問において問題となっているのは，赤いダウンベストの占有取得過程の適法性です。前述のとおり，領置は強制的に占有を取得する処分ではないので，「強制の処分」には該当しません。したがって，答案において，領置の強制処分該当性を検討する必要はありません。

証拠の収集保全のための強制処分による捜査方法

捜　索	一定の場所，物または人の身体について，物または人の発見を目的として行われる強制処分（218Ⅰ，220Ⅰ）
差押え	他人の占有を排除して占有を取得する処分（218Ⅰ，220Ⅰ）
領　置	被疑者等が遺留した物または所有者等が任意に提出した物の占有を取得する行為（221）
検　証	五感の作用によって，物の状態を認識する処分（218Ⅰ，220Ⅰ）
鑑定処分	特別の知識経験を有する者による，事実の法則またはその法則を具体的事実に適用して得た判断を報告する処分（223，224）

2　領置の適法性

1　領置できる物

捜査機関が領置できるのは，被疑者その他の者が「遺留した物」，または「所有者，所持者若しくは保管者が任意に提出した物」にかぎられます。まずは，領置しようとする物がこれらの要件に該当するかを検討しておく必要があります。

「遺留した物」とは，遺失物のほか，被処分者が自己の意思によって占有を放棄し，離脱させた物をいいます。なお，前掲最決平成20年は，公道上のごみ集積所に排出されたごみ袋の内容物について，「不要物として公道上のごみ集積所に排出し，その占有を放棄していたもの」であるとして，「遺留した物」にあたると判示しています。

2　任意処分の限界

領置しようとする物が「遺留した物」または「所有者，所持者若しくは保管者が任意に提出した物」に該当するとしても，捜査機関は何らの制約なく占有を取得できるわけではありません。そこで，捜査比例の原則に照らし，当該領置が任意処分の限界を超え違法とならないかを検討する必要があります。

捜査比例原則（197条1項本文参照）のもと，任意処分は，その必要性，緊急性などを考慮したうえで，具体的状況のもとで相当と認められる限度において適法に行うことができます（最決昭和51年3月16日刑集30巻2号187頁〔判例シリーズ1事件〕）。検討にあたっては，捜査の必要性が認められるか，領置によって被処分者のいかなる権利利益がどの程度制約されるかを，事実に即して検討していく必要があります。

前掲最決平成20年は，任意処分の限界を超えるか否かについて，排出されたごみについては，「通常，そのまま収集されて他人にその内容が見られることはないという期待がある」としたうえで，「捜査の必要がある場合には，刑訴法221条により，これを遺留物として領置することができる」という結論しか述べていませんが，答案では，なぜ任意処分の限界を超えないのか，事実を適切に評価して丁寧に検討する必要があります。

3　本問の検討

Kが領置した赤いダウンベストは，Aが不要物として公道上のごみ集積所に排出したごみのひとつです。したがって，Aはごみ集積所にごみ袋を置くことにより，その内容物である赤いダウンベストに対する自己の占有を放棄していたものと認められます。よって，赤いダウンベストは「被疑者」であるAが「遺留した物」にあたります。

では，Kによる赤いダウンベストの領置は任意処分として適法でしょうか。

本問においては，強盗殺人事件というきわめて重大な犯罪が発生していますから，真犯人の早期確保の要請が強くはたらきます。ところが，Aの本件強盗殺人事件への関与が疑われているものの，Aが捜査機関による尾行などを警戒していたため，Kは有力な証拠を入手できない状況にあり，捜査が滞っていました。

このような状況において，Aが遺留した赤いダウンベストは，本件強盗殺人事件の犯人とAとの同一性を推認させる重要な証拠となりえます。したがって，赤いダウンベストを領置する必要性は高いといえます。

一方で，Kの領置により，ごみがそのまま業者に収集されて他人にその内容が見られることはないという期待としてのAのプライバシーは害されます。もっとも，公道上に排出されたごみは不特定多数人の目にさらされることが通常であるため，Aのプライバシー保護に対する要請は強くないといえます。

したがって，領置の高度の必要性が認められる一方で，Aのプライバシー保護の要請は強くありませんから，Kによる領置は具体的事情のもとで相当と認められます。以上より，Kによる赤いダウンベストの領置は適法と結論づけられます。

【参考文献】

試験対策講座2章4節⑥【2】。判例シリーズ1事件。条文シリーズ2編1章捜査■総説④，221条。

第15問 A　強制採尿の可否，強制採尿のための強制連行の可否

警察官K_1とK_2は，某日午後４時，暴力団H組に所属するAを被疑者とする別件覚醒剤所持の被疑事実で適法に発付された捜索差押許可状に基づき，A方の捜索・差押えを実施した。

捜索・差押えの実施中，Aは落ち着きのない態度でK_1らの質問に素直に応じず，また，Aの両腕には注射痕のようなものが認められた。そこで，K_1は，Aが覚醒剤を使用していると考え，Aに対して任意同行および尿の任意提出を求めたが，Aはこれを拒んだ。

その後もK_1らがAに対して尿の任意提出を求めたが，Aが声を荒げて強く拒み続けたため，K_1はAに対して強制採尿を実施する必要があると考えた。そこで，K_1は，K_2にAのことを任せ，午後６時過ぎに尿の捜索差押許可状を請求し，午後６時40分，医師をして医学的に相当な手段によることを条件とした捜索差押許可状の発付を受け，K_1はA方に戻った。K_2から聞いたところによれば，この間，Aはタバコを吸うなどしながら待機しており，いまだ任意同行および尿の任意提出に応じていなかった。

午後７時30分頃，K_1がAに対し，発付された令状を示して警察署への同行を求めたところ，Aはこれに応じてパトカーに乗ろうとする素振りを見せたが，隙をみて逃走しようとした。そこで，K_1らは，Aを取り囲んで捕まえ，「やめろ。」などと言って暴れるAをパトカーに押し込み，I病院へ向かった。

午後８時ころ，I病院に到着し，K_1は医師に強制採尿を依頼し，午後８時５分，同医師はカテーテルを用いてAの尿を採取した。

以上の事実を前提に，K_1らの捜査の適法性について論ぜよ。

【参照条文】
○覚醒剤取締法（昭和26年法律第252号）
（使用の禁止）
第19条　次に掲げる場合のほかは，何人も，覚醒剤を使用してはならない。
（以下略）
第41条の３　次の各号の一に該当する者は，10年以下の懲役に処する。
　一　第19条（使用の禁止）の規定に違反した者
（以下略）

【解答へのヒント】
まず，強制採尿が許されるか（どのような条件，手続なら許されるか）を検討しましょう。次に，本問の強制採尿を適法とした場合，強制採尿を実施するための強制連行は適法かを論じましょう。

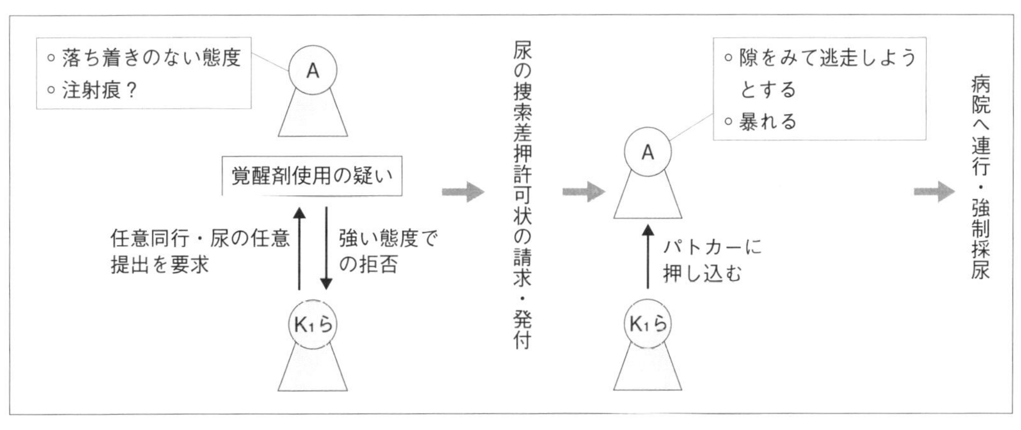

答案例

論 強制採尿の可否

1　K_1はAに強制採尿を実施しているが，強制採尿は，人格の尊厳を著しく害するものとして，許されないのではないか。

(1)　この点，強制採尿が医師等により適切に行われるかぎり身体への危険は比較的乏しく，また，精神的打撃は検証の方法としての身体検査においても同程度の場合がありうるから，常に許されないと解するのは妥当でない。

➡ 規範

そこで，被疑事件の重大性，嫌疑の存在，当該証拠の重要性とその取得の必要性，適当な代替手段の不存在等の事情に照らし，犯罪の捜査上真にやむをえないと認められる場合には，最終的手段として許されると解する。

この場合，体内に存在する尿は無価値物であり，物としての性格が強いから，強制採尿は捜索差押許可状（刑事訴訟法218条1項。以下法名省略）によるべきと解する。ただし，身体侵害のおそれへの配慮から，同条6項が準用され，医師をして医学的に相当と認められる方法で行う旨の条件の記載が不可欠であると解する。

➡ あてはめ

(2)　本問では，覚醒剤自己使用罪は懲役10年以下に処せられる相当重大な犯罪であるところ，Aは落ち着きのない態度で，両腕に注射痕のようなものがあることから，覚醒剤自己使用の嫌疑が認められる。そして，その証拠として，尿を取得する必要性は高い。さらに，Aは長時間尿の任意提出に応じておらず，加えて，説得しても任意提出は望めないため，強制採尿に代わる適当な手段も存在しないといえる。

➡ 結論

(3)　したがって，K_1の上記行為は，犯罪の捜査上真にやむをえず，最終的手段といえるから，適切な条件付捜索差押許可状も取得している以上，適法である。

論 強制採尿のための連行の可否

2　次にK_1らは，Aを捕まえパトカーに押し込み，I病院に向かっている。このような強制採尿のための連行は適法か。

(1)　この点，強制採尿に際して強制連行できなければ，強制採尿令状の目的を達することができない。また，裁判官は，連行の当否を含めて審査し，令状を発付している。

➡ 規範

そこで，任意同行が事実上不可能な場合には，採尿に適する最寄りの場所まで連行することも令状の効力として許容され，その際，必要最小限度の有形力を行使することも許容されると解する。

➡ あてはめ

(2)　本問では，Aは任意同行に応じず隙をみて逃走を図ろうとしているから，任意同行は事実上不可能であるところ，I病院は採尿に適する最寄りの場所といえる。また，Aを取り囲んで捕まえ，パトカーに押し込む行為は，過度の侵害を伴うものではなく，必要最小限の行為といえる。

➡ 結論

(3)　よって，K_1らの行為は適法である。

以上

出題趣旨

本問は，強制採尿の実施過程における捜査官の行為の適法性を問う問題である。強制採尿の許容性については最決昭和55年10月23日刑集34巻５号300頁（判例シリーズ24事件）が，強制採尿のための強制連行の可否については最決平成６年９月16日刑集48巻６号420頁（判例シリーズ25事件）がでており，重要論点として出題可能性が高いと考えられる。そこで，これらの強制採尿に関する基本的知識について理解を深めてもらうために，本問を出題した。

論点

1　強制採尿の可否
2　強制採尿のための連行の可否

答案作成上の注意点

1　採尿の必要性

人体内の尿の採取は，特に覚醒剤自己使用罪の捜査において問題となります。覚醒剤の自己使用は密室で行われることが多いので，これを検察側が目撃証人などの証拠によって立証することは通常困難です。他方で，体内に摂取された覚醒剤は，１，２週間という比較的長い期間，尿に残留します。そこで，覚醒剤の自己使用の事実を立証するため，尿の採取が必要となるのです。

2　強制採尿の可否

1　強制採尿の問題点

尿の採取はどのように行うべきでしょうか。まず，被疑者から任意提出を受けこれを領置（221条）することが原則となります。次に，被疑者がバケツなどに放尿したものの，その提出を拒むときは，これを差し押さえることも考えられます。

では，被疑者が任意に放尿をしないような場合に，強制的に尿を採取することは許されるでしょうか。具体的には，尿道にカテーテルという管を差し込んで，強制的に尿を採取する方法が問題とされています。このような方法は，尿道にカテーテルを挿入して尿を採取するわけですから，身体への侵襲を伴うだけでなく，屈辱感等の精神的苦痛も与えることとなります。そこで，強制採尿は人格の尊厳を著しく害するものであり，許されないのではないかが問題となるのです。

2　強制採尿が許容されるための条件

この点について，判例（前掲最決昭和55年）は，強制採尿は身体に対する侵入行為であり，また屈辱感などの精神的打撃を与える行為であるとは認めつつ，次の２つの理由から，被疑者に対する強制採尿が捜査手続上の強制処分として絶対に許されないとはいえないとしています。第１に，採尿において通常用いられるカテーテルを尿道に挿入することにより尿を採取する方法は，被採取者に対し一定の肉体的不快感および抵抗感を与えるとしても，医師等これに習熟した技能者によって適切に行われるかぎり，身体上・健康上格別の障害をもたらす危険性は比較的乏しく，かりに障害を起こすことがあっても軽微なものにすぎないと考えられることがあげられています。第２に，強制採尿が被疑者に与える屈辱感等の精神的打撃は，検証の方法としての身体検査でも同程度の場合がありうることも，理由とされています。

そのうえで，判例（前掲最決昭和55年）は，強制採尿が許されるための要件について，被疑事件の重大性や嫌疑の存在，当該証拠の重要性とその取得の必要性，適当な代替手段の不存在などの事情に照らして，「犯罪の捜査上真にやむをえないと認められる場合」には，「最終的手段」として，適切な法律上の手続を経たうえで強制採尿を行うことも許されるとしています。そのうえで，「ただ，その実施にあたっては，被疑者の身体の安全とその人格の保護のため十分な配慮が施されるべき」とも述べています。このような一定の条件をつけたうえでの強制採尿は，捜査の必要性から許されると考えるべきでしょう。

3　強制採尿を実施するための手続

強制採尿が許されるとしても，いかなる手続をとるべきかについては争いがあります。従来は，身体検査は人体の外表部分の検査にかぎられるので，体内に侵入するとなると，鑑定処分許可状が必要となるところ，捜査機関が行う鑑定処分は直接強制ができない（225条４項は172条を準用しておらず，225条４項が準用する168条６項は139条を準用していない）ため，直接強制を可能とするために身体検査令状も必要であるとして，両令状を併用するという考え方も有力でした。

しかし，前掲最決昭和55年は，体内に存在する尿を犯罪の証拠物として強制的に採取する行為は捜索・差押えの性質を有するとみるべきであるため「捜査機関がこれを実施するには捜索差押令状を必要とすると解すべき」としています。ただし，強制採尿は，「人権の侵害にわたるおそれがある点では」，一般の捜索・差押えと異なり，「検証の方法としての身体検査と共通の性質を有している」といえるので，「身体検査令状に関する刑訴法218条５項〔現218条６項〕が右捜索差押令状に準用されるべき」として，捜索差押令状に「強制採尿は医師をして医学的に相当と認められる方法により行わせなければならない旨の条件の記載」が必要であると述べました。

前掲最決昭和55年は，体内に存在する尿は老廃物としていずれ体外に排出される無価値物であり，もはや身体の一部というよりは物としての性格が強いから，捜索・差押えの対象になりうると考えているようです。他方で，排出されるまでは尿は体内にあり，身体侵害のおそれの強い点では検証としての身体検査と共通するため，218条６項を準用して，医師をして医学的に相当と認められる方法という条件をつけたのです。試験との関係では，判例の立場で論述すればよいでしょう。

本問では，医師をして医学的に相当と認められる方法によるという条件をつけた捜索差押許可状が発付されているため，令状の形式に問題はありません。そこで，本問で強制採尿を実施することが「真にやむをえない」といえるか，判例の示した考慮要素をふまえて検討を行いましょう。

3　強制採尿のための連行の可否

本問において，K_1らはAを取り囲んで捕まえ，パトカーに押し込んだうえでI病院に向かっています。この行為は，強制採尿を実施するためにAの身体を拘束し，強制的に連行したものといえます。そこで，このような強制採尿のための連行が可能なのか，可能だとしてその根拠を何に求めるかについて，言及する必要があります。強制採尿に伴う連行については，著名な判例（前掲最決平成６年）があるため，これを意識した論述を行いましょう。

同決定は，身体を拘束されていない被疑者を採尿場所へ任意に同行させることが事実上不可能であると認められるような場合には，「強制採尿令状の効力として，採尿に適する最寄りの場所まで被疑者を連行することが」できるとし，その際には，「必要最小限度の有形力を行使することができる」と述べています。このような判断をした理由については，「そのように解しないと，強制採尿令状の目的を達することができ」ず，また，このような場合に令状を発付する裁判官は「連行の当否を含めて審査し，右令状を発付したものとみられるからである」と述べています。

連行の根拠について，令状の効力なのか，「必要な処分」（222条１項本文前段・111条１項前段）なのか，見解が分かれるところです。令状の効力か「必要な処分」かで差異はないとする見解もありますが，本問ではK_1らの行為の適法性が問われている以上，適法性を基礎づける根拠がいずれに求められるのかについて自説を明示すべきでしょう。

あてはめについては，Aが逃げようとしたこと，K_1らはAを取り囲んでパトカーに押し込んだにすぎず，過度な有形力の行使をしていないことなどの事実を拾い，評価を加えることが望まれます。

【参考文献】

試験対策講座５章４節4【4】。判例シリーズ24事件，25事件。条文シリーズ２編１章捜査■総説7 3(3)。

第16問 A　おとり捜査

Aは，令和４年３月26日，知人のBに対し，大麻樹脂の買手を紹介してくれるよう電話で依頼したところ，Bは「大阪でなら紹介できる。」と答えた。なお，Aの上記電話があるまで，BからAに対しては，大麻樹脂の取引に関する働き掛けはなかった。

Bは，以前からAに恨みを抱いていたため，これを機にAに報復しようと考え，同月28日，上記電話の内容を麻薬取締官事務所に伝えた。同事務所では，Bの情報によってもAの住居や立ち回り先，大麻樹脂の隠匿場所等を把握できず，ほかの捜査手法によって証拠を収集し，Aを検挙することが困難であったことから，同事務所はBに対して，「Aを逮捕するため，協力してほしい。」と依頼した。Bは，これを承諾し，同事務所の麻薬取締官Pとの打合せを経て，Aに対して「大麻樹脂の買手が見つかった。紹介するから31日に指定する場所に来てくれ。」と連絡した。

同月31日，Pは，大麻樹脂の買手を装い，予約した大阪のホテルの一室でAと会った。Pが「何が売買できるか。」と尋ねたところ，Aは，「今日は持参していないが，東京に来れば大麻樹脂を売ることができる。」と答えた。これに対し，Pは，自分が東京に出向くことを断り，「Aが大阪に持って来るのであれば，２キログラムほど買いたい。」と述べた。そこで，Aが東京に一度戻ったうえで翌日大麻樹脂を上記部屋に持参し，改めて取引を行うことになった。

４月１日，Aは，上記室内に大麻樹脂約２キログラムを運び入れたところ，あらかじめ捜索差押許可状の発付を受けていた麻薬取締官の捜索を受け，大麻営利目的所持の被疑事実で現行犯逮捕された。

この事例におけるPの捜査は適法か。

【解答へのヒント】

おとり捜査の適法性が問題になっています。おとり捜査が強制処分なのか任意処分なのかを検討したうえで，適法な捜査として許容されうるのかを検討しましょう。その際，おとり捜査の適法性が問題となった事案で，判例がどのような事実をどのように評価しているのかが大きな手掛かりとなります。判例が着目していた要素を思い出しましょう。

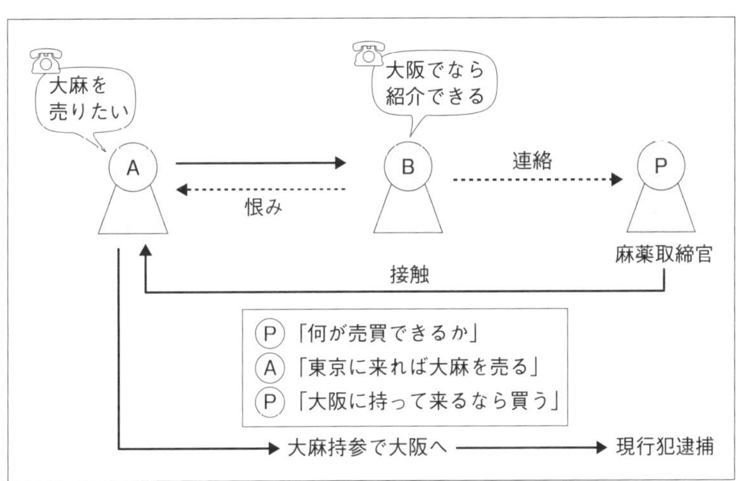

答案例

1　麻薬取締官Pが，大麻樹脂の買手を装ってAに買受けを申し込み，それに応じて大麻樹脂を持参したAを現行犯逮捕した捜査（以下「本件捜査」という）は，捜査機関またはその依頼を受けた捜査協力者が，その身分や意図を相手方に秘して犯罪を実行するよう働き掛け，相手方がこれに応じて犯罪の実行にでたところで検挙する，おとり捜査にあたる。では，本件捜査は，「強制の処分」（刑事訴訟法197条1項ただし書。以下法名省略）にあたり，明文の根拠規定がない以上，強制処分法定主義に反し違法とならないか。

論 おとり捜査の「強制の処分」該当性

⑴　強制処分とは，相手方の明示または黙示の意思に反して，重要な権利・利益を実質的に侵害・制約する処分と解する。

➡規範

⑵　本問では，Aはみずからの自由な意思決定によって犯行に着手している以上，Aの意思決定の自由の侵害はなく，Aの重要な権利・利益に対する実質的侵害はない。

➡あてはめ

⑶　よって，本件捜査は強制処分にあたらない。

➡結論

2　もっとも，おとり捜査は，捜査の公正さを害するとともに，実体法上の保護法益を侵害する危険を生じさせるから，任意処分として一定の限界に服すると解される。では，本件捜査はその限界を超え，違法とならないか。

論 任意処分の限界

⑴　この点，警察比例の原則（197条1項本文）から，おとり捜査は，必要性，緊急性等を考慮し，具体的状況のもとで相当といえる場合に許容されると解する。

➡規範

⑵　本問では，Aはみずから Bに大麻樹脂の買手の紹介を依頼しているから，Aには大麻営利目的所持の嫌疑が十分に存在する。そして，同所持は，組織的に敢行される傾向があり，営利追求の動機から反復されやすいため，これを早期に摘発・解明する必要性は大きい。それにもかかわらず，本件は直接の被害者がおらず密行性の高い薬物事犯であり，捜査機関はAの住居や立ち回り先，大麻樹脂の隠匿場所等を把握できていなかったため，おとり捜査以外に有効な捜査手法が存在しない状況にあった。そうすると，本件捜査には高度の必要性が認められる。

➡あてはめ

　一方，本件は直接の被害者がいない薬物事犯で，本件捜査により第三者の法益が直接侵害される危険はない。

　また，たしかにPは，Aの呼出しをBに依頼し，取引の場としてホテルの予約を行うなど，Aが大麻樹脂を持参するよう働き掛けている。しかし，Aはみずから大麻樹脂の買手の紹介をBへ依頼している。そうすると，Pは，当初から犯意を有しているAに対して，単に購入を申し向けたにすぎず，Pの関与は受動的で，その働き掛けの程度は弱いことから，捜査の公正さが害される程度は低いといえる。

⑶　よって，本件捜査の弊害を必要性が上回ると認められるから，本件捜査は具体的状況のもとで相当といえる。

➡結論

3　したがって，本件捜査は適法である。　以上

➡結論

出題趣旨

おとり捜査は，旧司法試験では2005（平成17）年度第1問，新司法試験では2010（平成22）年，予備試験では2012（平成24）年に出題されている。本問は，おとり捜査の重要判例である最決平成16年7月12日刑集58巻5号333頁（判例シリーズ30事件）を素材として，おとり捜査の法的性質やその限界についての理解を論述をとおして深めてもらう趣旨で出題した。

論点

1　おとり捜査の「強制の処分」該当性
2　任意処分の限界

答案作成上の注意点

1　おとり捜査の法的根拠

おとり捜査とは，捜査機関またはその依頼を受けた捜査協力者が，その身分や意図を相手方に秘して犯罪を実行するように働き掛け，相手方がこれに応じて犯罪の実行にでたところで現行犯逮捕などにより検挙する捜査手法です（前掲最決平成16年)。本問で，麻薬取締官のPは，大麻樹脂の買手を装って，Aに大麻樹脂購入の意向を示し，それを受けてAが大麻樹脂を大阪に持ってきたところでAを現行犯逮捕していますので，本問の捜査手法がおとり捜査に該当することは明らかです。

刑事訴訟法上は，おとり捜査が許容されることを明記した直接の法規は存在しません。そのため，おとり捜査が強制処分にあたるのであれば，本問でPは根拠法令なしに「法律に特別の定のある場合でなければ，これをすることのできない」（197条1項ただし書）捜査を行ったことになりますから，Pの捜査は強制処分法定主義違反となり，違法となります。したがって，適法なおとり捜査として許容されるためには，強制の処分にあたらないといえる必要があります。

2　おとり捜査の法的性質

おとり捜査の「強制の処分」該当性の検討において，答案例では「相手方の明示または黙示の意思に反して，重要な権利・利益を実質的に侵害・制約する処分」を強制処分であると解しました。その他の基準でもかまいませんが，なぜおとり捜査が強制処分にあたらないといえるのかを，おとり捜査によって侵害・制約される利益に着目しながら実質的に論じることが求められます。

では，おとり捜査で侵害・制約される利益とは何でしょうか。この点の働き掛けに応じて犯罪の実行にでること，すなわち捜査機関によって錯誤に陥った相手方が犯罪を行うという意思決定をしている部分を捉えて，意思決定の自由が侵害されていると解する考え方もありえます。

しかし，かりに働き掛けを受けた相手方が錯誤に陥ったとしても，それは働き掛けてきた者が捜査機関であるという点での錯誤にすぎず，脅迫などによる場合を除けば，犯罪の実行は相手方の自由な意思決定によって行われます。また，犯罪を実行するという意思決定を，国家から影響を受けずに自律的に行うという自由は，そもそも保護に値しません。そうすると，「重要な権利・利益」の制約があるとはいえないので，おとり捜査は強制処分ではなく，任意処分に該当するといえます。

なお，前掲最決平成16年も，おとり捜査が任意捜査として許されうることを判示しています。

3　おとり捜査の限界

1　おとり捜査の限界が問題となる理由

おとり捜査は任意処分である以上，当然に任意処分の限界を論じることができるとも思えます。しかし，任意処分の限界が問題となる理由は，その処分が対象者の権利・利益を一定程度侵害するため，比例原則による規制がかかってくることにありましたが，おとり捜査では，対象者はみずからの自由な意思で犯罪の実行に着手している以上，対象者の権利・利益の制約は認められないため，実況見分などと同様に無制限に行うことができるのではないかという疑問が生じます。そこで，おとり捜査にも限界があると考えるのであれば，おとり捜査にはいかなる弊害があるのかを明らかにする必要が生じます。これが，おとり捜査の違法の実質とよばれる問題です。

この点，おとり捜査の弊害は，①本来犯罪を取り締まるべき国家が犯罪を作出することで，捜査の公正さ，司法の廉潔性が害される点にあるとする見解があります。また，②国家が作出した犯罪によって，刑事実体法（刑法典など）が保護する法益が侵害される危険性が生じることが，おとり捜査の弊害であると考える見解も有力です。これらの見解によれば，こうした弊害があるため，おとり捜査にも限界を設けるべきと考えられます。これら２つの弊害は，相互に矛盾・対立するものではないため，答案例では，これら２つの点をおとり捜査の弊害としてあげています。

2　判断枠組みの検討

では，おとり捜査にも限界があるとして，その限界は，いかなる判断枠組みで検討されるべきでしょうか。ここで着目したいのは，おとり捜査があくまで任意処分として行われる点です。ここで，任意処分の一般的な適法性判断基準については，最決昭和51年３月16日刑集30巻２号187頁（判例シリーズ１事件）が，「必要性，緊急性なども考慮したうえ，具体的状況のもとで相当と認められる限度において許容されるものと解すべき」と判示しています。この基準により任意捜査の適法性を検討する場合，任意処分によって侵害される法益と処分の必要性を具体的事情に照らして比較衡量して判断することになります。そして，おとり捜査には，同決定の事案とは異なり対象者の権利・利益の侵害を伴わないものの，任意処分である以上，同一の判断基準が妥当すると考えられます。そうすると，おとり捜査の適法性は，上記判断基準のもと，おとり捜査の前述した弊害と必要性とを具体的に比較衡量して判断されると解されます。

3　具体的な考慮要素

より重要なのは，どのような事実に着目して，上記比較衡量を行うべきかということです。ここで，前掲最決平成16年は，少なくとも，①「直接の被害者がいない薬物犯罪等の捜査において」，②「通常の捜査方法のみでは当該犯罪の摘発が困難である場合に」，③「機会があれば犯罪を行う意思があると疑われる者を対象におとり捜査を行う」場合には，任意捜査として許されると判示しています。そこで，これらの要素に着目して，上記比較考量を行うことになります。

具体的には，①は，保護法益侵害の危険性があるというおとり捜査の弊害を低めるとともに，おとり捜査の必要性を基礎づける事情となります。すなわち，直接の被害者がおらず，第三者の法益侵害が発生しない場合には，生命・身体等の個人の重大な法益侵害が生じる場合に比して，保護法益侵害という弊害の程度は低いため，相当性が認められやすくなります。また，直接の被害者がいない犯罪は発覚しにくく，密行性が高いため，捜査の必要性が高いともいえるでしょう。

②は，おとり捜査によることの必要性を基礎づける事情です。すなわち，他に有効な捜査手法がないという事情があれば，おとり捜査を行う必要性は高いといえます。

③は，捜査の公平さを害するというおとり捜査の弊害を低めるとともに，おとり捜査の必要性を基礎づける事情です。すなわち，機会があれば犯罪を行う意思がある者に対して働き掛けるのは，捜査機関の働き掛けの程度が比較的弱いため，捜査の公正さがゆがめられる程度は低いといえ，相当性が肯定されやすくなります。また，犯罪を行う意思が高い者は，将来犯罪を実行する蓋然性が高く，捜査の必要性がより高いといえるため，おとり捜査の必要性も基礎づけられます。

もっとも，比較衡量にあたって考慮すべき事情はこれらにかぎられず，事件の重大性や嫌疑の程度なども考慮できます。肝心なのは，必要性・相当性を基礎づける事実を，事例の具体的な事情から的確に拾い上げて評価し，比較衡量の枠組みのもとで判断することです。

【参考文献】

試験対策講座５章４節④【9】。判例シリーズ１事件，30事件。条文シリーズ２編１章捜査■総説⑦３(8)。

第17問 A　GPS捜査

司法警察員Kらは，Aが共犯者とともに自動車で広域を移動しながら行った連続集団窃盗事件について捜査を行っていた。

Kらは，通常の尾行等によってはAらの組織性や犯行の全容を解明することが困難だったため，令和4年5月23日から同年12月4日ころにかけて，Aおよびその共犯者が移動のために使用する蓋然性があると認められた自動車やバイク合計19台に，各人の承諾なく，かつ，令状を取得することもないまま，GPS端末19個を取り付けた（GPS端末の取り付けによって，当該車両が損傷することはなかった）。Kらは，GPS端末から送られてくる位置情報をパソコン上の画面に表示する方法で断続的に取得することにより，Aらを追跡した（以下「本件GPS捜査」という）。

本件GPS捜査において使用されたGPS端末は，使用状況によって実際の位置情報と測定された位置情報との誤差が数百メートルに及ぶこともあれば，十数メートルにとどまることもあった。

本件GPS捜査は，強制処分法定主義との関係で適法か。なお，令状主義との関係については論じなくてよい。

【解答へのヒント】

本件GPS捜査は，そもそも「強制の処分」（197条1項ただし書）にあたるでしょうか。そして，「強制の処分」にあたる場合には，刑事訴訟法に「特別の定」があるかが問題となります。

判例がどの事実に着目し，どのような評価をしていたかを思い出してみましょう。

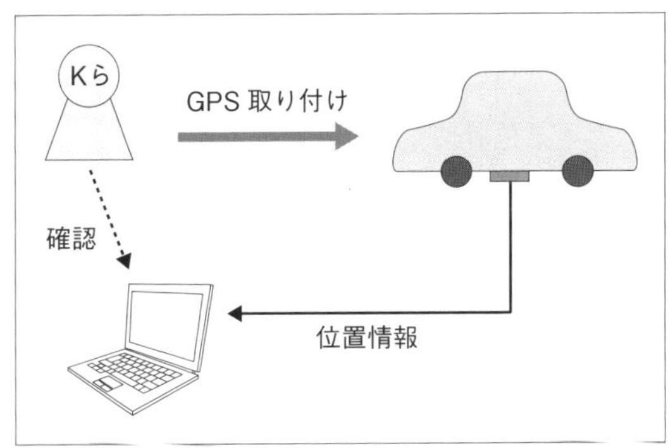

答案例

1　本件GPS捜査は，「特別の定」（刑事訴訟法197条1項ただし書。以下「刑事訴訟法」法名省略）がないにもかかわらず行われた「強制の処分」として，違法ではないか。

2　本件GPS捜査は，「強制の処分」にあたるか。

論 GPS捜査の「強制の処分」該当性

⑴　この点，「強制の処分」とは，強制処分法定主義（197条1項ただし書）および令状主義（憲法33条，35条）の厳格な制約に服させる必要性が認められる処分，すなわち相手方の明示または黙示の意思に反して重要な権利利益を実質的に侵害・制約する処分をいうと解する。

➡ 規範

⑵　本件GPS捜査は，誤差が最大でも数百メートルと比較的測定精度の高いGPS端末を対象車両に取り付けて行うため，公道上のみならず，場合によっては私的領域，すなわち個人のプライバシーが強く保護されるべき場所・空間においても，対象車両19台およびその利用者であるAらの所在を継続的・網羅的に把握しうる。

➡ あてはめ

このように継続的・網羅的に所在を把握できるGPS端末を，捜査機関が対象車両にひそかに取り付けることによって行う本件GPS捜査は，Aらの私的領域に侵入されない権利を強度に侵害するものである。

そして，憲法35条は「住居，書類及び所持品」のみならず，私的領域に「侵入」されることのない権利も保障しているから，Aらの権利利益は憲法上保障される重要なものといえる。

また，私的領域における位置情報をも継続的・網羅的に把握しうる機器を，捜査機関がひそかに取り付けることによって行う本件GPS捜査について，Aらが同意することは通常考えられない。したがって，本件GPS捜査は，Aらの黙示の意思に反するものと認められる。

⑶　以上より，本件GPS捜査は，Aらの黙示の意思に反して，重要な権利利益を実質的に侵害・制約する処分といえるから，「強制の処分」にあたる。

➡ 結論

3　では，本件GPS捜査は，刑事訴訟法上に「特別の定」がある捜査にあたるか。

論 GPS捜査と強制処分法定主義の関係

⑴　本件GPS捜査は，情報機器の画面表示を読み取って対象車両の所在と移動状況を把握する点で，「検証」と同様の性質を有する。したがって，刑事訴訟法に「特別の定」があるといえるとも思える。

➡ あてはめ

しかし，対象車両にGPS端末を取り付けることにより対象車両およびその使用者の所在の検索を行う点において，検証では捉えきれない性質をも有する。

⑵　したがって，本件GPS捜査は，刑事訴訟法上に「特別の定」がある捜査にはあたらない。

➡ 結論

4　よって，本件GPS捜査は，「特別の定」（197条1項ただし書）のない「強制の処分」にあたり，違法である。　　以上

➡ 結論

出題趣旨

本問は，GPS捜査に関する重要判例である最大判平成29年３月15日刑集71巻３号13頁（百選30事件）を題材にしたものである。GPS捜査，ひいては強制処分に関する理解を深めてもらう趣旨で出題した。

論点

1　GPS捜査の「強制の処分」該当性
2　GPS捜査と強制処分法定主義の関係

答案作成上の注意点

1　GPS捜査の「強制の処分」該当性

1　意義

本件GPS捜査が「強制の処分」にあたるならば，刑事訴訟法上に「特別の定」（197条１項ただし書）がないかぎり，適法に行うことはできません。そこで，「強制の処分」の意義が問題となりますが，「強制の処分」とは，強制処分法定主義および令状主義の厳格な要件・手続に服させる必要性が認められる処分，すなわち，相手方の明示または黙示の意思に反して，重要な権利利益を実質的に侵害・制約する処分をいうと解されます（重要権利利益実質的侵害説）。

なお，解説および答案例においては，前掲最大判平成29年の示した「合理的に推認される個人の意思に反して」いることと，相手方の明示または黙示の意思に反することとは，実質的に同じ内容であるとの立場に立っています（詳細については後述します）。

2　判例

前掲最大判平成29年は，制約される権利利益について，憲法35条は，「住居，書類及び所持品について，侵入，捜索及び押収を受けることのない権利」を保障すると規定していますが，この規定が保障する対象には，「『住居，書類及び所持品』に限らずこれらに準ずる私的領域に『侵入』されることのない権利が含まれる」と述べ，「個人のプライバシー」を「『住居，書類及び所持品』……に準ずる私的領域に『侵入』されることのない権利」と具体化して，私的領域に侵入されることのない権利が，憲法35条で保障される重要な権利利益であることを明らかにしています。

では，問題となったGPS捜査が上記権利利益を実質的に侵害・制約するかについては，前掲最大判平成29年はどう述べているでしょうか。この点，①まず，GPS捜査は，その性質上，公道上での情報のみならず，個人のプライバシーが強く保護されるべき場所・空間に関わるものも含めて，対象車両およびその使用者の所在と移動状況を逐一把握することを可能にすると指摘したうえで，このような捜査方法は「個人の行動を継続的，網羅的に把握することを必然的に伴う」として，個人のプライバシーを侵害しうるとしています。また，②そのようなプライバシー侵害を可能とする機器を個人の所持品にひそかに装着することにより行う点で，「公道上の所在を肉眼で把握したりカメラで撮影したりするような手法とは異なり，公権力による私的領域への侵入を伴う」と述べています。前掲最大判平成29年は，このように説示し，GPS捜査が上記権利利益を実質的に侵害・制約すると認めています。

実質的な侵害・制約とは，侵害・制約が権利利益の核心を侵す強度のものであることを意味します。では，前掲最大判平成29年はどの点に権利利益に対する強度の侵害・制約を見いだしているのでしょうか。

あえて②に言及している以上，②が権利利益に対する強度の侵害・制約を根拠づけていると解釈することも可能です。しかし，捜査機関がひそかに行うGPS捜査によって，プライバシーが強く保護されるべき場所や空間に関わる位置情報までも把握されうることは，①ですでに言及されています。したがって，①が私的領域に侵入されることのない権利の核心を侵しうることを意味し，②は，①にいう権利利益の侵害を可能にする機器を取り付けること自体が，権利利益の実質的侵害・制約への着手にあたることを述べた，と捉えるのが穏当でしょう（酒巻匡「GPS捜査は令状がなければ行うことができない強制の処分か」論究ジュリスト30号191頁）。

最後に，前掲最大判平成29年は，問題となったGPS捜査について，「合理的に推認される個人の意思に反」し，「個人の意思を制圧して憲法の保障する重要な法的利益を侵害するもの」と判示しました。「意思の制圧」という文言を用いた判例（最決昭和51年３月16日刑集30巻２号187頁〔判例シリーズ１事件〕）が想定しているのは，物理的な有形力の行使が相手方に直接向けられる場合でした。前掲最大判平成29年は，そのような場合でなくても個人の意思を制圧することがありうることを認める趣旨で，「合理的に推認される個人の意思に反」するという文言を用いたと考えられます。内容的には，重要権利利益実質的侵害説と同様の立場を採用したものとみてよいでしょう（最高裁判所判例解説刑事編71巻６号1275頁）。

以上の判示から，問題となったGPS捜査は「強制の処分」に該当すると認められます。

2　GPS捜査と強制処分法定主義の関係

問題となったGPS捜査が「強制の処分」にあたるとすると，これを許容する根拠となる「特別の定」（197条１項）は存在するのかを検討する必要があります。前掲最大判平成29年は，GPS捜査について，情報機器の画面表示を読み取り対象車両の所在と移動状況を把握する点については「刑訴法上の『検証』と同様の性質を有する」が，対象車両にGPS端末を取り付けて対象車両およびその使用者の所在の検索を行う点については「『検証』では捉えきれない性質を有することも否定し難い」として，197条１項ただし書の「『この法律に特別の定のある場合』に当たるとして同法が規定する令状を発付することには疑義がある」と結論づけました。

GPS捜査は，端末に表示された位置情報を五官の作用によって認識し，被処分者の位置を把握するという点では，検証としての性質を有します。そのため，刑事訴訟法上まったく想定されていないわけではありません。もっとも，捜査機関が積極的に被処分者の所在を探るという，検証では捉えきれない性質をも有しています。前掲最大判平成29年はこのことを考慮して「疑義がある」と判示したと考えられます。

3　本問の検討

答案作成にあたっては，まず，強制処分法定主義との関係で本件GPS捜査が「強制の処分」にあたるかが問題になることを述べ，その定義を示し，それにあてはめていきましょう。答案例では，①権利利益の侵害の程度は実質的といえるほど強度か，②侵害される権利利益は重要か，③Aの黙示の意思に反するかについて，判例に従い，順にあてはめています。特に，①のあてはめでは，「私的領域」や「継続的，網羅的に把握」といったキーワードを適切に使い，判例を理解していることを示したいところです。結論としては，判例に従うかぎり，本件GPS捜査は，Aらの黙示の意思に反して，重要な権利利益を実質的に侵害・制約する「強制の処分」に該当することになります。

次に，「強制の処分」にあたると結論づけたら，強制処分法定主義に反しないかを検討します。特に，「検証」にあたらないかの検討は忘れないようにしましょう。この点，本件GPS捜査は，「検証」と同様の性質を有する一方，検証では捉えきれない性質をも有しています。そのため，本件GPS捜査は，「特別の定」（197条１項ただし書）なくして行われた「強制の処分」といえるので，強制処分法定主義違反として違法となります。

【参考文献】

試験対策講座５章１節2【2】・【3】，５章４節4【11】。判例シリーズ１事件。条文シリーズ２編１章捜査■総説4。

第18問 A　任意同行と実質的逮捕との区別，任意取調べの限界

8月13日午前9時25分ころ，K_1巡査部長は，K_2巡査長およびK_3巡査とともにパトカーに乗車中，H県I市J町1丁目付近の路上に差しかかったところ，前方を歩行していたAを見掛けた。Aがサングラスをかけ，周囲を気にする様子で，ショルダーバッグを殊更強く抱え込んでいたことから，K_1は，Aが前日の夜に発生した銀行強盗事件と何か関わりがあるのではないかと考え，Aを職務質問することにした。

K_1はパトカーから降り，Aに「どこへ行くんや。」と聞いたところ，Aは「家に帰るんよ。」と答えた。K_1がAに氏名，住所を尋ねたところ，Aは「わしはBや。」と答えたが，以前Aを職務質問をしたことがあったK_1には，Aが名乗ったBという名前は偽名であり，暴力団と関係しているとのうわさのAであることがわかった。そこで，K_1は，Aに対して「ちょっと話を聞かせてくれ。車に乗ってほしいんや。」と言って，パトカーの左後部ドアを開けた。しかし，Aは「急いどるからだめや。」などと言って乗車を拒否した。そこでK_1は，K_2およびK_3とともに，「早く乗れ。」と言って，腕組みをしながら，Aの進路を塞ぐように立ちはだかった。10分ほど押し問答が続いたあと，Aは「どけ，入るわ。」と言って自分からパトカーの中に入った。

午前9時40分ころ，Aはパトカーの後部座席右側に座り，K_1はAの左側に，K_2は助手席に座り，K_3が運転席に座ってただちにI警察署に向けてパトカーを発進させた。パトカーの中で，K_1は，Aにバッグの中身を見せるように言ったが，Aは拒否した。

その後，パトカーは午前10時ころに警察署に到着した。なお，J町1丁目にあるAの自宅アパートから警察署までは6キロメートル程度の距離であった。K_1らは，同日午前10時半ころから，同署4階の3.3平方メートル程度の広さの取調室において，同室入口付近等に1，2名の捜査官を立ち合わせてAを取り調べたところ，Aは，同日午後10時ころに犯行を認めるにいたった。Aの供述から，バッグには犯行に使われた猟銃およびナイフが入っていることが判明し，Aの同意のもと，これを領置した。もっとも，Aは強奪した現金500万円の所在についてはまったく供述しなかった。

同日午後11時過ぎ，K_1は，Aに犯行についての自白を内容とする上申書を作成させたが，更なる取調べの必要があると考え，同署近くのホテルに宿泊するようAに勧め，Aはこれを承諾した。その際，捜査官4，5名も同宿し，うち1名はAの部屋に泊り込むなどしてAの挙動を監視した。なお，宿泊にあたり，AはI警察署長宛の「私はI警察署で，銀行強盗をしたことについて申し上げましたが，明日，更に詳しく説明いたします。今日は自宅アパートに帰るのは嫌なのでどこかのホテルに泊めていただきたいと思います。」と記載した上申書を作成提出した。

翌14日朝，K_1らはパトカーでAを迎えに行き，朝から午後11時ころにいたるまで，I警察署の前記取調室でAを取り調べた。このような取調べおよび宿泊は，8月16日まで続いた。なお，宿泊代金については，警察において全額支払われた。

Aに対する同行およびこれに続く取調べは適法か。

【解答へのヒント】

1　任意同行の許容性

Aは自分からパトカーの中に入っているので，同行は一見適法のようにも思えますが，Aの意思決定の自由や行動の自由を侵害しているのであれば，実質的逮捕にあたる可能性があります。

2　任意取調べの限界

任意同行が適法でも，これに続く任意取調べは必ずしも適法になるとはかぎりません。任意取調べの限界については，具体的事情を積極的に拾ってあてはめをしましょう。

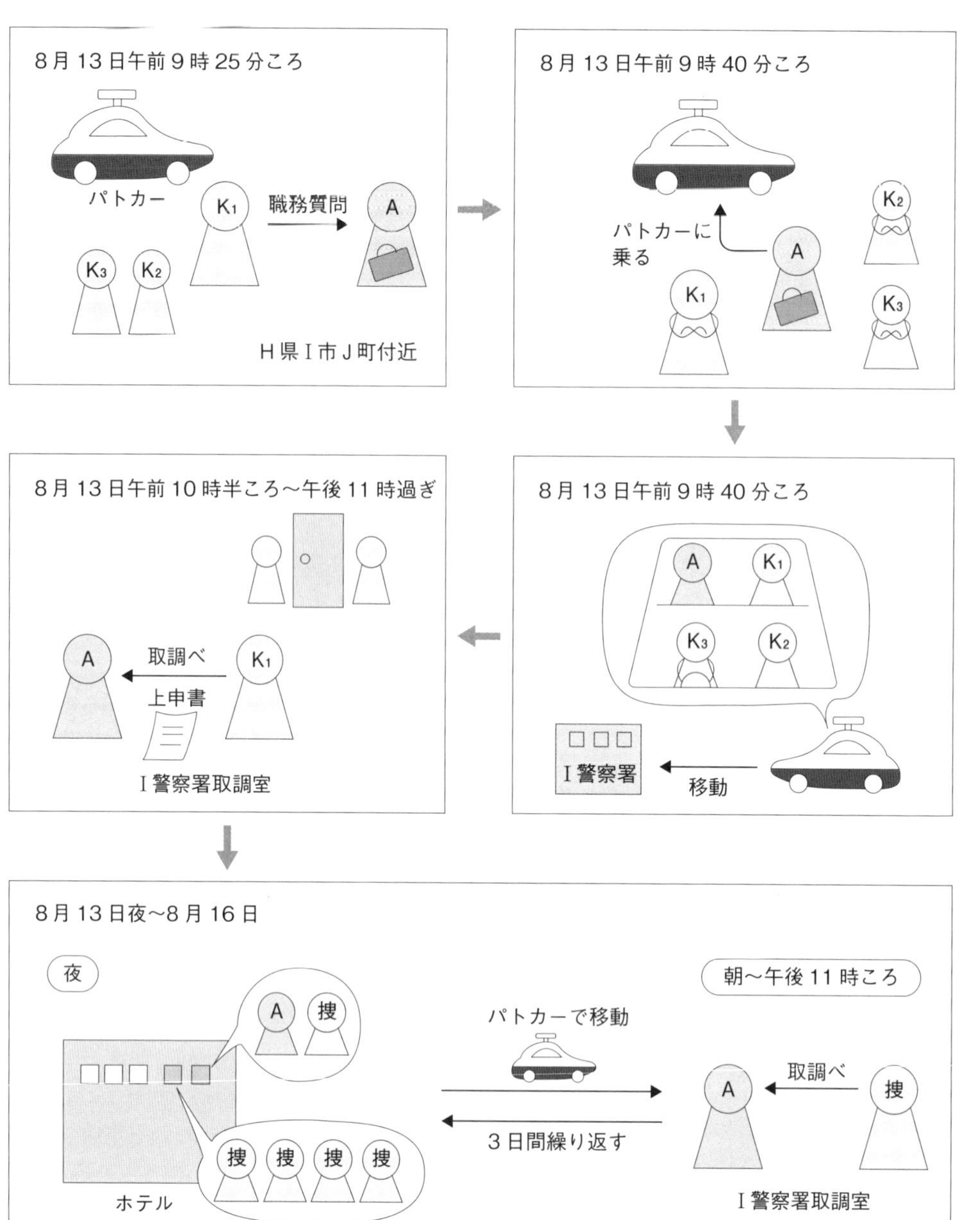
8月13日午前9時25分ころ
パトカー
K1
職務質問
A
K3
K2
H県I市J町付近
8月13日午前9時40分ころ
パトカーに
乗る
A
K1
K2
K3
8月13日午前9時40分ころ
A
K1
K3
K2
I警察署
移動
8月13日午前10時半ころ～午後11時過ぎ
A
取調べ
K1
上申書
I警察署取調室
8月13日夜～8月16日
夜
朝～午後11時ころ
A
捜
パトカーで移動
取調べ
捜
捜
捜
捜
3日間繰り返す
ホテル
I警察署取調室

答案構成用紙

答案例

1　Aに対する同行およびこれに続く取調べが終了するまでの滞留（以下「本件同行等」という）は，実質的逮捕に該当するため令状主義（憲法33条，刑事訴訟法199条1項。以下「刑事訴訟法」法名省略）に反し違法ではないか。

論 任意同行と実質的逮捕の区別

(1)　法の定める逮捕の要件・手続が厳格なのは，意思決定・行動の自由という重大な被侵害利益を保護すべきとの要請を憲法33条より受けているためである。そこで，任意同行・滞留が実質的逮捕に該当するか否かは，①同行を求めた時間・場所，②同行の方法・態様，③被疑者の属性・対応の仕方，④同行後の状況・監視の状況，⑤捜査官の主観的意図などの具体的状況を総合的に衡量し，被疑者の意思決定の自由の制圧の有無，被疑者の行動の自由への侵害の有無によって判断すべきと解する。

➡規範

(2)ア　K_1らがAに同行を求めたのは，午前9時25分ころの路上であるので，時間・場所ともに常識的なものであり，日常生活の範囲内であるといえる（①）。また，K_1はK_2らとともに，「早く乗れ。」と言って，Aの進路を塞ぐように立ちはだかるという方法・態様で同行を求めているものの，K_1らは腕組みをしてAの身体に直接有形力を行使していないし（②），Aもはじめは乗車を拒否しているものの，最終的には説得に応じて自分からパトカーの中に入っている（③）から，Aは乗車することを強制されたのではなく，積極的に任意同行に応じたといえる。したがって，Aの意思決定の自由が制圧されていたとはいえない。

➡あてはめ

また，Aはパトカーの後部座席右側に座り，K_1はAの左側に，K_2は助手席に座り，K_3が運転席に座っているところ，被疑者の両脇を警察官が挟むかたちでの同行のように，Aが逃げないよう圧迫するかたちでの同行ではないから，Aの行動の自由への侵害の程度は大きくはない（④）。

さらに，Aは，周囲の様子を気にしながらバッグを抱え込んだり，偽名を名乗ったりするなど不審な点があったうえ，乗車後もバッグの開披を拒否するなど，その嫌疑は高まっており，警察署に同行させる必要があったものの，逮捕状の発付を受ける時間はなかった。したがって，K_1らには逮捕の時間制限潜脱目的・事実上の身体拘束の意図はなかったといえる（⑤）。

イ　I警察署への同行後，Aの取調べは宿泊を挟み4日間も続いているが，Aは上申書を提出してこれを明示的に承諾しており（③），Aの意思決定の自由が制圧されていたとはいえない。また，Aは取調べの中止を訴えたり取調室からの退去を希望したりすることもなく（③），監視の態様も，同室入口付近等に1，2名の捜査官が立ち合うだけであり，強度ではなかったから（④），Aの行動の自由への侵害の程度は大きくない。

ウ　したがって，本件同行等は実質的逮捕に該当しない。

(3)　以上より，本件同行等は令状主義に反せず適法である。

➡結論

2　そうだとしても，Aに対する取調べは，任意取調べの限界を超え，違法とならないか。

論 任意取調べの限界

(1)　たしかに，自己の意思により取調べに応じている場合には，意思決定の自由に対する制約は観念できない。

しかし，このような場合であっても，被疑者は取調べにより精神的・肉体的負担の不利益を被ることとなる。

そこで，捜査比例の原則（197条1項本文参照）を適用し，任意取調べであっても，事案の性質，被疑者に対する容疑の程度，被疑者の態度等諸般の事情を考慮したうえ，当該手段を用いる捜査上の必要性とこれにより被疑者が被る不利益とを比較衡量して社会通念上相当と認められる場合に許容されるものと考える。

➡規範

(2)　たしかに，Aの被疑事件は銀行強盗事件という重大事件である。そして，13日午後10時ころにAが犯行を認めるにいたったことから，Aの容疑は濃厚となっている。さらに，Aは強奪した現金500万円の所在についてはまったく供述していないからこの所在を判明させる必要もある。よって，取調べを行う必要性は低いとはいえない。

➡あてはめ

しかし，宿泊はK_1から勧められたものであるところ，Aの住むアパートはI警察署から6キロメートル程度のさほど遠くない距離にあるため，宿泊という手段をとる必要性は，高いとはいえない。

他方，Aは前記上申書を提出しているし，取調べや宿泊を拒否し，取調室またはホテルから退去することを申し出る等の行動もしていない。そのため，これらの事情からすると，Aの精神的負担は重くないとも思える。

しかし，ホテルの宿泊費は警察が全額支払っていたため，Aは宿泊を断ることが難しい立場にあったところ，4日間にもわたり，捜査官がAの部屋に泊まり込んでAの挙動を直接監視するという宿泊の態様や，ホテルと警察署との往復にパトカーを使用し，捜査官が同乗するという送り迎えの態様は，Aの大きな精神的負担となるといえる。さらに，この間，朝から午後11時ころという深夜にいたるまでの長時間の取調べが4日間も続けられていたのであるから，Aの肉体的負担も甚大である。

したがって，被疑者が被る不利益は捜査上の必要性を上回るといえ，Aに対する取調べは，社会通念上相当とはいえない。

(3)　以上より，Aに対する取調べは，任意取調べの限界を超え，違法である。　以上

➡結論

出題趣旨

任意同行の許容性および任意取調べの限界については，重要判例が多数存在する。任意同行の許容性については，司法試験では2014（平成26）年に，予備試験では2019（令和元）年に出題された。また，任意取調べの限界については，宿泊を伴う取調べについて2014（平成26）年の司法試験で，長時間にわたる取調べについて2014（平成26）年および2020（令和２）年の司法試験で出題された。そして，これらの論点は，違法な身体拘束下で得られた自白の証拠能力や，自白をもとに発見，押収された証拠物の証拠能力などの問題につながる。今回は，この分野の理解を確認してもらう趣旨で出題した。

論点

1　任意同行と実質的逮捕の区別
2　任意取調べの限界

答案作成上の注意点

1　はじめに

まず，任意同行には，①被疑者の出頭確保のため，捜査官がその居宅等から警察署等へ同行させる司法警察目的の任意同行（刑事訴訟法の任意同行）と，②挙動不審者などに対して職務質問をするため，警察署へ同行させる行政警察目的の任意同行（行政警察上の任意同行，警察官職務執行法２条２項）とがあり，本問では前者が問題となります。混同しないように気をつけてください。

次に，司法警察目的の任意同行については，それが真に任意処分といえるか，実質的逮捕にいたっているのではないかが問題になります。さらに，本問では任意取調べの限界も問題になります。

2　任意同行・滞留が実質的逮捕に該当するか

1　任意同行のかたちがとられている場合であっても，その際に，被疑者が意思を制圧された状態で身体の自由を継続的に拘束され，同行または同行後の退去が拒否できない状況におかれた，すなわち逮捕と同一視しうる程度の強制力が被疑者に加えられていたと認められるときは，実質的逮捕にあたります。実質的逮捕にあたると認められた場合，逮捕状を得ていない以上，令状主義（憲法33条，刑事訴訟法199条１項）に反することになります。

2　では，任意同行・滞留が実質的逮捕に該当するかは，いかなる基準で判断されるのでしょうか。

そもそも，刑事訴訟法が定める逮捕の要件・手続が厳格であるのは，意思決定・行動の自由という重大な被侵害利益を保護すべきという要請を憲法33条より受けているためです。そこで，任意同行・滞留が実質的逮捕に該当するか否かは，①同行を求めた時間・場所，②同行の方法・態様，（③同行を求める必要性，）④同行後の状況（特に取調べ時間・方法），監視の状況，⑤捜査官の主観的意図，⑥被疑者の属性・対応の仕方，⑦同行を求めた時点で捜査機関が被疑者を逮捕しうる準備を完了していたかなどの具体的状況を総合的に検討して，被疑者の意思決定の自由の制圧の有無，被疑者の行動の自由への侵害の有無によって，事案ごとに個別的に判断するものと解されています。

3　なお，あてはめにおいて，③同行の必要性を検討すべきと考える立場もあります。これは，あえて任意同行させる合理的必要性がない場合（たとえば，逮捕状の発付は受けていたのに，被害者の名誉保護などの正当な理由なく同行時に執行しない場合等）には，捜査機関の逮捕の時間制限潜脱目的・事実上の身体拘束の意図を推認できるという理解によります。必要性が高いから相手方の権利利益を制約するとしても許容されるという比例原則的な考え方とは一線を画するため，注意してください。あくまで強制処分たる逮捕に該当するか否かの問題である以上，着目しているのは処分の性質です。

4　任意同行・滞留が実質的逮捕に該当するかどうかは個別的事情のもとにおいて具体的に判断されるため，そのあてはめの仕方もまちまちです。あてはめの参考として，違法との評価に傾く事情について，以下にあげておきます。

<table>
<tr><td rowspan="4">被疑者の意思決定の自由を侵害するとの方向にはたらく事情</td><td>駐在所からの同行
∵同行を断りにくいため，意思に反すると推定される</td></tr>
<tr><td>現場や家から離れた場所への同行
∵帰れなくなるため，意思に反すると推定される</td></tr>
<tr><td>深夜の同行
∵普通は応じないため，意思に反すると推定される</td></tr>
<tr><td>夕食時の同行
∵普通は帰りたいため，夕食時以降は被疑者の黙示的意思に反すると推定される</td></tr>
<tr><td>被疑者の行動の自由を侵害するとの方向にはたらく事情</td><td>警察官がパトカー車内で被疑者の両脇を（逃げられないように）挟むかたちでの同行</td></tr>
</table>

なお，⑥被疑者の属性・対応の仕方として，任意同行に被疑者が任意に応じている場合には，強制処分にあたらないとも思えます。しかし，形式的には任意同行に応じているようにみえる場合であっても，真意によるものではなく，半ば諦めの気持ちによって被疑者がやむなく任意同行に応じたにすぎない，と評価しうる場合もありますので，注意してください。

3　任意取調べの限界

1　任意同行・滞留の実質的逮捕該当性判断について前述のように考えるのであれば，被疑者が真に自己の意思により取調べに応じている場合には，意思決定の自由に対する制約というものは観念できません。しかし，そのような場合であっても，被疑者は取調べにより精神的・肉体的負担の不利益を被ることとなります。

そこで，任意取調べにおいても，捜査比例の原則（刑事訴訟法197条１項本文参照）を適用するべきでしょう。すなわち，任意取調べであっても，事案の性質，被疑者に対する容疑の程度，被疑者の態度等諸般の事情を考慮したうえ，当該手段を用いる捜査上の必要性とこれにより被疑者が被る不利益とを比較衡量して社会通念上相当と認められる場合に許容されるものと考えることとなります。

2　なお，判例（最決昭和59年２月29日刑集38巻３号479頁〔判例シリーズ32事件〕）では，実質的逮捕該当性は問題とされておらず，任意捜査の一環であることを当然の前提とした判示がなされています（弁護人が争わなかったと考えられます）が，答案では，任意同行・滞留が実質的逮捕にあたらないのかを必ず検討したうえで，それが否定される場合に，任意取調べの限界として上記判例に即して検討するという手順をふまなければならないという点に注意してください。

3　この任意取調べの限界を判断するための比較衡量を行う場合，本問の事案に即して，どのような考慮要素が考えられるでしょうか。

まず，事案の性質，すなわち事案の重大性があげられます。本問は強盗事件の事案であり，殺人事件等と並んで取調べを行う必要性が高い重大な事案といえるでしょう。また，被疑者に対する容疑の程度が高いほど，被疑者を取り調べる必要性は高くなります。答案では，全体のバランスから，これらについて短く具体的な事情を拾って評価する必要があります。

そのうえで，本件における当該手段を用いる捜査上の必要と，取調べの様態という中核的な要素の検討に移ります。捜査上の必要性としては，2の２で検討した③「同行を求める必要性」のような，逮捕したうえで厳格な身体拘束時間の制限があるなかで取り調べるのではなく，あえて任意同行からの任意取調べという手段で捜査をしなければならなかったのかという任意取調べ一般の必要性と，任意取調べの必要性は肯定したうえで，本件のような宿泊を伴う長時間の取調べによる必要があったのかという具体的な取調べの必要性とを分けて検討することもできるでしょう。答案例では，特に後者にフォーカスして検討しています。

さらに，取調べの様態は，被疑者が被る不利益にも大きく影響します。取調べにおいて，被疑者を監視する程度が強く，それが長時間に及ぶほど，被疑者の精神的・肉体的な負担は大きくなるといえます。前掲最決昭和59年が５日間にわたる長時間の取調べを適法としながらも，被告人が「長時間の取調べに応じざるを得ない状況に置かれていたものとみられる一面もあ」るとし，「その期間も長く，任意取調べの方法として必ずしも妥当なものであったとはいい難い」と述べていることからすれば，本問のような４日間の取調べであっても，監視の程度が強いなどの事情があれば任意取調べを違法と結論づけることも可能でしょう。このような観点から，答案例では任意取調べを違法と結論づけました。

ただし，前掲最決昭和59年の事案と比較すると取調べの期間が短いことや，ホテルへの宿泊を希望する旨の上申書をAが作成提出している事情などを重く評価すれば，逆に本問の取調べを適法と判断する余地もありえます。その際には，Aの部屋に捜査員が泊まり込むといった強度の監視が行われたことを，どのように評価していくかが課題となるでしょう。

あてはめにおいて，自分の結論に有利な事情のみをピックアップする答案は高い評価を得られません。結論が分かれうる問題を検討する際は特に，不利な事情についても積極的に拾いあげて評価するようにしましょう。答案例でも，不利な事情について触れています。

【参考文献】

試験対策講座５章１節②【2】，５節①【2】。判例シリーズ１事件，31事件，32事件，33事件。条文シリーズ198条② １⑴。

第19問 A　接見指定，初回接見

Aは令和3年1月22日午前9時ころ，道路上での暴行の被疑事実でH警察署（以下「H署」という）司法警察員に現行犯逮捕され，同23日検事Pに送致された。PはAにつき同24日，上記被疑事実で勾留請求をし，勾留決定がなされた。そして，AはH署留置場に勾留された。

弁護人Bは，Aの夫から依頼され，Aとの初回接見のために同27日午前10時30分にH署を訪れた。そして看守係員にAとの接見の申出をしたところ，看守係員はAは現在取調べ中であるから，Pと直接連絡を取ってほしいと述べた。

そこで，Bは，ただちにPに連絡をとり，接見を申し出た。しかしながら，Pは，「①Aは現在取調べ中であり，午前11時からは事件現場で実況見分の予定があるため，ただちに接見をさせることはできない。」と述べた。

ただちに接見を行いたかったBは交渉を続けたが，Pがまったく譲らなかったため，「では，昼食時間に接見をさせていただきたい」と述べた。しかし，Pは，「②昼食は13時から30分ほど予定されているが，昼食後，すみやかに午後の取調べに着手する必要があり，接見をさせる時間はない。取調べは18時まで予定されているから，その後なら接見が可能である」と返答し，昼食時間の接見にも応じなかった。なお，昼食後の取調べでは，黙秘を続けるAの敵対感情をほぐすために，事件と関係のないAの生い立ちや趣味についての対話が予定されていた。

Bは接見がただちに認められなかったこと，昼食時間の接見が認められなかったことが違法であるとして，準抗告する予定である。

(1)　下線部①の理由によって，接見指定を行うことは適法か。

(2)　下線部②の理由によって，昼食時間における接見を認めなかったことは適法か。

【解答へのヒント】

1　本問では，接見指定の可否および接見指定の時間についてPとBの間で争いが生じています。本問をみれば39条3項が問題になることはわかると思いますが，どの文言と抵触するでしょうか。文言を解釈するという意識をもって論じてみてください。

2　接見指定は法律上認められていますが，常に指定できるわけではありません。接見指定がゆるやかな要件のもとで濫用されれば，弁護人と被疑者の防御権が害されることは想像にかたくないでしょう。そうだとすれば，接見指定は比較的厳格な要件のもとでのみ許容されると考えるべきでしょう。このような意識をもって，法文解釈を進めてください。

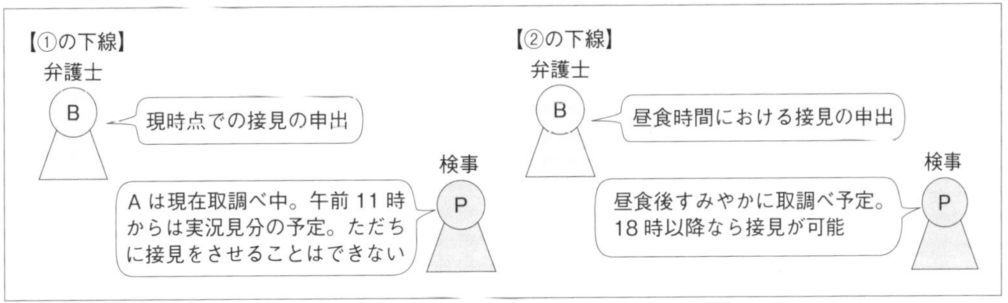

答案例

1　小問(1)において，Pの接見指定（刑事訴訟法39条3項。以下「刑事訴訟法」法名省略）によりAとの即時の接見が拒まれているが，本問で接見指定を行うことは適法か。接見指定は「捜査のため必要があるとき」（同項本文）にのみ認められるところ，この意義が問題となる。

論「捜査のため必要があるとき」（39条3項本文）の意義

(1)　この点，接見交通権は弁護人依頼権（憲法34条前段）を実質的に保障するための重要な権利である。そうだとすれば，接見交通権が制限されるのは必要やむをえない場合に限定されるべきである。

そこで，「捜査のため必要があるとき」とは，現に被疑者を取調べ中であるとか，実況見分・検証等に立ち合わせる必要があるなど捜査の中断による支障が顕著な場合をいうと解すべきである。

➡規範

(2)　本問では，Aは現に取調べを受けているし，30分後には実況見分の予定もあり，交通等への支障を伴う実況見分は時間どおりに行われる必要があるから，ただちに接見を認めると，捜査に顕著な支障が生ずるといえる。

➡あてはめ

(3)　よって，「捜査のため必要がある」といえ，Pがただちに接見を認めなかったことは適法である。

➡結論

2　小問(2)において，「捜査のため必要があるとき」にあたるとしても，Pが昼食時間ではなく18時以降に接見指定をしたことは「被疑者が防禦（ぎょ）の準備をする権利を不当に制限する」（39条3項ただし書）ものとして，違法ではないか。

論「被疑者が防禦の準備をする権利を不当に制限する」（39条3項ただし書）とは

(1)　この点，初回接見は被疑者にとって弁護人の選任を目的とし，捜査機関の取調べを受けるにあたって助言を得る最初の機会であって，憲法上の保障の出発点をなすものであるから，特に重要である。

そのため，捜査機関は弁護人と協議したうえで，即時または近接した時点での接見を認めても，接見の時間を指定すれば捜査に顕著な支障が生じることを避けることが可能か検討し，これが可能であるときは，比較的短時間であっても接見を認めるべきであり，即時または近接した時点での接見が可能であるのにこれを拒むことは「被疑者が防禦の準備をする権利を不当に制限する」ものといえると解する。

➡規範

(2)　本問では，昼食時間は30分と十分にとられており，Aの食事の時間を考えても接見をこの時間内に行うことは十分可能である。また，かりに接見や食事などの時間が30分を超え，その後の取調べが遅れたとしても，予定された取調べは事件とは関係のないものであり，これを14時から時間どおりに行う必要性は低い。

➡あてはめ

(3)　よって，「被疑者が防禦の準備をする権利を不当に制限する」ものといえ，Pが昼食後の接見を認めなかったことは違法である。

以上

➡結論

出題趣旨

初回接見についてのオーソドックスな問題である。接見に関しては，論点が少なく覚えやすいので，本問でマスターできるように心掛けてほしい。接見指定については，司法試験では2016（平成28）年，予備試験では2021（令和３）年に出題されており，今後も出題が予想される。

論点

1 「捜査のため必要があるとき」（39条３項本文）の意義
2 「被疑者が防禦の準備をする権利を不当に制限する」（39条３項ただし書）とは

答案作成上の注意点

1 接見交通権の重要性

逮捕，勾留がなされた場合，被疑者は外部との交流を大きく制限されます。例としては，弁護人以外の者との接見を禁じられたり（81条本文参照），物の受渡しが禁止されたり（同条参照），接見ができても立会人が付けられたり，などがあげられます。

しかし，身体拘束がされている期間であっても，弁護人もしくは弁護人になろうとする者とは，立会人なくして接見することができ（39条１項），接見が禁止されることもありません（81条本文）。これは，弁護人との話し合いが，被疑者の防御にとって重要な機会であり，原則として妨げられてはならないと考えられているからです。弁護人との打合せがなければ，被疑者もどのような姿勢で取調べにのぞめばいいかわかりませんし，弁護人もいかなる証拠を集めればいいかわかりません。接見によってはじめて防御の方向性が定まり，弁護人も被疑者の主張に沿った準備を進めることができます。このように，接見交通権は被疑者と弁護人の双方にとって重要な権利なのです。

2 接見指定の要件「捜査のため必要があるとき」とは

上記のような接見交通権の重要性に照らせば，原則として弁護人との接見は制限されてはならないという考えになります。もっとも，いかなる場合も制限は許されないのでしょうか。

たとえば，被疑者が実況見分や検証に立ち会っている場合，弁護人が接見に来たからといって，いちいち中止をしては，捜査の実効性があまりに害されてしまいます。かりに，弁護人が毎日実況見分の時間に接見に来るとすれば，捜査機関は刑事訴訟法上定められた厳格な身体拘束期間内に証拠を得ることができなくなります。このように，弁護人との接見であっても，一定の場合には接見時間を捜査機関が指定するなど，ある程度の制限はやむをえません。弁護人との接見交通は重要な権利ではありますが，絶対的なものと解することはできないのです。

では，いかなる場合に接見指定ができるのでしょうか。ここで，捜査の必要性と被疑者の権利保障の調整が求められますが，弁護人との接見交通権は上記のように重要な権利であり，原則として認められるべきものですから，接見指定は例外的な場合にのみ許されるものとして比較的厳格な要件を立てるべきでしょう。

このような思考過程を経て，「捜査の中断による支障が顕著な場合」には接見指定ができる，という規範が生まれるわけです。これは判例（最判昭和53年７月10日民集32巻５号820頁）が提示した規範なので，必ず覚えておきましょう。

小問(1)は，事件現場が道路上であり，実況見分は交通に支障を伴い，時間どおりに行われる必要があること，予定は30分後と近接していることから，接見指定をすること自体は認められると考えてよいでしょう。判例（最判平成３年５月10日民集45巻５号919頁）も「捜査の中断による支障が顕著な場合」について，捜査機関が弁護人等の接見等の申出を受けた際に，現に被疑者を取調べ中であったり，実況見分や検証などに立ち会わせているといった場合だけでなく，間近い時に取調べなどをする確実な予定があり，弁護人等の必要とする接見等を認めたのでは，取調べなどが予定どおり開始できなくなるおそれがある場合も含むとしています。

3　初回接見の特殊性

弁護人との接見がいかに重要かはここまで説明したとおりですが，初回の接見はとりわけ重要なものとして位置づけられています。それは，初回接見が弁護人と会い，弁護人を選任し，今後の防御の方針を決めるはじめての機会だからです。憲法34条が弁護人選任権を保障していることからも，初回接見の重要性が説明できるでしょう。

このように重要な初回接見に対して接見指定を行う場合には，通常よりも慎重な考慮が求められます。初回接見に対して安易に接見指定をすることは，「被疑者が防禦の準備をする権利を不当に制限する」（39条3項ただし書）として違法になると解されているからです。

判例（最判平成12年6月13日民集54巻5号1635頁〔判例シリーズ34事件〕）は，要約すれば弁護人と協議して即時または近接した時点での接見を認めても，捜査に顕著な支障が生じるのを避けることが可能かどうか検討し，これが可能なときは，たとえ比較的短時間であっても接見を認めるようにすべきであると判示しており，この規範に沿った論証が期待されるところです。上記のような初回接見の特殊性もふまえたうえで論証ができるとなおよいでしょう。

小問(2)では，昼食時間が30分あり，この時間に短時間であっても接見ができること，取調べ内容からして，昼食後に急いで取り調べる必要がないことから，18時以降に接見指定をしたことは違法であると考えるのが素直でしょう。

なお，初回接見の問題は39条3項ただし書の解釈として生じるものなので，しっかり条文の文言にのせて論述を進めることが必要です。くれぐれも，条文から離れた抽象的な問題提起を行わないように注意してください。

4　小問(1)(2)の関係性

本問は，小問(1)においては接見指定を行うこと自体の適法性（39条3項本文），(2)では，具体的な接見指定の方法の適法性（39条3項ただし書）について問うものとなっています。下線部①の段階では，具体的な接見指定はまだなされていないこと，小問②では具体的な接見時間が問題となっていることから，この出題意図には気づくことができるでしょう。そして，小問(1)では，接見指定の具体的な時間については問われていないため，39条3項本文の要件のみが問題となり，これについて答えれば足ります。また，かりに小問(1)で違法であるとの結論をとった場合，小問(2)は規範をもちだすまでもなく当然に違法という結論になります。このような小問(1)(2)の関係もふまえて，自身の答案が矛盾したものになっていないかを確認してください。

【参考文献】
試験対策講座5章6節4【1】・【2】。判例シリーズ34事件。条文シリーズ39条。

第20問 B　一罪の一部起訴

委託を受けて他人の不動産を占有していたAは，当該不動産にほしいままに抵当権を設定してその旨の登記を了した後，当該不動産につき，ほしいままに売却等の所有権移転行為を行いその旨の登記を了した。検察官は，事案が複雑で，先行する抵当権設定行為について有力な証拠が乏しいことにかんがみて，後行の所有権移転行為のみを横領罪として起訴した。

この場合，裁判所はどのようにすべきか。

【解答へのヒント】

本問は，横領後の横領とよばれる事案です。先行する抵当権設定行為にも横領罪（刑法252条）が成立するにもかかわらず，検察官は，このような抵当権設定行為については起訴をせず，後行の所有権移転行為のみを捉えて横領罪として起訴しています。このような起訴は許されるのでしょうか。

また，かりにこのような起訴が許されるとした場合，裁判所は，訴因外の事実である先行する抵当権設定行為について審理判断することはできるのでしょうか。それとも，後行の所有権移転行為についてのみ審理判断すべきなのでしょうか。この点もあわせて問題となります。

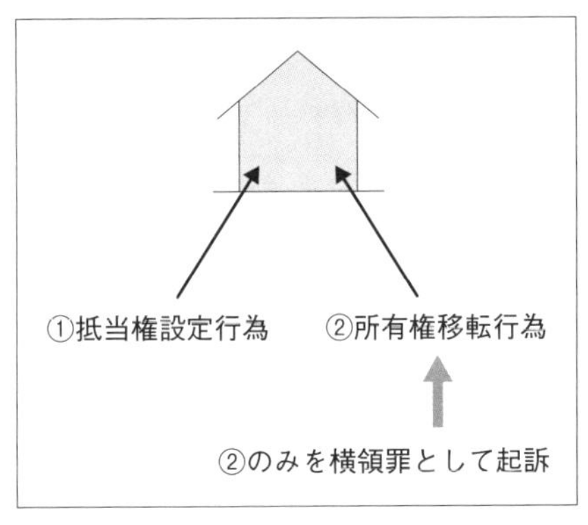

答案例

論 一罪の一部起訴の可否

1　本問では，検察官は先行する抵当権設定行為については起訴をせず，後行の所有権移転行為のみを横領罪として起訴している。このような一罪の一部起訴は許されるか。

(1)　この点，当事者主義（刑事訴訟法256条6項，298条1項，312条1項等。以下法名省略）のもと，検察官の主張する具体的事実たる訴因をどのように構成するかは検察官に委ねられている。また，法は検察官に犯罪の全部につき不起訴の裁量を認めている（起訴便宜主義，248条）。

➡規範

そのため，検察官が一罪の一部についてのみ公訴権を行使することも，原則として検察官の裁量の範囲内に含まれ，許されると解する。

ただし，検察官の訴追裁量も無制限ではない以上，一部起訴を行う合理的理由が存在しなければ，一部起訴は裁量の範囲を逸脱し，許されないと解する。

➡あてはめ

(2)　本問では，検察官は，事案の複雑さおよび先行する抵当権設定行為の立証の困難さにかんがみて，後行の所有権移転行為のみを起訴しているから，このような起訴には合理的理由があるといえる。

➡結論

(3)　よって，検察官が後行の所有権移転行為のみを横領罪として起訴することも許される。

論 訴因と裁判所の審理範囲

2　では，適法にこのような一部起訴がなされた場合，裁判所は，抵当権設定行為が先行しているという訴因外の事実を審理することができるか。裁判所の審理範囲が検察官の設定した訴因に限定されるか否かが問題となる。

(1)　この点，一部起訴が適法とされる以上，裁判所の審理は当該訴因に拘束され，裁判所が訴因外の事実を審理することはできないのが原則である。

もっとも，実体法上，訴因外の事実が存在することにより訴因記載の犯罪事実の成立が妨げられる場合に，訴訟法上，当該訴因外の事実を審理できずに有罪判決を言い渡さなければならないとするのは妥当ではないから，この場合に当該訴因外の事実を審理することは，訴因記載の犯罪事実の成否を判断するうえで必須であるといえる。

➡規範

そこで，一部起訴が許される場合であっても，訴因記載の犯罪事実の成立を否定する訴因外の事実については，裁判所は審理することができると解する。

➡あてはめ

(2)　本問では，横領後の横領は共罰的事後行為であるから，先行する抵当権設定行為は，訴因記載の所有権設定行為による横領罪の成立を否定する事実ではない。

➡結論

(3)　よって，裁判所は，抵当権設定行為が先行しているという訴因外の事実を審理することができない。

➡結論

3　以上より，裁判所は，実体審理に入ったうえで，後行の所有権移転行為についてのみ審理判断すべきである。

以上

出題趣旨

一罪の一部起訴は，司法試験・予備試験ではいまだ出題されていない論点である。もっとも，多くの受験生が学習しているであろう基本論点のひとつであり，今後出題される可能性は十分に存在する。そこで，一罪の一部起訴をめぐる問題の所在を確認し，その処理手順を確立してもらう趣旨で，最大判平成15年４月23日刑集57巻４号467頁（百選39事件）の事案をモデルに出題した。

論点

1　一罪の一部起訴の可否
2　訴因と裁判所の審理範囲

答案作成上の注意点

1　一罪の一部起訴の可否

1　問題の所在

一罪の一部起訴とは，検察官が，証拠上認定可能な一罪（実体法上または科刑上一罪）を構成する犯罪事実の一部のみを起訴することをいいます。たとえば，住居侵入窃盗について検察官が窃盗のみを訴因として起訴した場合，一罪の一部起訴にあたります。しかし，こうした一罪の一部起訴は実体的真実に反するものです。そこで，一罪の一部起訴の適法性が問題となります。

2　検討

判例・通説は，①現行法の採用する当事者主義・訴因制度のもとでは，審判対象の設定権限は検察官にあること，②起訴便宜主義（248条）のもとでは，検察官は事件全体を不起訴にすることも可能である以上，一部起訴・一部不起訴の場合にのみ実体的真実を貫徹しなければならない必然性はないことなどを根拠に，一罪の一部起訴も原則として検察官の裁量の範囲内であるとして，これを肯定する立場をとっています。実際，本問の事例の元となった前掲最大判平成15年は，被告人が自己の占有する他人の土地に抵当権を設定・登記した後に同土地を売却し所有権移転登記を了した，いわゆる横領後の横領の事案において，「検察官は，事案の軽重，立証の難易等諸般の事情を考慮し」て，「先行の抵当権設定行為ではなく，後行の所有権移転行為をとらえて公訴を提起することができる」と判示して，検察官の一部起訴を肯定しています。

もっとも，検察官の裁量も無制限のものではない以上，一罪の一部起訴がその裁量の範囲内にあるといえるためには合理的な理由が必要です。この合理的な理由としては，①立証上の難点や法律上の問題点の回避，②特別予防上の配慮，③迅速な審理の実現などがあげられます。

3　横領後の横領は一罪の一部起訴の問題か

ところで本問は，前掲最大判平成15年を素材とした横領後の横領の事案です。横領後の横領では，抵当権設定行為による横領罪と所有権移転行為による横領罪の関係が問題となりますが，かりに両者が併合罪となるならば，そもそも一罪の一部起訴の問題は生じません。そこで，なぜ横領後の横領が一罪の一部起訴の問題となるのかを考えてみましょう。ここを考えるには，最大判平成15年における横領後の横領の処理を理解する必要があります。

そもそも，最大判平成15年以前の判例（最判昭和31年６月26日刑集10巻６号874頁）においては，横領後の横領はいわゆる不可罰的事後行為とされ，先行の抵当権設定行為に横領罪が成立する場合には，後行の所有権設定行為は処罰できないものとされていました。ところが，最大判平成15年の事案では，検察官は，後行の所有権移転行為のみを捉えて，業務上横領罪で起訴しました。そこで，被告人は，従前の判例を前提に，後行の所有権移転行為は不可罰的事後行為にあたり，業務上横領罪は成立しないと主張したのです。しかし，最大判平成15年は，従前の判例を変更し，先行の抵当権設定行為の存在は，後行の所有権移転行為についての犯罪の成立自体を妨げる事情にはならない，つまり，後行の所有権移転行為は不可罰的事後行為にはならないと判示しました。この最大判平成15年では，抵当権設定行為による横領罪と所有権移転行為による横領罪がいかなる関係にあるのか（併合罪なのか，包括一罪なのか等）までは明言されませんでしたが，学説上，両行為に横領罪が成立し，両者は包括一罪の関係，より具体的には，一方を処罰すれば他方もともに処罰されることになるため，両者を同時に処罰することはできない関係（共罰的事後行為）にあると考えられています。そのため，検察官は両行為のうちどちらかを選択して起訴しなければならないことになり，ここに一罪の一部起訴の問題が生じるわけです。

以上は，必ずしも答案上明示する必要はないかと思いますが，理解しておくことは肝要です。

2 訴因による裁判所の審理範囲の限定

1 問題の所在

従来，検察官が一罪の一部起訴をした場合の問題は，前記のように“検察官の一部起訴は適法か”という問題設定のもとでのみ論じられてきました。しかし，近年では，一部起訴の適法性だけでなく，“一部起訴自体は適法だとして，裁判所による審理の対象は，検察官がその一部起訴によって設定した訴因の範囲に限定されるのか”という問題をも論じる（むしろこの問題をメインに据える）見解が有力となっています。それはなぜでしょうか。

前掲最大判平成15年の事案では，被告人は，検察官の起訴が一罪の一部起訴にあたり違法であるとは主張しておらず，先行する抵当権設定行為に業務上横領罪が成立する以上，後行の所有権設定行為に業務上横領罪は成立しないと主張していたにすぎません。そのため，この事案では，裁判所が先行する抵当権設定行為という“訴因外の事実”を審理判断できるのかが争点になっていたのです。このように，判例では，一罪の一部起訴の結果訴因とされなかった訴因外の事実を裁判所が審理判断できるのかという点が問題となることが多いのです。

2 検討

この点について，2つの場合に分けて考えてみましょう。

まず，①訴因外の事実の存否に関係なく，訴因記載の犯罪事実が成立する場合です。この場合，当事者主義のもとで審判対象設定権限は検察官にある以上，一部起訴が適法であるかぎり，裁判所の審理は訴因に限定され，裁判所は訴因外の事実を審理判断できないことに異論はありません。

一方，②訴因外の事実が存在することにより，訴因記載の犯罪事実の成立が妨げられる場合はどうでしょうか。たとえば，刑法上，窃盗犯人が自分で盗品を運搬する行為は不可罰的事後行為であり，盗品運搬罪は成立しないと解されているため，被告人が盗品運搬罪の訴因で起訴された場合，その被告人が窃盗犯人であるという訴因外の事実は，訴因記載の盗品運搬罪の成立を妨げる事情といえます。この場合に被告人が窃盗犯人である事実を裁判所が審理判断できないとすると，結局，不可罰的事後行為であるはずの盗品運搬行為を処罰することになってしまいますが，この帰結は，実体法の解釈と矛盾するので，妥当ではないでしょう。そのため，被告人が窃盗犯人であるという訴因外の事実も，盗品運搬罪という訴因記載の犯罪事実の成否を判断するうえで不可欠というべきです。したがって，このように，訴因外の事実が訴因記載の犯罪事実の成立を妨げるものである場合，裁判所は，当該訴因外の事実も審理判断すべきであるといえます。

以上の区別を，横領後の横領の事案についてみてみましょう。前掲最大判平成15年は，前述したように，従来の判例を変更し，先行の抵当権設定行為の存在は，後行の所有権移転行為についての犯罪の成立自体を妨げる事情にはならないと判示しました。したがって，最大判平成15年によれば，横領後の横領は，②ではなく①の場合にあたります。そうすると，この判決がいうように，裁判所は，所有権移転の点のみを審判の対象とすべきであり，所有権移転による横領罪の成否を決するにあたり，「売却に先立って横領罪を構成する抵当権設定行為があったかどうか」という訴因外の事情に立ち入って審理判断すべきではないことになります。

【参考文献】

試験対策講座6章2節1【1】。条文シリーズ247条2 3。

第21問 B　起訴状一本主義

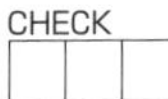

起訴状一本主義に関し，以下の各小問について答えなさい。

1　便箋に約600字に及ぶ脅迫文言を記載し，これを郵送する方法によって害悪を告知した脅迫罪の事案において，検察官は，起訴状の公訴事実に，証拠として請求する予定の当該文書に記載された脅迫文言の全文を引用して記載した。この場合における公訴提起は許されるか。

2「被告人は，詐欺罪によりすでに２度処罰を受けた者であるが，商品取引員であることを装って金員を搾取することを企て，令和３年９月25日ころ，東京都渋谷区桜丘町17番地５号A方において，同人に対し，『私の指示どおりに売買すれば，先物取引は必ずもうかる。とりあえず委託証拠金として私に100万円預けてほしい。』などと欺いてその旨誤信させ，現金100万円を交付させて搾取したものである。」との記載のなされた起訴状による公訴提起は許されるか。

【解答へのヒント】

1　小問１について

検察官は起訴状に証拠として請求する予定の便箋に記載された脅迫文言の全文を引用して記載しています。この場合，証拠として請求する予定の文書が公訴提起の段階で裁判官の目に入ることとなるため，裁判官に予断を生じさせ，公平な裁判所を実現することができなくなるおそれがありそうです。一方で，詳細に引用しなければ，訴因の特定が不十分となってしまい，起訴が不適法となる可能性がある場合も考えられます。そこで，まずは予断排除の原則と訴因の特定の要請の関係について，考えてみてください。

2　小問２について

起訴状には，被告人がこれまでに詐欺罪により２度処罰されたことがある旨の記載がなされています。起訴状に被告人の同種前科を記載してしまうと，嫌疑の存在について裁判官に予断を生じさせることにならないでしょうか。この点に注意して，検討してみましょう。

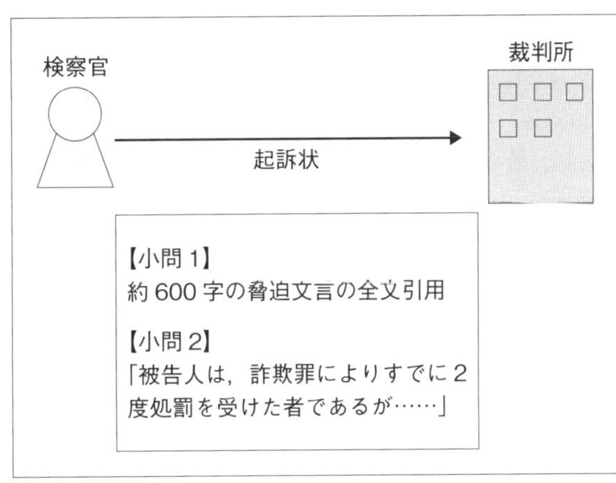

答案例

第1　小問1について

論 起訴状一本主義（書類内容の引用）

1　「証拠」である脅迫文書の内容を全文にわたって起訴状の公訴事実に記載することは，証拠書類・証拠物の内容を起訴状に引用することにより裁判所に予断を抱かせることを防止しようとした刑事訴訟法256条6項（以下「刑事訴訟法」法名省略）に違反しないか。

(1)　この点，一度裁判所が予断を抱けば，これを事後的に排除することは困難であるから，全文の引用は許されないのが原則である。

もっとも，公訴提起が適法であるためには，訴因をできるかぎり特定（256条3項）する必要がある。

➡規範

そうだとすれば，証拠として請求する予定のある文書の全文引用であっても，それが訴因を特定するために必要であるかぎり，例外的に許されると考える。

➡あてはめ

(2)　本問では，脅迫文書の全文を記載しないと文書の趣旨が明らかにならず，脅迫罪（刑法222条）の構成要件に該当するか否かが明確にならない場合であれば，訴因を特定するために全文の記載が必要であるといえる。

➡結論

2　したがって，このような場合であれば，本小問の公訴提起は許される。

第2　小問2について

論 起訴状一本主義（余事記載の禁止）

1　本問起訴状には，「被告人は，詐欺罪によりすでに2度処罰をうけた者である」という同種前科の記載がある。

そこで，同種前科という余事記載は，訴因について裁判官に予断を生ぜしめるおそれがあり，起訴状一本主義（256条6項）に反するのではないか。

(1)　たしかに，同条項は形式的には「添付」と内容の「引用」を禁止しているにすぎないので，余事記載については同条項の問題は生じないとも思える。

しかし，起訴状一本主義の趣旨は，裁判所に白紙の状態で公判にのぞませ，もって公平な裁判の理念（憲法37条1項）を実現することにあり，これは，いわゆる予断排除の原則の現れである。

➡規範

そこで，裁判官に予断を生ぜしめるおそれのある余事記載も起訴状一本主義に反すると考える。

➡あてはめ

(2)　本問における同種前科は，被告人の悪経歴ないし悪性格を示すことにほかならず，裁判官に予断を生ぜしめるおそれのある余事記載である。

➡結論

(3)　したがって，このような記載は256条6項に違反する。

➡結論

2　以上より，本小問の公訴提起は許されない（338条4号）。

以上

出題趣旨

起訴状一本主義と訴因の特定の問題は，公訴の分野における基本論点である。旧司法試験では，1998（平成10）年度第１問で，起訴状に脅迫文言を全文引用することについて，2002（平成14）年度第２問で，犯行日・犯行場所および犯行態様が特定された訴因から，これらに幅のある訴因に変更することの可否について，出題されている。他方，新司法試験ではいまだ出題されていない。今後の出題に備え，今一度起訴状一本主義の問題について考えてもらいたいと思い，出題した。なお，本小問１は旧司法試験1998（平成10）年度第１問の改題である。

論点

1　起訴状一本主義（書類内容の引用）
2　起訴状一本主義（余事記載の禁止）

答案作成上の注意点

1　起訴状一本主義の意義

起訴状には，裁判官に事件について予断を生じさせるおそれのある書類その他の物を添付したり，その内容を引用したりしてはいけません（256条６項）。起訴状のみを提出するので，起訴状一本主義とよばれます。

この起訴状一本主義は，裁判官の予断を排除することで，真実発見（１条）および公平な裁判所（憲法37条１項）の実現を確保するために認められています。

裁判所は起訴にあたって証拠に接する機会がないため，証拠調べの主導権を当事者に委ねざるをえません。そこで，証拠調べの請求は，当事者によって行われるのが原則です（刑事訴訟法298条１項)。要するに，この起訴状一本主義によって，当事者主義の公判が実現することとなるわけです。

起訴状一本主義に違反した場合は，起訴状は無効となり，一度裁判官に与えた予断を白紙に戻すことはできないので，公訴棄却の判決がなされます（338条４号)。

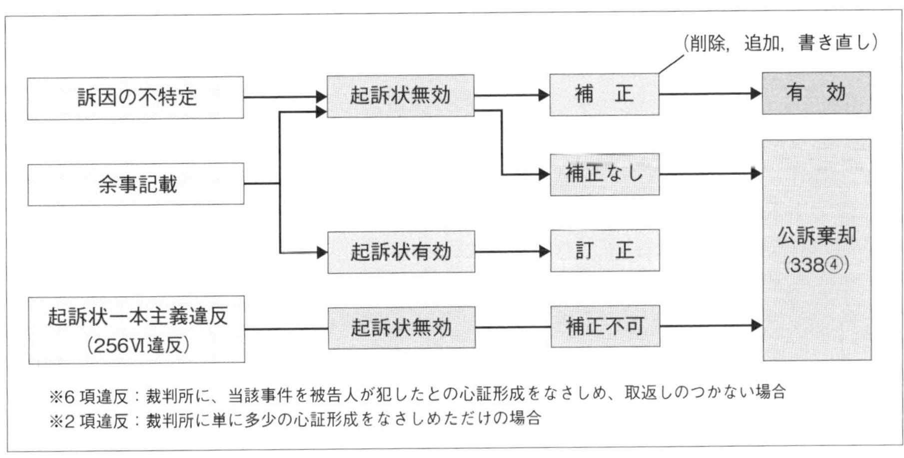

2　起訴状一本主義に関する問題

1　起訴状一本主義との関係で問題となるのは，書類内容の引用です。

(1)　この点について，判例は，訴因の特定に必要であれば，相当詳細な引用であっても起訴状一本主義に反しないとしているようです。

たとえば，判例は，起訴状に脅迫文言の内容を引用するときは「少しでもこれを要約して摘記すべき」としつつも，「要約摘示しても相当詳細にわたるのでなければその文書の趣旨が判明し難いような場合」については，「起訴状に脅迫文書の全文と殆んど同様の記載をしたとしても，それは要約摘示と大差なく」，256条6項に基づき起訴を無効とするものと解すべきではないとして，全文の引用を認めています（最判昭和33年5月20日刑集12巻7号1398頁）。

また，判例は，名誉毀損罪の起訴状につき，名誉毀損の文章を引用しても，検察官がそのような文章のうち犯罪構成要件に該当すると思料する部分を抽出して記載し，これにより罪となるべき事実のうち犯罪方法に関する部分をできるかぎり具体的に特定しようとしたものであれば，「刑訴法256条3項に従って本件訴因を明示するための方法として不当とは認められず」，また，このような場合に引用したとしても「裁判官に事件につき予断を生ぜしめるおそれのある書類の内容を引用したものというにはあたらない」として，抽出して記載してあれば不当ではないとしています（最決昭和44年10月2日刑集23巻10号1199頁）。

⑵　これに対し，訴因の特定が不十分な場合には，後に補正をし，特定していくことが可能ですが，いったん予断が裁判官に与えられてしまった場合には，それを除去することは事実上困難ですから，できるだけ予断排除の原則の趣旨を重視して考えていくべきと考えることもできるでしょう。これらの観点から考えると，文章の引用については，できるかぎり要約記載を原則とすべきであって，原文引用は避けるべきとの立場を採用することもできます。

2　また，起訴状一本主義の趣旨からすれば，裁判官に予断を与えるような事実の記載も禁止されます（余事記載の禁止）。問題となるのは，被告人の前科，経歴・性格，犯行にいたる経緯・動機等の記載です。

⑴　たとえば，判例は，詐欺罪の公訴事実について，冒頭に「被告人は詐欺罪により既に2度処罰を受けたものであるが」との公訴事実と同じ前科の記載をすることは，「両者の関係からいって，公訴犯罪事実につき，裁判官に予断を生ぜしめるおそれのある事項にあたる」ため，許されないとしています（最大判昭和27年3月5日刑集6巻3号351頁）。

もっとも，同判例は，前科の記載であっても，それが公訴犯罪事実の構成要件となっている場合（常習累犯窃盗等），または公訴犯罪事実の内容となっている場合（前科があることを手段方法として恐喝する等）には，訴因の特定に不可欠ですから，一般の前科と異なり，余事記載にはあたらないとしました。

そのほか，起訴されていない余罪なども，公訴犯罪事実について裁判官に予断を与えるおそれのある事項にあたるといえますから，これを起訴状に記載することは許されないでしょう。

⑵　被告人の経歴・性格（最判昭和26年12月18日刑集5巻13号2527頁），犯行にいたる経緯・動機（最決昭和27年6月12日裁判集刑65号171頁）等の記載についても，訴因の特定のために必要な記載事項であるか否かにより，その適否を判断することになります。

なお，被告人の経歴・性格の記載については，傷害事件の起訴状冒頭に「被告人は暴力団の若頭補佐であるが」と記載した箇所を取り上げて，「罪となるべき事実」には「犯罪構成要件該当事実のみならず，共犯者があれば，その者との共謀の事実，態様をも含む」とした裁判例があります（大阪高判昭和57年9月27日判タ481号146頁〔百選40事件〕）。この裁判例の事案は，被告人を含む共犯者3名が1通の起訴状で一括して公訴提起された傷害事件であって，被告人が単独でこの傷害事件を起こしたとされる案件でないことから，起訴状内の「被告人は暴力団の若頭補佐であるが」という記載は，「被告人と共犯者の関係を明らかにすることによって共謀の態様を明示し，公訴事実を特定するため」のものであり，余字記載ではなく，許されるとしています。

【参考文献】

試験対策講座6章2節②【4】。条文シリーズ256条②4。

第22問 A　訴因の特定（共謀），争点逸脱認定

Aは，「被告人Aは，Bと共謀のうえ，令和３年６月10日正午ころ，Vの自宅において，Vに対し，殺意をもって，BがサバイバルナイフでVの腹部を３回突き刺し，よって，その頃，同所において，同人を下腹部刺創による失血により死亡させて殺害したものである。」旨の訴因で起訴された。以下の問いに答えよ。

⑴　本件起訴は適法か。

⑵　かりに，⑴で本件起訴が適法であるとして，公判廷で６月１日の共謀が争点となっていたにもかかわらず，裁判所が６月５日の共謀を認定することが適法か。

【解答へのヒント】

1　小問⑴について

小問⑴では，訴状の記載が適法かが問われています。訴状は，256条３項後段により，「罪となるべき事実を特定」して記載することが求められています。小問⑴では，「特定」したといえるのか，検討してみましょう。

2　小問⑵について

小問⑵では，裁判所が，争点とされていた日時と異なる日時の共謀を認定することが適法かが問われています。この場合，争点逸脱認定となるため，裁判所がなんらかの手続をとる必要があるのではないかを，検討してみましょう。

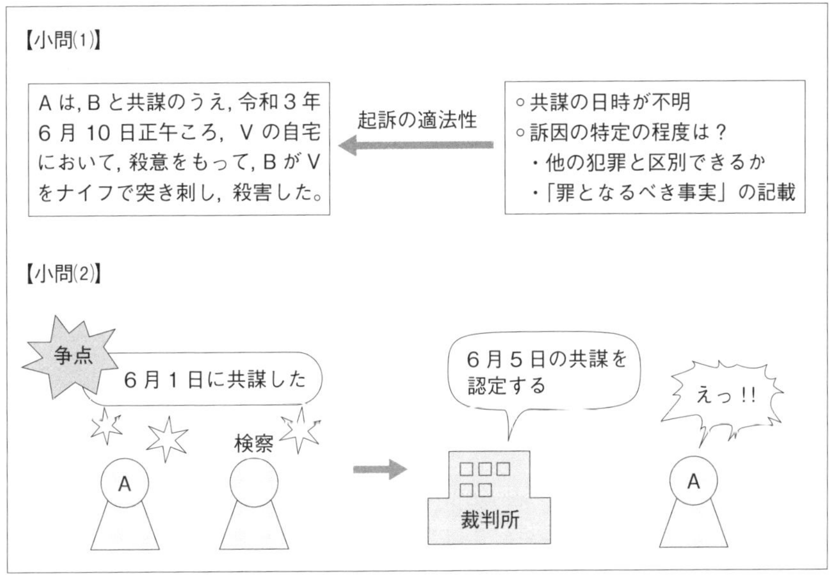

答案例

論 訴因特定の程度（共謀）

1　小問(1)において，訴因には，共謀の日時，場所，内容が記載されていない。そこで，共謀の日時，場所，内容についても訴因で特定（刑事訴訟法256条３項。以下法名省略）する必要があるか，どのような記載であれば「特定」したといえるかが問題となる。

➡規範①

(1)　まず，訴因の特定のためには，「罪となるべき事実」を記載する必要があるので，①訴因記載の事実が特定の構成要件に該当することを認識できる程度に具体的に記載する必要がある。

また，訴因には，裁判所に対して審判の対象を明確にするという識別機能と，被告人に対して防御の範囲を明示するという防御機能があるところ，審判の対象が明確になれば防御の範囲も明示されるため，識別機能が主たる機能である。そのため，訴因の特定には，②他の犯罪事実と識別できることも要し，かつそれで足りると解する。

➡規範②

➡あてはめ①

(2)　そして，共謀共同正犯における構成要件該当事実は，共謀の事実と，共謀に基づく実行行為により結果が発生した事実である。そのため，「共謀のうえ」との記載と，実行行為の具体的な記載がある本件訴因は，①訴因記載の事実が特定の構成要件に該当することを認識できる程度に具体的に記載されているといえる。

➡あてはめ②

また，実行行為が日時，場所，方法をもって記載されており，共謀はそれに対応するものについて起訴されたと認められるため，共謀の日時，場所，方法が記載されていなくても②他の犯罪事実と識別することができる。

➡結論

(3)　したがって，訴因が特定されているといえ，256条３項に反しないため，起訴は適法である。

論 争点逸脱認定

2　小問(2)において，訴因には共謀の日時が記載されていないため，裁判所は，６月５日の共謀を認定するために訴因変更をする必要はない。しかし，公判で６月１日の共謀が争点となっているにもかかわらず，６月５日の共謀を認定すると，被告人にとっての不意打ちとなる。そこで，裁判所はなんらかの措置を取るべきではないかが問題となる。

(1)　この点，訴因に属しないとはいえ，当事者間における具体的な攻撃防御の過程において争点から外された事実の認定は，適切な訴訟指揮（294条）を欠き，被告人に証明力を争う機会（308条）を付与しないものといえる。

➡規範

そのため，このような認定をするためには，裁判所はこれを争点として顕在化させたうえで十分に審理を遂げる必要があると解する。

➡結論

(2)　よって，裁判所が，争点顕在化措置をとることなく６月５日の共謀を認定することは，適切な訴訟指揮（294条）を欠き，訴訟手続の違反（379条参照，相対的控訴理由）として違法である。

以上

出題趣旨

本問は，殺人罪の共謀共同正犯の被告事件を題材として，訴因の特定の程度，争点逸脱認定を問うことで，訴因の特定の程度とそれに関連する分野についての理解を問うものである。訴因の特定については，予備試験において，2013（平成25）年および2017（平成29）年に出題されている。争点逸脱認定については，勉強が手薄になりがちであるから，これを機に確認してもらうべく出題した。

論点

1　訴因特定の程度（共謀）
2　争点逸脱認定

答案作成上の注意点

1　小問(1)について

1　問題の所在

小問(1)では，起訴の適法性が問われています。起訴状に記載する訴因は，「できる限り日時，場所及び方法を以て罪となるべき事実を特定」することが必要です（256条3項後段）。しかし，小問(1)の訴因は，共謀の日時，場所，方法等を具体的に記載せず，「共謀のうえ」としか記載していません。そこで，訴因が「特定」されているのか，訴因の特定の程度が問題となります。

2　訴因の特定の程度

(1)　他の犯罪事実と区別できる程度の特定

どのような記載であれば，「特定」したと認められるのかは，訴因の明示・特定が要求されている趣旨から検討することが重要です。この点，密出国の事案に関する白山丸事件（最大判昭和37年11月28日刑集16巻11号1633頁〔判例シリーズ40事件〕）において，判例は，訴因の明示・特定が求められる趣旨には，ⓐ「裁判所に対し審判の対象を限定する」識別機能とⓑ「被告人に対し防禦の範囲を示す」防御機能との2つがあるとしています。

この2つの機能をどちらも重視すれば，ⓐ識別機能から，他の犯罪事実と区別できる程度に訴因が特定されていることが要請されるのみならず，ⓑ防御機能から，被告人の防御権の行使に支障がない程度まで訴因が具体化されることまで求められることになります（防御権説）。しかし，通説・実務は，訴因の最重要の機能は識別機能であると考えて，他の犯罪事実と区別できる程度の特定で足りると解しています（識別説）。これは，防御機能をまったく無視しているわけではなく，審判対象の識別が可能な程度に訴因が特定されていれば，その裏返しとして，被告人に対して防御の範囲も示されており，防御機能も果たされていると考えているのです。この見解は，このように防御機能は識別機能の裏返しにすぎないと捉えるため，防御権説のように防御範囲の明示の観点を独立に検討してはいませんが，被告人の防御権の保障は，検察官の冒頭陳述（296条）等起訴に引き続く手続全体を通じて図ることができるため，識別説が妥当であると考えられています。したがって，この識別説によれば，訴因は，他の犯罪事実と区別できる程度に特定されていることを要し，かつそれで足りることになります。

(2)　「罪となるべき事実」の記載

もっとも，識別説に立つとしても防御権説に立つとしても，そもそも訴因には「罪となるべき事実」を記載しなければなりません。そして，「罪となるべき事実」とは特定の構成要件に該当する具体的事実をいいますから，訴因には，当該訴因がいかなる犯罪構成要件に該当するかを判断しうる程度の具体的事実が記載される必要があります。

この点は，従来，訴因の特定という論点を議論するうえで必ずしも明確に意識されてきませんでしたが，近年は，他の犯罪事実との識別という識別説の要請とは別個の要請として，この基準をもみたす必要があるとの理解が有力化しています。実際，最決平成26年３月17日刑集68巻３号368頁（百選44事件）は，傷害罪の訴因の記載につき，その罪となるべき事実は，その共犯者，被害者，期間，場所，暴行の態様および傷害結果の記載によって，「他の犯罪事実との区別が可能」となっており，また，「それが傷害罪の構成要件に該当するかどうかを判定するに足りる程度に具体的に明らかにされている」から，訴因が特定されていると判示しています。

⑶　小括

以上をまとめると，訴因が特定されているといえるためには，①訴因記載の事実が特定の構成要件に該当することを認識できる程度に具体的に記載され，（識別説からは，）②訴因事実が他の犯罪事実と区別できる必要があるといえます。

3　共謀共同正犯の場合のあてはめ

⑴　まず，共謀共同正犯の構成要件は，共謀と，共謀に基づく実行行為です。したがって，これに該当することを認識できる程度に具体的に記載する必要があります（①要件）。

⑵　次に，共謀共同正犯の場合，実行行為が日時，場所，方法等によって特定されているのであれば，被告人は，これに対応する共謀について起訴されたと認められますから，共謀について具体的な日時，場所，方法等を記載しなくても，他の犯罪事実との区別が可能です。そのため，「共謀のうえ」との記載でも，具体的な実行行為の日時，場所，方法等を記載すれば，他の犯罪事実と区別できる程度に記載しているといえます（②要件）。

識別説に立つ場合は「共謀のうえ」と記載してもよいですが，防御権説に立つ場合は，共謀の日時等は被告人の防御にとって通常重要であるため，共謀の日時等を記載しなければ，訴因が特定されたとはいえないことになります。このように，本小問では，識別説と防御権説で結論が分かれるため，その違いに注意して論証し，あてはめをするようにしましょう。

2　小問⑵について

1　はじめに

小問⑵は，訴因変更の要否が問題となると瞬時に考えたかもしれません。しかし，訴因変更の要否が問題となるのは，訴因記載の事実（訴因事実）と裁判所が認定する事実（認定事実）が異なる場合です（第25問参照）。小問⑵の場合，共謀の具体的な日時は訴因に記載されていないため，訴因事実には，あらゆる時点における共謀が含まれていると考えられます。そうすると，裁判所が認定した６月５日時点における共謀も訴因事実に含まれているため，裁判所は，訴因事実と異なる事実を認定しているわけではないことになります。したがって，本問では訴因変更の要否は問題となりません。今後同じような問題に直面したら，間違わないようにしましょう。

2　争点逸脱認定の効果

訴因変更の必要がなくても，小問⑵では，６月１日の共謀の有無が争点となっていたにもかかわらず，裁判所は６月５日の共謀を認定しようとしています。そこで，裁判所が何らの手続をとることなくそのような認定（争点逸脱認定）をすることができるのかが問題となります。

争点となっていた謀議の日時と異なる日時を認定したよど号ハイジャック事件（最判昭和58年12月13日刑集37巻10号1581頁）において，判例は，「被告人に対し不意打ちを与え，その防禦権を不当に侵害するものであって違法である」としています。そもそも，訴因は被告人の防御権の外枠を確定しますが，争点はそのなかで更に被告人の防御権を実質化し，被告人の争う権利を保障するものです。そのため，争点逸脱認定は，被告人の争う権利を侵害し，被告人の防御に重大な支障を生じることにつながる以上，許されないと考えられています。

このような場合，裁判所は，争点を顕在化させて十分に審理を遂げることが必要です。そして，このような手続を経ずに争点逸脱認定がなされた場合には，適切な訴訟指揮（294条）を欠き，訴訟手続の違反（379条参照，相対的控訴理由）があるため違法となると考えられています。

【参考文献】

試験対策講座６章２節②【3】⑶，７章７節。条文シリーズ256条②３⑶，312条③９。

第23問 A　訴因の特定（日時・場所の特定が困難な場合）

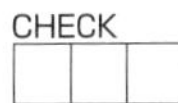

　Aは，令和４年３月20日に任意提出した尿の鑑定結果に基づいて，覚醒剤自己使用罪で起訴された。当該起訴における起訴状に「被告人は，法定の除外事由がないのに，令和４年３月上旬ころから同月20日までの間，自宅において覚醒剤であるフェニルメチルアミノプロパン塩類を含有するもの若干量を自己の身体に注射または服用して使用し，もって覚醒剤を使用したものである。」と記載されていた場合，このような起訴は適法か。

【参照条文】
○覚醒剤取締法（昭和26年法律第252号）
（使用の禁止）
第19条　次に掲げる場合のほかは，何人も，覚醒剤を使用してはならない。
（以下略）
第41条の３　次の各号の一に該当する者は，10年以下の懲役に処する。
　一　第19条（使用の禁止）の規定に違反した者
（以下略）

【解答へのヒント】
　本問では，起訴状の記載内容に着目すれば，覚醒剤の使用日時・方法の記載が概括的であることに気がつくと思います。この点，起訴状には，公訴事実を記載しなければならない（256条２項２号）ところ，公訴事実は，訴因を明示して記載することが求められており（256条３項前段），訴因は「できる限り日時，場所及び方法を以て罪となるべき事実を特定」することが求められています（256条３項項後段）。そこで，本問のような概括的記載であっても，「できる限り……特定」しているといえるか，検討してみましょう。
　その際には，訴因の趣旨・機能から考えてみるとよいでしょう。

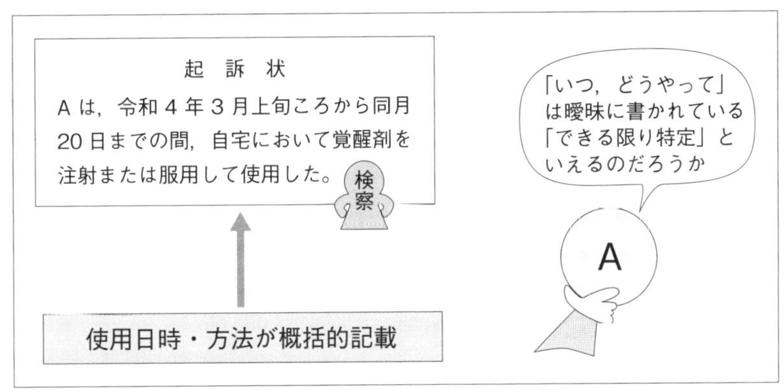

答案例

1　本件起訴状の訴因には，日時につき「令和４年３月上旬ころから同月20日までの間」，方法につき「若干量を自己の身体に注射または服用して使用」という幅のある記載がなされているが，訴因が「できる限り……特定」されている（刑事訴訟法256条３項。以下「刑事訴訟法」法名省略）といえるか。

論 訴因特定の程度（日時・場所・方法の特定が困難な場合）

(1)　まず，訴因の特定のためには，「罪となるべき事実」を記載する必要があるので，①訴因記載の事実が特定の構成要件に該当することを認識できる程度に具体的に記載する必要がある。

➡規範①

また，訴因には，裁判所に対して審判の対象を明確にするという識別機能と，被告人に対して防御の範囲を明示する防御機能があるところ，審判の対象が明確になれば防御の範囲も明示されるため，識別機能が主たる機能である。そのため，訴因の「特定」には，②他の犯罪事実と識別できることも要し，かつそれで足りると解する。

➡規範②

もっとも，日時・場所・方法については，審判対象のなおいっそうの具体化と防御の範囲のよりいっそうの明確化のために，「できる限り」具体的な記載が求められている（256条３項後段）。ただし，これは絶対的要請ではないため，③犯罪の種類，性質等により日時・場所・方法をつまびらかにすることができない特殊事情がある場合には，日時・場所・方法につき幅のある記載も許されると解する。

➡規範③

(2)　本問では，本件起訴状記載の事実は，覚醒剤自己使用罪の構成要件に該当することを認識できる程度に具体的に記載されていることは明らかである（①充足）。

➡あてはめ①

次に，覚醒剤自己使用罪は，使用行為ごとに１個の犯罪が成立し，各罪は併合罪の関係に立つところ，「令和４年３月上旬ころから同月20日までの間」には複数の使用行為が存在する可能性があるため，上記記載によっては他の犯罪事実との識別がなされていないとも思える。しかし，検察官が，釈明（刑事訴訟規則208条１項参照）により，尿から検出された覚醒剤の最終使用行為につき起訴した旨を明らかにすれば，上記記載によっても他の犯罪事実と識別できるといえる（②充足）。

➡あてはめ②

さらに，本問のような覚醒剤自己使用事犯は，被害者がいないうえに通常目撃者もおらず，密行性が高いという性質を有するため，被告人の供述がないかぎり，使用日時・場所・方法を特定するのは困難である。それゆえ，上記特殊事情があるといえる（③充足）。

➡あてはめ③

(3)　したがって，釈明により検察官が最終使用行為につき起訴した旨を明らかにした場合には，本件起訴状の訴因は「できる限り……特定」されているといえる。

➡結論

2　よって，上記場合には，本件起訴は適法である。　以上

➡結論

出題趣旨

訴因の特定は，予備試験2013（平成25）年，2017（平成29）年で出題されている。また，覚醒剤自己使用の事例については，訴因変更の可否（第24問参照）との複合問題が，旧司法試験2002（平成14）年度第2問で出題されている。そこで，最決昭和56年4月25日刑集35巻3号116頁（判例シリーズ41事件）をモデルに，訴因の特定についての理解を試す趣旨で，本問を出題した。

論点

訴因特定の程度（日時・場所・方法の特定が困難な場合）

答案作成上の注意点

1 問題の所在

本問において，起訴状記載の訴因には，「令和4年3月上旬ころから同月20日までの間」に「若干量を自己の身体に注射または服用して使用」としか記載されておらず，覚醒剤の使用日時・方法が明確となっていません。そこで，このような「日時，場所及び方法」の概括的記載でも，「できる限り……罪となるべき事実を特定」（256条3項後段）しているといえるかが問題となります。

2 「日時，場所及び方法」の概括的記載が許される基準

1　他の犯罪事実と区別できる程度の特定

この点，第22問において検討したように，通説である識別説によれば，訴因は，被告人の防御権の行使に支障がない程度まで訴因が具体化されることまでは不要であって，他の犯罪事実と区別できる程度に特定されることを要し，かつそれで足りることになります（要請①）。

2　「罪となるべき事実」の記載

また，これも第22問で検討したように，識別説と防御権説のいずれに立つとしても，そもそも訴因には「罪となるべき事実」を記載しなければならないことから，訴因には，当該訴因がいかなる犯罪構成要件に該当するかを判断しうる程度の具体的事実が記載される必要があります（要請②）。ここまででわからない点があれば，第22問を復習してください。

3　「できる限り」の特定

以上のような識別説に立つと，上記の要請①および②がみたされるのであれば，それだけで日時・場所・方法の概括的記載も許されるようにも思えます。しかし，判例は，日時・場所・方法の記載が概括的な訴因については，そのようには考えていません。実際，密出国の事案に関する白山丸事件（最大判昭和37年11月28日刑集16巻11号1633頁〔判例シリーズ40事件〕）において，犯罪の日時・場所・方法は，それらが犯罪を構成する要素になっているような場合を除いて，本来は罪となるべき事実そのものではなく，ただ訴因を特定するための一手段として，できるかぎり具体的に表示すべきことを要請されているため，㋐「犯罪の種類，性質等の如何により，これを詳〔つまび〕らかにすることができない特殊事情がある場合」は，㋑「前記法の目的〔識別機能と防御機能という訴因の明示・特定の趣旨〕を害さないかぎりの幅のある表示」をしたとしても，それだけで，罪となるべき事実を特定していないとすることはできないと判示しています。この判旨からは，㋑他の犯罪事実と識別できているというだけで当然に概括的記載が適法となるわけではなく，㋐概括的記載が適法となるためには，犯罪の種類，性質等により犯罪の日時，場所および方法を「詳らかにすることができない特殊事情」が存在する必要があるとの判例の立場が読みとれます。

ではなぜ，他の犯罪事実との識別ができているにもかかわらず，上記「特殊事情」が存在しなければ，日時・場所・方法の概括的記載は特定を欠くことになるのでしょうか。それは，256条3項後段が，「できる限り」具体的に日時・場所・方法をもって罪となるべき事実を特定するこ

とを要請している（要請③）からです。すなわち，法は，要請①②という最低限の基準をみたす場合でも，裁判所の審判対象を限定し被告人の防御範囲を示すという観点からは，「できる限り」具体的な記載をしたほうが，審理および防御の対象をよりいっそう明確化するため望ましいという立場をとっているのです。もっとも，「できる限り」という文言からわかるとおり，この要請③は，これまでみた要請①②とは異なり，絶対的な要請ではありません。そのため，上記「特殊事情」があれば，「できる限り」の要請は緩和されるのです。

4　小括

以上より，日時・場所・方法の記載が概括的な訴因において「できる限り……罪となるべき事実」が「特定」されているといえるためには，要請①から③までをみたす必要があります。ここで，解答において，要請①から③までをどの順番で検討すればよいか，疑問をもたれるかもしれません。この点，要請①②は訴因の特定の最低限の基準であり，絶対的要請であるのに対し，要請③は前述のとおり相対的な要請にとどまるものであるため，要請③は，要請①②をクリアしてから検討するのが論理的でしょう。また，いかなる構成要件に該当するのかを判別できることは，他の犯罪事実との識別をするうえで前提となるため，要請②の検討を要請①の検討に先行させるのが自然です。そこで，答案例では，要請②→①→③の順に検討しています。

3　本問へのあてはめ

1　特定の構成要件に該当することを認識できる程度の具体性（要請②）

本問では，訴因の記載から，覚醒剤自己使用罪（覚醒剤取締法41条の3第1項1号，19条）の構成要件に該当することを認識できることは明らかですから，答案では一言，要請②をみたすことに言及すれば足りるでしょう。本問のポイントは，要請①，③をみたすのかにあります。

2　他の犯罪事実との識別（要請①）

では，本問における訴因の記載により，他の犯罪事実と識別できるのでしょうか。この点，覚醒剤自己使用罪は，実務上，使用行為ごとに一罪が成立し，それらは併合罪の関係となると解されています。そのため，「令和4年3月上旬ころから同月20日までの間」に複数の使用行為がなされていた可能性がある以上，他のありうる使用行為と区別することができないため，要請①をみたしていないとも思えます。しかし，前掲最決昭和56年は，本問類似の事案で，「日時，場所の表示にある程度の幅があり，かつ，使用量，使用方法の表示にも明確を欠くところがある」ものの，「検察官において起訴当時の証拠に基づきできる限り特定したものである以上」，覚せい剤使用罪の訴因の特定はなされていると判断しました。この決定は，いかなる意味で他の使用行為と区別できるのかを明示していませんが，次のような説明が有力です。すなわち，覚醒剤使用罪の訴因における日時等の概括的記載は，検察官が被告人から採尿した時にもっとも近い使用行為（最終使用行為）を特定して起訴した趣旨であると説明する見解です（最終行為説）。これによると，検察官がその旨を釈明（刑事訴訟規則208条1項参照）すれば，最終使用行為のみが起訴の対象となっているので，他の使用行為と区別できており，要請①をみたしているといえます。

3　「できる限り」の特定（要請③）

次に，「できる限り」の要請をみたすかを検討することになりますが，本問では日時・場所の記載が概括的であるため，これを許す「特殊事情」があるのかが問題となります。この点，前掲最決昭和56年は，「特殊事情」の具体的内容を明示していません。もっとも，覚醒剤自己使用罪は，被害者がいないうえに通常目撃者もいない密行性の高い犯罪であり，被告人から信用できる供述が得られないかぎり，使用日時・場所・方法を具体的に明らかにすることは困難であるとの事情があります。このような事情は「特殊事情」にあたるため，要請③もみたすと考えられます。

【参考文献】

試験対策講座6章2節2【3】。判例シリーズ40事件，41事件。条文シリーズ256条2 3。

第24問 A　訴因変更の可否

CHECK □□□

Aは，令和４年２月25日に任意提出した尿の鑑定結果，友人Bの目撃供述および自白に基づいて，「令和４年２月23日ころ，東京都内の自宅において，覚醒剤若干量を使用した。」との訴因で起訴された。公判において，Aは犯行を否認し，Bは捜査段階における供述を覆す証言をしたため，検察官は，Bの新供述に基づいて，「令和４年２月18日ころ，東京都内のB方において，覚醒剤若干量を注射して使用した。」との訴因に変更請求した。

裁判所は，この訴因変更を許すべきか。

【解答へのヒント】

本問では，訴因変更の可否が問われています。訴因変更制度がなぜ存在するのか，その趣旨を考えてみて，どのような場合に訴因変更を認めるべきなのか，考えてみましょう。

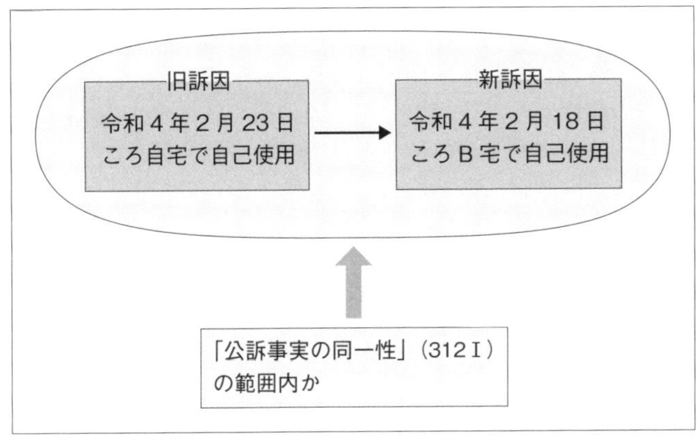

答案例

1　本問において，訴因変更を適法に行うためには，新旧両訴因の間に「公訴事実の同一性」（刑事訴訟法312条１項）が認められる必要がある。

そこで，「公訴事実の同一性」の判断基準が問題となる。

論「公訴事実の同一性」の判断基準

(1)　訴因変更制度の趣旨は，旧訴因との関係では一回的な処罰の対象となるべき事実関係である場合に，訴因変更を許さずに別訴の提起を許すと二重処罰の危険があることから，これを回避する点にある。

⇒規範

そこで，「公訴事実の同一性」は，一回的な処罰の対象となるべき事実関係にある場合に認められ，その有無は，公訴事実の単一性または狭義の公訴事実の同一性があるか否かで判断すべきであると解する。

論 狭義の同一性の判断基準

(2)　本問においては，狭義の同一性の有無が問題となる。そこで，狭義の同一性の判断基準が問題となる。

⇒規範

この点，前述の趣旨から，狭義の公訴事実の同一性とは，新旧両訴因の基本的事実関係が同一である場合をいうと解する。具体的には，両訴因に事実的共通性があるか否かで判断し，補充的に，両訴因が両立しえない関係にあるか否かで判断する。

⇒あてはめ

(3)　これを本問についてみると，両訴因は法益侵害結果が同一であるという点については事実的共通性が見出せる。しかし，旧訴因の日時が「２月23日ころ」，場所が「東京都内の自宅」，方法が「若干量を使用した」であるのに対し，新訴因の日時は「２月18日ころ」，場所は「東京都内のB方」，方法は「若干量を注射して使用した」であり，犯行の日時・場所・方法が共通しない。

そこで，両訴因の非両立性について検討すると，覚醒剤自己使用剤は，使用行為ごとに１個の犯罪が成立し，日時・場所・方法が違えば別個の使用行為が観念できるため，「２月23日ころ」「東京都内の自宅」で「若干量を使用した」行為と，「２月18日ころ」「東京都内のB方」で「若干量を注射して使用した」行為は，両立しうる関係にあるといえる。

もっとも，検察官としては，覚醒剤顕出可能期間の最終使用行為につき起訴したと解するのが，検察官の通常の訴追意思に合致する。そのため，求釈明（刑事訴訟規則208条１項，２項）により，検察官が，覚醒剤顕出可能期間の最終使用行為につき起訴した趣旨である旨釈明した場合には，最終使用行為は１度しかありえない以上，両訴因は両立しえない関係にあるといえる。

⇒結論

したがって，基本的事実の同一性が認められ，「公訴事実の同一性」があるといえる。

⇒結論

2　よって，検察官が，前述のとおり釈明した場合には，裁判所は，この訴因変更を許すべきである。　以上

出題趣旨

訴因変更の可否については，旧司法試験1991（平成３）年度第２問，2002（平成14）年度第２問，新司法試験2014（平成26）年，2019（令和元）年で出題されている。本問は，覚醒剤自己使用事犯を題材として訴因変更の可否を問うことで，訴因変更制度の趣旨，訴因変更の基準についての知識の有無ならびに具体的事案へのあてはめの適切さを問うものである。

論点

1 「公訴事実の同一性」の判断基準
2 狭義の同一性の判断基準

答案作成上の注意点

1 はじめに

本問においては，訴因変更の可否が問われています。訴因変更の可否と関連する重要論点として，訴因変更の要否があります。本問においても，訴因変更の要否を検討する必要があるのか，頭をよぎるかもしれません。しかし，本問のように，訴因変更が請求されている事案については，通常，出題趣旨としては，訴因変更の要否は問われていません。訴因変更の要否が問題となるのは，通常，裁判所が，訴因変更の手続を経ることなく，訴因記載の事実と異なる事実を認定しようとする場合です（第25問参照）。

どのような場合に訴因変更の可否が問われていて，どのような場合に訴因変更の要否が問われているのか，しっかりと見極めるようにしましょう。

2 「公訴事実の同一性」

1 訴因変更について定めた312条１項は，「裁判所は，検察官の請求があるときは，公訴事実の同一性を害しない程度において，起訴状に記載された訴因……の……変更を許さなければならない」としています。同項から，訴因変更は，「公訴事実の同一性」がなければできないことがわかります。しかし，「公訴事実の同一性」との言葉だけでは，具体的にどのような場合に公訴事実の同一性が認められるのか，わかりません。そこで，「公訴事実の同一性」の判断基準について，検討する必要があります。

なお，「公訴事実の同一性」という概念は，訴因変更の場面のほかにも，公訴時効停止（254条）の範囲，二重起訴禁止（338条３号，339条１項５号）の範囲，一事不再理効（憲法39条前段後半，後段，刑事訴訟法337条１号）の範囲を画する概念としても登場します。また，捜査段階における事件の同一性も，「公訴事実の同一性」の概念によって画されます。このように，公訴事実の同一性の判断基準は重要な論点ですので，しっかりとおさえておきましょう。

2 では，「公訴事実の同一性」の有無はどのように判断すべきでしょうか。この点については，さまざまな議論が錯綜（そう）しています。それぞれの議論を深追いするとキリがありませんので，ここでは，訴因変更制度が認められている趣旨から，公訴事実の同一性の判断基準を探っていくことにします。

訴因変更制度が認められ，訴因変更に限界が設定されている趣旨は，訴因変更制度を認めずに別訴の提起を許すと２つ以上の有罪判決が併存し二重処罰の実質を生じる可能性があるため，これを回避することにあります。このような趣旨からすると，新旧両訴因が，別訴でともに有罪とされると二重処罰となる関係があるときに，「公訴事実の同一性」が認められると解するべきだと考えられることになります。

具体的には，どのような場合であれば，別訴でともに有罪とされると二重処罰となる関係があるといえるのでしょうか。「公訴事実の同一性」は伝統的には，公訴事実の単一性と狭義の公訴事実の同一性に分けて考えられていますので，この２つの場合についてみていきます。

(1) まず，公訴事実の単一性は，両訴因に記載されている罪となるべき事実が実体法上一罪と扱われる場合に認められます。たとえば，旧訴因が窃盗罪であり，新訴因が同一機会における住居侵入・窃盗罪である場合，かりに新訴因への変更を認めず，住居侵入罪の別訴を提起することができるのであれば，両罪は科刑上一罪となるべき関係であるにもかかわらず，２つの有罪判決が併存する可能性があります。このように，旧訴因と新訴因が実体法上一罪となるような場合には，別訴でともに有罪とされると二重処罰となる関係があるといえるので，(広義の) 公訴事実の同一性が認められることとなります。

(2) 次に，狭義の公訴事実の同一性についてです。判例（最判昭和29年５月14日刑集８巻５号676頁）は，公訴事実の同一性を基本的事実関係の問題として理解したうえで（基本的事実関係同一性説），基本的事実関係の同一性は，一次的には，両訴因に事実的共通性がある場合，副次的には，両訴因が両立しない関係にある場合に認められるとしています。たとえば，前掲最判昭和29年の事案では，10月14日ころの静岡県における背広等の窃盗の起訴事実と，10月19日ころの東京都内における同じ背広等のぞう物牙保（盗品等有償処分あっせん）の事実との関係が問題となっています。この事案では，犯罪の日時場所等について違いがあるため，事実的共通性に乏しいものの，窃盗罪が成立するのであれば，盗品関与罪は不可罰的事後行為として成立しないはずであり，両罪は両立しない関係にあるといえますので，基本的事実関係の同一性は認められます。このような場合も，訴因変更を認めず２つの罪が成立すると，二重処罰の実質が生じるといえるので，(広義の) 公訴事実の同一性が認められることとなります。

(3) 答案例では，公訴事実の同一性は，公訴事実の単一性または狭義の公訴事実の同一性が認められる場合に認められるとしましたが，公訴事実が単一かつ同一であることを必要とする見解もありますし，公訴事実の単一性と狭義の公訴事実の同一性とを区別する必要がないとする考え方もあります。どのような説を採る場合であっても，その規範を導く理由づけ・趣旨から離れないように，一貫して規範を立て，あてはめをするようにしましょう。

3 本問について

本問は，覚醒剤自己使用事犯を題材としています。本問と同様の事案において，最決昭和63年10月25日刑集42巻８号1100頁（判例シリーズ47事件）は，「両訴因は，その間に覚せい剤の使用時間，場所，方法において多少の差異がある」としつつ，「いずれも被告人の尿中から検出された同一覚せい剤の使用行為に関するものであって」，事実上の共通性があり，両立しない関係にあると認められるとして，基本的事実関係において同一であるとしています。

覚醒剤自己使用罪については，実務上，使用行為ごとに一罪が成立し，それらは併合罪の関係となると解されています。そのため，２つの異なる日時，場所等における使用行為が問題となった場合，その２つの使用行為が両立する可能性があり，(狭義の) 公訴事実の同一性が認められないのでないかが問題となります。

これについて，実務は，検察官は，覚醒剤使用罪の訴因に掲げられた使用日時，場所，方法等は，被告人から採尿したときにもっとも近い使用行為，すなわち最終使用行為を特定して起訴した趣旨であると考えています（最終行為説）。この見解によると，両訴因はいずれも被告人の尿中から検出された覚醒剤の最終使用行為である点で共通するため，両立しない関係にあることから，(狭義の) 公訴事実の同一性が認められることになります。

覚醒剤自己使用事犯では，上記のような，覚醒剤自己使用事犯の特殊性を意識して解答できるとよいでしょう。

【参考文献】

試験対策講座７章３節1。判例シリーズ47事件。条文シリーズ312条3 5(1)・(2)。

第25問 A　訴因変更の要否

Aは，「被告人は，Bと共謀のうえ，Vを殺害しようと企て，令和3年7月24日ころ，H市I所在の産業廃棄物最終処理場付近の道路に停車中の普通自動車内において，殺意をもって，被告人が，Vの頸（けい）部を絞めるなどし，よって，そのころ同人を同所付近で窒息死させて殺害した。」との殺人罪の公訴事実で起訴された。この事案について，以下の各小問に答えよ。

(1)　公判において，Aは，V殺害の実行行為への関与を否定して争い，Aの弁護人も，AがV殺害の実行行為を担当したとするBの証言は，自己の責任をAに転嫁しようとするものであると主張した。そこで，殺害行為を行ったのはだれなのかが主要な争点となり，多数回の公判を重ねて証拠調べが行われた。その結果，裁判所は，殺人の実行行為者はAまたはBあるいはその両名以外にはありえないが，そのいずれであるかまでは確信を得られなかった。この場合に，裁判所は，訴因変更を経ることなく，V殺害の実行行為者を「Bまたは被告人あるいはその両名」と認定することができるか。

(2)　公判において，Aが殺意を否定して争った結果，裁判所は，Aの殺意以外の点については証明十分との心証を得たが，Aの殺意については存否いずれとも確信を得られなかった。この場合に，裁判所は，訴因変更を経ることなく，傷害致死の事実を認定することができるか。

【解答へのヒント】

1　小問(1)について

「訴因変更を経ることなく……認定することができるか」という問われ方から，訴因変更の要否が問題となっていると気がつくでしょう。訴因変更の要否を論じるにあたっては，何よりもまず，判例（最決平成13年4月11日刑集55巻3号127頁〔判例シリーズ43事件〕）の提示した規範を定立できることが重要です。その際，①審判対象の画定という見地と，②被告人の防御の観点の両方を意識していれば，規範を導き出しやすいはずです。

2　小問(2)について

殺人と傷害致死とは包含関係に立ちますから，本小問では縮小認定が問われていると気がつくでしょう。縮小認定については，訴因変更は不要とする立場が一般的だと思われますが，その根拠を説得的に論じる必要があります。上記判例との関係も意識しつつ，どのような根拠で訴因変更は不要となるのか，考えてみましょう。

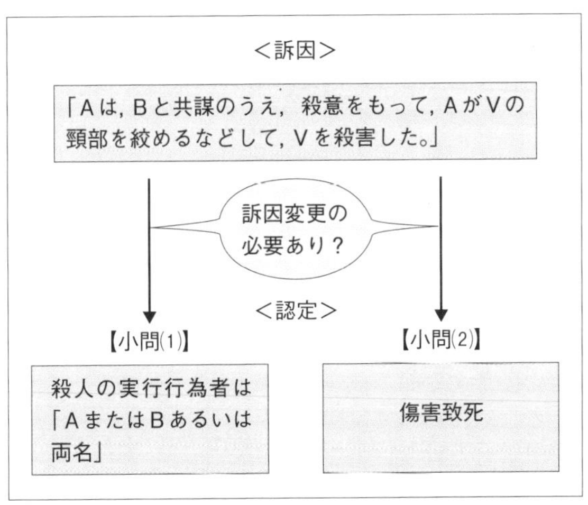

答案例

第1　小問(1)について

1　裁判所は，V殺害の実行行為者を被告人とする訴因のまま，V殺害の実行行為者を「Bまたは被告人あるいはその両名」と認定することができるか。訴因変更（刑事訴訟法312条1項。以下法名省略）の要否が問題となる。

論 訴因変更の要否

(1)　当事者主義的訴訟構造（256条6項，298条1項，312条1項等）のもと，審判対象は検察官の主張する具体的事実であるため，事実に変化があれば，訴因変更が必要になる。もっとも，些細な事実の変化にも訴因変更を要するとするのはあまりに煩雑であり，実際的ではない。そのため，訴因変更が必要となるのは，重要な事実の変化があった場合に限定されるべきである。

そして，訴因制度は，裁判所に審判対象を識別させる識別機能を有し，その裏返しとして，被告人に防御の対象を明示する防御機能を果たすものである。そこで，具体的には，①審判対象の画定のために必要な事項に変動がある場合には，訴因変更を要すると解する。

➡規範①

もっとも，それ以外の場合であっても，訴訟手続において争点明確化による不意打ち防止が要請されることに変わりはない。そこで，②一般的に被告人の防御にとって重要な事項については，それが一度訴因に明示された以上，原則として訴因変更を要すると解する。ただし，③具体的な審理の経過に照らし，被告人に不意打ちを与えるものではなく，かつ，判決で認定される事実が訴因に記載された事実と比べて被告人にとってより不利益であるとはいえない場合には，例外的に，訴因変更は不要であると解する。

➡規範②

➡規範③

(2)　これを本問についてみると，共謀共同正犯の構成要件該当事実は，共謀に基づき，共謀者のうちのだれかが実行行為を行ったということであり，共謀者の一部が実行行為を行えば，実行行為をしなかった者も共同正犯として処罰される。そのため，殺人の実行行為者が共謀者のうちのだれであるかは，殺人罪の共同正犯の訴因の記載として罪となるべき事実の特定に必要不可欠な事項ではない。したがって，裁判所が訴因と異なる実行行為者を認定したとしても，審判対象の画定に必要な事項に変動があるとはいえない（①不充足）。

➡あてはめ①

もっとも，一般的に，実行行為者がだれであるかは，犯情として量刑に影響する等，被告人の防御にとって重要な事項といえる。そのため，検察官が一度訴因において実行行為者を明示した以上，判決においてそれと実質的に異なる実行行為者を認定するには，原則として訴因変更が必要となる（②充足）。

➡あてはめ②

ただし，本問では，公判においてAがV殺害の実行行

➡あてはめ③

為への関与を否定し，Aの弁護人もBの証言は自己の責任をAに転嫁しようとするものであると反論した結果，実行行為者はだれかという点が主要な争点となり，多数回の公判を重ねて証拠調べが行われている。これらの事実からすると，実行行為者がだれかについて，Aの防御活動は十分に行われたといえる。そのため，裁判所の「Bまたは被告人あるいはその両名」との認定は，具体的な審理の経過に照らし，被告人に不意打ちを与えるものではないといえる。

また，裁判所は，Aは実行行為者ではないというAの主張を一部いれた結果として，実行行為者がBのみである可能性を含む認定をしている。そのため，裁判所の「Bまたは被告人あるいはその両名」との認定は，Aにとってより不利益であるとはいえない（③充足）。

(3) よって，例外的に訴因変更は不要である。 ➡結論

2 したがって，裁判所は，訴因変更を経ることなく，上記のような認定をできる。

第2 小問(2)について

1 裁判所は，殺人の訴因のまま傷害致死を認定することができるか。殺人は，殺意の要否で異なるのみで行為態様は重なり合う傷害致死を包含する関係にあるため，上記認定はいわゆる縮小認定にあたるところ，このような縮小認定に訴因変更が必要か否かが問題となる。 論縮小認定

(1) この点，前述のとおり，訴因変更が必要となりうるのは事実に変化があった場合である。しかし，縮小認定の場合，裁判所が認定する小なる事実は，検察官が設定した訴因記載の大なる事実に包含される関係にあるため，当初から検察官により黙示的・予備的にあわせて主張されていたとみることができる。そのため，縮小認定は，訴因の記載と異なる事実の認定ではなく，むしろ訴因の記載どおりの認定の一態様といえる。そこで，縮小認定に訴因変更は不要と解する。 ➡規範①

もっとも，争点明確化による不意打ち防止の要請は，訴訟の全過程を通じて求められるから，縮小認定の場合にも同様に妥当する。そこで，縮小認定が具体的な審理の経過に照らし不意打ちにあたる場合には，争点顕在化措置をとる必要があると解する。 ➡規範②

(2) 本問でも，前述のとおり殺人は傷害致死を包含する関係にあるから，訴因変更は不要である。また，公判でAが殺意を否定して争った結果として，Aの弁解どおりに傷害致死が認定されている以上，Aへの不意打ちにもあたらず，争点顕在化措置をとる必要もない。 ➡あてはめ① ➡あてはめ②

2 したがって，裁判所は，訴因変更を経ることなく，傷害致死を認定できる。 ➡結論

以上

出題趣旨

訴因変更の要否は，旧司法試験では2007（平成19）年第2問，新司法試験では2012（平成24）年，2014（平成26）年，予備試験では2013（平成25）年，2017（平成29）年に出題されており，頻出論点のひとつといえる。小問(1)は，訴因変更の要否に関する重要判例である最決平成13年4月11日刑集55巻3号127頁（判例シリーズ43事件）を素材に，同判例の示した判断枠組みを確認し，その理解を深めてもらう趣旨で出題した。また，縮小認定については，新司法試験や予備試験ではいまだ正面から出題されたことはないものの，今後の出題が予想されることから，小問(2)は，前掲最決平成13年の枠組みのもとでの縮小認定の処理方法を確認してもらう趣旨で出題した。

論点

1　訴因変更の要否
2　縮小認定

答案作成上の注意点

① 小問(1)について

1　問題の所在

小問(1)では，訴因においてV殺害の実行行為者は被告人である旨記載されているにもかかわらず，裁判所が，訴因変更を経ずに，V殺害の実行行為者を「Bまたは被告人あるいはその両名」と認定してよいのか否かが問われています。ここでは訴因変更の要否が問題となっていますが，そもそも，訴因変更の要否とはどのような問題なのでしょうか。

現行刑事訴訟法は，当事者主義的訴訟構造を採用していることから（256条6項，298条1項，312条1項等），裁判所の審判対象は，検察官の主張する具体的事実である訴因であると考えられています（訴因対象説）。そうである以上，訴因記載の事実（訴因事実）と審理の結果裁判所が認定する事実（認定事実）との間に変化が生じる場合，裁判所が心証どおりに事実を認定するためには，訴因変更によって，訴因事実を認定事実に合わせることが必要となるはずです。もっとも，些細な事実の変化にすぎない場合にも，わざわざ訴因変更が必要だと解するのは，不都合が大きく，実際的とはいえません。そこで，一般論としては，訴因事実と認定事実との間で重要な事実の変化があった場合にかぎり，訴因変更が必要となると考えられています。では，訴因変更が必要となる“重要な事実の変化”とは，どのような変化でしょうか。ここで，より具体的な訴因変更の要否の判断基準が問題となるのです。

2　判例の判断基準

この点について，前掲最決平成13年は，本問と同様の事案において，殺人罪の共同正犯の訴因については，実行行為者がだれであるかが明示されていないとしても，それだけでただちに訴因の記載として罪となるべき事実の特定に欠けるものとはいえないと考えられるため，訴因において実行行為者が明示された場合にそれとは異なる認定をするときであっても，「審判対象の画定という見地からは，訴因変更が必要となるとはいえない」と判示しました。これは，訴因変更の要否の第1の判断基準として，①「審判対象の画定」に必要な事項について，裁判所が訴因事実と異なる事実を認定する場合には，訴因変更が必要となるという基準を示しているものといえます。

もっとも，同判例は，これに続けて，「実行行為者がだれであるかは，一般的に，被告人の防御にとって重要な事項である」ため，その訴因の成否に関し争いがある場合等においては，争点の明確化などのため，検察官が実行行為者を明示するのが望ましく，検察官が訴因においてその実行行為者の明示をした以上，「判決においてそれと実質的に異なる認定をするには，原則として，訴因変更手続を要する」としています。しかし，これに続けて，実行行為者の明示は訴因の記載として不可欠な事項ではないため，少なくとも，「被告人の防御の具体的な状況等の審理の経過に照らし，被告人に不意打ちを与えるものではないと認められ」る場合であって，かつ，「判決で認定される事実が訴因に記載された事実と比べて被告人にとってより不利益であるとはいえない場合」については，例外的に，訴因変更手続を経ずに訴因と異なる実行行為者を認定することも違法とはならないと判示しました。これは，上記①の基準をクリアしたとしても，②「一般的に，被告人の防御にとって重要な事項」については原則として訴因変更が必要となり，ただ，「審理の経過に照らし，被告人に不意打ちを与え」ず，かつ，「判決で認定される事実が訴因に記載された事実と比べて被告人にとってより不利益であるとはいえない場合」に，例外的に訴因変更が不要となるという第２の判断基準を示したものといえます。

要するに，同判例は，①審判対象の画定の見地から訴因変更が必要となるか否かという第１段階の判断基準と，②被告人の防御の観点から訴因変更が必要となるか否かという第２段階の判断基準との，２段階の判断枠組みを示しているといえます。

3　判例の理解

多くの初学者においては，この判旨からのみでは，いかなる根拠に基づいて上記２段階判断枠組みが採用されているのか，十分には理解できないと思います。そのため，上記の２段階判断枠組みをより丁寧に分析していきましょう。

まず，上記基準①を理解する前提として，訴因制度がいかなる機能を有しているのかにさかのぼって考えてみましょう。この点，訴因の機能には，裁判所に審判対象を識別させる識別機能と，被告人に防御の対象を明示する防御機能との２つがあると考えられています。もっとも，裁判実務の大勢は，この識別機能と防御機能はコインの表と裏のような関係にあり，訴因により審判対象が識別されれば，それによって同時に被告人に防御の対象も明示されることとなると考えて，識別機能を重視する立場（識別説）に立っています。そして，前掲最決平成13年も，この識別説に立脚していると考えられています。このような訴因機能の理解からすると，審判対象の画定に必要な事項が変動する場合，審判対象が変動することになり，訴因の機能（識別機能）を没却することになってしまいますから，例外なく常に訴因変更を要すると解するべきです。上記基準①は，このような理解に基づいていると考えられます。

では，識別説に立った場合，被告人の防御という観点はいっさい考慮しなくてよいのでしょうか。たしかに，識別説においては防御機能は訴因の副次的な機能にすぎないと捉えられているため，訴因の機能自体からは，直接には被告人の防御への配慮は要請されないことになります。しかし，そうだとしても，訴訟の全過程を通じて，「争点の明確化」によって被告人に対する不意打ちを防止すべきという要請は求められます。当然，裁判所が訴因事実と異なる事実を認定する場合にも，この要請が妥当するでしょう。そこで，同判例は，上記基準②によって，「一般的に，被告人の防御にとって重要な事項」については，裁判所がその事実と異なる事実を認定するには，原則として訴因変更を要求するという立場を明らかにしたのです。この立場は，「一般的に，被告人の防御にとって重要な事項」を一度訴因に明示した以上，裁判所がそれと実質的に異なる事実を認定するためには，単なる検察官の釈明などにとどまらず，それと同等の手続である訴因変更によって，被告人に対する不意打ちを防止すべきという厳格な立場を採用したものと理解されています。

もっとも，「一般的に，被告人の防御にとって重要な事項」について訴因変更が要求される根拠は，今述べたように，訴因の機能自体にあるのではなく，被告人への不意打ち防止の要請にありました。そうだとすると，具体的な審理経過に照らして，その事実の変動が被告人に対する不意打ちとはならず，かつ，訴因事実と比べて被告人にとってより不利益とはいえない場合には，訴因変更を要求する必要はないといえます。そこで，同判例は，上記基準②にこのような例外を設けたのです。

4　本問へのあてはめ

本問は前掲最決平成13年と同様の事案ですから，これに従ったあてはめをすればよいでしょう。答案例では，判例に従って立てた規範に対して，２段階の枠組みを意識しつつ，順にあてはめています。とりわけ，第２段階の判断枠組みへのあてはめにおいては，具体的な審理経過に照らして不意打ちとはならないといえそうな事情が問題文にあげられていますから，これらの事情を答案上で用いることを忘れないようにしましょう。

2　小問⑵について

1　問題の所在

小問⑵は，縮小認定の可否とよばれる問題が問われています。縮小認定とは，訴因事実中にすでに含まれている事実を認定すること，すなわち，大なる訴因事実に包含された小なる事実を認定することをいいます。本小問では，殺人の訴因のまま裁判所が傷害致死を認定してよいかが問題となっているところ，殺人と傷害致死とは殺意の存在が要求されるか否かの点で異なるにすぎず，傷害致死の事実は殺人の事実の中に包含されているといえるため，この縮小認定にあたるのです。このような縮小認定に訴因変更が必要なのか否かが，本問での検討課題です。

2　判例の立場

この点，判例（最判昭和26年６月15日刑集５巻７号1277頁）は，裁判所が強盗の訴因のまま恐喝の事実を認定できるか否かが問題となった事案において，「強盗の起訴に対し恐喝を認定する場合」のように，「裁判所がその態様及び限度において訴因たる事実よりもいわば縮少された事実を認定する」場合には，あえて訴因罰条の変更手続を経る必要はないと判示し，訴因変更を不要としています。そして，この縮小認定の理論は，これ以降の裁判実務でも是認されています。

3　判例の理解と検討

では，縮小認定にあたる場合，なぜ訴因変更は不要なのでしょうか。縮小認定の理論が形成されてきたのは前掲最決平成13年以前ですが，現在においては，前掲最決平成13年で示された上記２段階の判断枠組みをふまえた説明が必要となります。

この点，縮小認定の場合，裁判所が認定する小なる事実（本問では傷害致死）は，検察官の設定した訴因記載の大なる事実（本問では殺人）に包含されているという関係にあるため，小なる認定事実は当初から検察官により黙示的・予備的にあわせて主張されていたとみることができます。そのため，縮小認定は，訴因の記載と異なる事実認定なのではなく，むしろ，訴因の記載どおりの認定の一態様であると考える立場が有力です。この立場からは，訴因事実と認定事実の食い違いが生じない以上，そもそも訴因変更の問題は生じないことになります。すなわち，前掲最決平成13年における第１段階の判断基準（上記基準①）は問題となりえないということです。

もっとも，被告人に対する不意打ち防止の観点は検討しなくてよいのでしょうか。たしかに，同判例における第２段階の判断基準（上記基準②）は，あくまで第１段階の判断基準をクリアしたうえで問題となるものですから，第１段階の判断基準がおよそ問題とならない以上，不意打ち防止の観点を問題とする余地はないとも思えます。しかしながら，前述のとおり，争点明確化による不意打ち防止の要請は，訴訟の全過程を通じて求められるものです。そうだとすると，縮小認定の場合においてもこの要請がはたらくと考えられるので，同判例における第２段階の判断基準がそのまま適用されるわけではないとしても，縮小認定が具体的な審理経過に照らして不意打ちにあたる場合には，争点顕在化措置をとることが求められることになります。ただし，通常は大なる事実を争う過程で認定された小なる事実も争っていることになるはずですので，実際に不意打ち防止の観点から問題が生じることは少ないと思われます。

4　本問へのあてはめ

以上の立場からは，殺人から傷害致死への縮小認定が問題となる本問でも，そもそも訴因変更の問題は生じず，訴因変更の必要はないことになります。また，本問では，公判においてAが殺意を否定して争った結果として，Aの弁解どおりに傷害致死が認定されているのですから，裁判所の縮小認定がAへの不意打ちにあたるとはいえず，争点顕在化措置をとる必要もないでしょう。

【参考文献】

試験対策講座７章２節。判例シリーズ43事件。条文シリーズ312条3４。

第26問 A　同種前科・類似事実による立証

CHECK

Aは，令和４年３月28日午前３時30分ころ，H市I町内に所在する屋根のないJ駐車場において，B社製高級外車に近寄り，折りたたみ式ナイフで同車両右側ドアに数回にわたって引っかき傷をつけたうえ，持参した瓶の中のベンジンを同車両の前部バンパー付近に振り掛け，ライターでこれに点火して逃走したとして，建造物等以外放火の罪で起訴された。ベンジンは，石油を蒸留して得られる，揮発性が高く引火しやすい液体であり，染め抜きの溶剤やカイロの燃料等に用いられているもので，Aが洗濯作業補助のアルバイトをしているクリーニング店でも染め抜き剤として用いられていた。

なお，Aは，B社日本法人に就職しようとしたが不採用とされたことを逆恨みして，平成31年３月３日，屋根のない駐車場において，無関係の第三者が所有するB社製高級外車のドアに折りたたみ式ナイフで複数の引っかき傷をつけたうえ，同車両の前部バンパー付近にベンジンを散布してこれに火をつけて，同バンパー付近を焼損したという建造物等以外放火事件により，同年６月10日，M地方裁判所において，懲役１年６月，執行猶予３年間の有罪判決を受けたという前科を有していた事実（以下「本件前科事実」という）が判明している。

この場合に，Aを被告人とする建造物等以外放火被告事件の公判において，本件前科事実を，同被告事件の犯人はAであるとの認定に用いることが許されるか否かについて論じなさい。

【解答へのヒント】

同種前科を犯人性の認定に用いることができるかが問われています。この問題については，近時，重要な最高裁判例が示されています。そのため，前科事実を犯人性認定に用いることの問題点を明らかにしながら，判例を意識した論証をする必要があります。

そのうえで，あてはめの場面でも，単に事実を列挙して安易なあてはめをするのではなく，判例の考え方をふまえてしっかりと事実を評価し，説得的なあてはめを展開する必要があります。

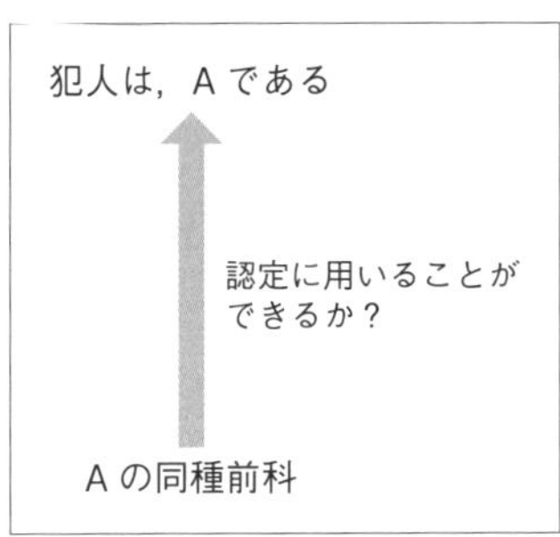

答案例

論 同種前科による犯人性の立証

1　本件前科事実をAが被告事件の犯人であること（犯人性）の認定に用いることができるか。前科事実を立証する証拠（前科証拠）に証拠の関連性が認められるかが問題となる。

(1)　この点について，前科もひとつの事実であり，前科証拠は，一般的に犯人性を推認させる必要最小限度の証明力たる自然的関連性を有している。

反面，同種前科による犯人性立証は，同種前科から被告人の悪性格を推認し，悪性格から被告人の犯人性を推認するという二重の不確実な推認を経るため，実証的根拠に乏しい人格評価につながりやすく，そのために事実認定を誤らせるおそれがあり，また，争点の拡散を招くおそれがある。そのため，前科証拠は，原則として法律的関連性を欠き，証拠能力が認められないと解する。

➡ 規範

もっとも，①前科にかかる事実が顕著な特徴を有し，かつ，②それが起訴にかかる犯罪事実と相当程度類似している場合には，前科それ自体が直接被告人の犯人性を合理的に推認させるといえ，実証的根拠の乏しい人格評価による誤った事実認定のおそれがないため，法律的関連性も認められると解する。

➡ あてはめ

(2)　これを本問についてみると，本件前科事実と被告事件とは，ⓐ屋根のない駐車場において，B社製高級外車のドアに折りたたみ式ナイフで複数の引っかき傷をつけたうえ，ⓑ同車両の前部バンパー付近にベンジンを散布してこれに火を付け，同バンパーを焼損する点で，犯行態様・方法が相当程度類似しているといえる（②充足）。

また，たしかに，このような犯行態様は，車両への放火事件において頻繁にみられる手口とまではいえないから，ある程度特徴的なものとはいえる。しかし，屋根のない駐車場という犯行場所はありふれているし，B社製高級外車という被害車種も，高級車を狙った犯行だとすれば際立った特殊性を有するものではない。また，被害車両のドアに折りたたみ式ナイフで複数の引っかき傷をつけるという手口も，通常思いつく手口の範ちゅうにとどまり，熟練した特定の者だけができるようなものではない。さらに，犯行に使用されたベンジンも，ガソリン等と比べれば入手が容易とはいえないものの，一定の業務に従事する者であれば入手可能であり，A以外の人物による入手が困難なものではない。そうすると，これらは，単独ではもちろん，本件前科事実と被告事件との犯行日時・場所の近接性も認められないことをふまえると，総合しても，顕著な特徴とまではいえない（①不充足）。

➡ 結論

2　したがって，本件前科事実を立証する証拠に法律的関連性は認められず，証拠能力は認められないから，本件前科事実を犯人性の認定に用いることは許されない。　以上

出題趣旨

同種前科・類似事実による立証については，近年の重要判例として，最判平成24年9月7日刑集66巻9号907頁（百選62事件），最決平成25年2月20日刑集67巻2号1頁があるうえ，司法試験では2007（平成19）年，2020（令和2）年において，予備試験では2016（平成28）年において出題されており，頻出論点といえる。そこで，本問は，司法試験2007（平成19）年の問題を改題し，上記判例をふまえた論述の仕方を確認してもらう趣旨で出題した。

論点

同種前科による犯人性の立証

答案作成上の注意点

1 問題の所在

本問では，J駐車場での建造物等以外放火という犯行と同種の本件前科事実を，Aの犯人性の認定に利用してよいか否かが問題とされています。このような同種前科による犯人性立証の許否の問題は，前科の立証に供される証拠（前科証拠）に証拠能力を認めてよいのか，具体的には，証拠の関連性が認められるのかという問題として議論されます。

そもそも，証拠の関連性については，自然的関連性と法律的関連性とに分けて考える立場が通説です。自然的関連性とは，証明しようとする事実に対する必要最小限度の証明力のことをいいます。他方，法律的関連性とは，自然的関連性のある証拠でも，その証明力の評価を誤らせる事情がないことをいいます。こうした理解のもとでは，ある証拠について，証拠としての必要最小限度の証明力が認められ，自然的関連性が肯定されたとしても，その証明力の評価を誤らせるおそれがある場合には，法律的関連性が否定され，証拠能力は認められないこととなります。

そこで，前科証拠に証拠の関連性が認められるか否かについても，自然的関連性が認められるのか，法律的関連性が認められるのかに分けて考えていくことになります。

2 判例の理解

この点について，近年，注目すべき最高裁判例（前掲最判平成24年）が示されています。

同判例はまず，前科もひとつの事実であって，「前科証拠は，一般的には犯罪事実について，様々な面で証拠としての価値（自然的関連性）を有している」として，前科証拠の自然的関連性を認めました。

他方，同判例は，法律的関連性に関しては，簡単には認めていません。すなわち，同種前科には，「被告人の犯罪性向といった実証的根拠の乏しい人格評価につながりやすく，そのために事実認定を誤らせるおそれ」があり，また，「当事者が前科の内容に立ち入った攻撃防御を行う必要が生じるなど，その取調べに付随して争点が拡散するおそれ」があるとしました。そして，そのことを根拠に，前科証拠は，自然的関連性があるだけでは証拠能力を認めることはできず，前科証拠によって証明しようとする事実につき「実証的根拠の乏しい人格評価によって誤った事実認定に至るおそれがないと認められるときに」はじめて証拠とすることが許されるとしました。具体的には，前科証拠を被告人と犯人の同一性の証明に用いる場合については，「前科に係る犯罪事実が顕著な特徴を有し，かつ，それが起訴に係る犯罪事実と相当程度類似」することから，「それ自体で両者の犯人が同一であることを合理的に推認させるようなものであって」，はじめて証拠として採用できると判示したのです。このように，前掲最判平成24年は，①「被告人の犯罪性向といった実証的根拠の乏しい人格評価につながりやすく，そのために事実認定を誤らせるおそれ」と②「争点が拡散するおそれ」の2つの弊害があることを理由に，原則としては前科証拠の法律的関連性を認めない立場をとっているものと解されます。

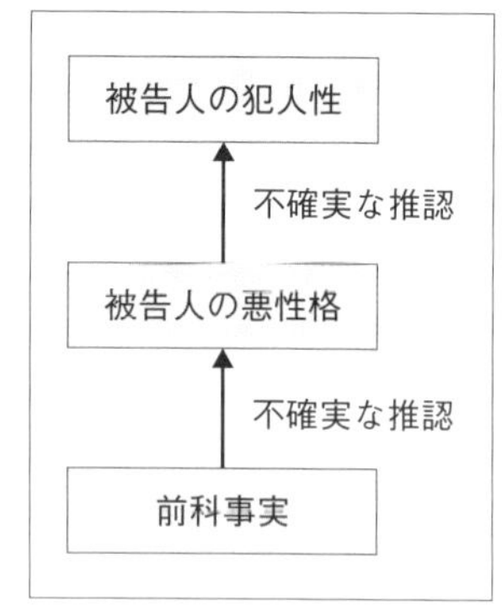

この①の弊害に関して，どうして前科事実には「事実認定を誤らせるおそれ」があるのかは，少々説明が必要でしょう。そもそも，前科事実によって被告人と犯人の同一性（犯人性）を立証する場合，ⓐ過去の前科事実から被告人の悪性格（被告人が前科と同種の犯罪を行う性向の人間であること）を推認し，ⓑ被告人の悪性格の内容と本件犯行の内容の一致から犯人性を推認するという，二重の推認過程を経ることになります。そして，このようなⓐの推認もⓑの推認もいずれも不確実な推認にすぎないにもかかわらず，事実認定者は，悪性格に対する偏見からその推認力を過大評価してしまう危険があります。そのため，事実認定を誤るおそれがあるというわけです。

もっとも，悪性格を介在させずに前科事実自体から直接犯人性を合理的に推認できる場合には，「事実認定を誤らせるおそれ」は少ないわけですから，例外的に前科証拠の法律的関連性を認めてよいでしょう。実際，前掲最判平成24年は，「実証的根拠の乏しい人格評価によって誤った事実認定に至るおそれがないと認められるとき」には前科証拠の証拠能力は認められるとしたうえで，具体的に，前科証拠を犯人性立証に用いる場面については，㋐前科事実が「顕著な特徴を有し」，㋑「それが起訴に係る犯罪事実と相当程度類似する」場合に，前科証拠の証拠能力が認められるとしています。この場合，「顕著な特徴」を有する前科事実と「相当程度類似する」犯罪が被告人以外の第三者によって行われる可能性は低いという経験則により，前科事実自体から直接犯人性を合理的に推認でき，悪性格を介在させた不確実な推認を回避できるため，証拠能力を認めてよいのです。

3　本問へのあてはめ

それでは，以上の判例の立場を前提に，本問へのあてはめを検討していきましょう。本問では，本件前科事実と被告事件が「相当程度類似」しているといえることは明らかですから，本件前科事実に「顕著な特徴」があるか否かに関して説得的なあてはめができるかがポイントとなります。

ここでは，そもそもどの程度の特徴があれば「顕著な特徴」といえるのかを答案上でも意識して，事実の評価を行う必要があります。この点，前述のとおり，㋐「顕著な特徴」および㋑「相当程度類似」の要件をみたせば前科証拠を犯人性立証に使用できる根拠は，「顕著な特徴」を有する前科事実と「相当程度類似する」犯罪が被告人以外の第三者によって行われる可能性は低い点にありました。そうだとすると，「顕著な特徴」は，別人の犯行の可能性を十分に減じるものである必要があります。換言すれば，前科と同種の態様の行為を行う者がほかにも存在する可能性が著しく低い場合に，「顕著な特徴」といえることになります。そのため，本問でも，本件前科事実の種々の特徴が，本件前科事実と同様の態様の行為を行う者がA以外に存在する可能性が著しく低いといえるほどのものか否かを評価していくことになります。

また，本件前科事実は，複数の特徴を有しています。このような場合，単に1つひとつの特徴ごとに「顕著」といえるかを検討するだけでなく，複数の特徴を総合して「顕著」と評価できるかまで検討したほうがよいでしょう。前掲最判平成24年の法理を踏襲した前掲最決平成25年は，「これらは，単独ではもちろん，総合しても顕著な特徴とはいえない」として総合考慮を認めています。

以上をふまえ，本問でも，本件前科事実の種々の特徴を総合評価し，同種の態様の行為をA以外の者が行う可能性が著しく低いか否かを検討することになります。答案例では「顕著な特徴」を否定しましたが，ベンジンの希少性等を強調し，総合評価の結果，A以外の者が本件前科事実同様の行為を行う可能性は著しく低いとして，「顕著な特徴」を肯定する筋もありうると思われます。結論がいずれであるにせよ，以上の観点から説得的なあてはめを展開できるか否かが重要です。

【参考文献】

試験対策講座10章2節1・2【1】。条文シリーズ2編3章4節4 1・2・3(1)(a)。

第27問 B　DNA型鑑定報告書

CHECK

殺人事件において，検察側から科学警察研究所（鑑定受託者）による鑑定結果報告書（以下「本件報告書」という）の証拠調べ請求がなされた。本件報告書には，殺人現場である被害者のアパートの部屋から採取された毛髪のDNA型と被告人の毛髪のDNA型を対照し，両毛髪のDNA型に類似性がある旨の鑑定結果が付されている。なお，行われたDNA型鑑定は，学会等でその理論的正確性が認められた方法によって行われた。

裁判所は，本件報告書を犯人と被告人との同一性を認定するための証拠として用いることができるか。

【解答へのヒント】

証拠能力の有無が問題となっているので，証拠能力が認められるための要件を前提として確認しておきましょう。

DNA型鑑定は，いわゆる科学的証拠の一種であり，信用性に疑問の余地があることから，無条件に関連性が認められるわけではありません。判例を参考に，いかなる場合に関連性を肯定してよいのか，その規範を定立しましょう。

鑑定書は伝聞法則の適用を受けるため，伝聞例外にあたるかを検討する必要があります。本件報告書は，鑑定受託者である科学警察研究所が作成したものですから，321条4項の準用が肯定されるか，考えてみましょう。

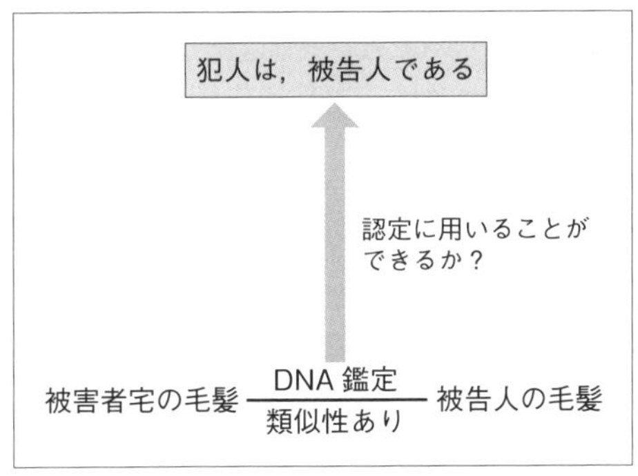

答案例

1　本問において，被告人と犯人の同一性は，厳格な証明の対象になる。よって，これを認定するため，裁判所が，本件報告書を証拠として用いるには，本件報告書に証拠能力が認められる必要がある（刑事訴訟法317条。以下法名省略）。

そして，証拠能力が認められるためには，①証明しようとする事実に対する必要最小限度の証明力があり（自然的関連性），②その証明力の評価を誤らせるおそれがないこと（法律的関連性）が必要である。

2　①自然的関連性について

論 科学的証拠の証拠能力

(1)　この点，科学的証拠については，科学の専門家ではない事実認定者が高度の科学技術分野に属する事項を正確に理解し，その証明力を適切に評価するのは難しく，また，科学の権威性からそれを過大評価してしまうおそれがある。

そこで，(a)科学的原理が理論的正確性を有し，(b)具体的な実施の方法が，技術を習得した者により，科学的に信用される方法で行われた場合にかぎり，自然的関連性が認められると解する。

➡規範

(2)　本問において実施されたDNA型鑑定は，学会等でその理論的正確性が認められた方法によるものであり，(a)科学的原理が理論的正確性を有しているといえる。

➡あてはめ

(3)　したがって，(b)の要件をみたせば，本件報告書に自然的関連性が認められる。

➡結論

3　②法律的関連性について

本件報告書は，公判廷外の原供述を内容とする証拠であって，被告人と犯人の同一性を証明しようとする場合，その内容の真実性が問題となるから，伝聞証拠である。そのため，被告人の同意（326条1項）のないかぎり法律的関連性が否定されるのが原則である（320条1項，伝聞法則）。

もっとも，鑑定受託者（223条1項）が作成した鑑定結果報告書について，鑑定人作成の鑑定書に関する321条4項を準用し，例外的に法律的関連性を肯定できないか。

論 鑑定受託者作成の鑑定書への321条4項準用の可否

(1)　この点，321条4項が比較的ゆるやかな要件のもとに伝聞例外を認めた趣旨は，鑑定人は特別の知識を有し高度の信用性があり，また，鑑定内容は複雑であるため書面によるほうが正確を期しやすい点にあるところ，鑑定受託者による鑑定書にもこの趣旨は妥当する。

そこで，鑑定受託者による鑑定結果報告書にも321条4項を準用しうると解する。

➡規範

(2)　したがって，本件報告書は，鑑定受託者が公判期日において「真正に作成されたものであることを供述」（321条4項，3項）すれば，法律的関連性が認められる。

➡結論

4　よって，上記の各要件をみたせば，本件報告書には証拠能力が認められ，裁判所はこれを犯人と被告人との同一性を認定する証拠として用いることができる。　以上

➡結論

出題趣旨

近時，刑事裁判において科学的証拠が多用されるようになり，学説上の関心も高い。特に，DNA型鑑定書については最高裁判決がでており（最決平成12年７月17日刑集54巻６号550頁〔判例シリーズ65事件〕），出題の可能性が高いといえる。そこで，DNA型鑑定に関する問題点を一通り整理してもらう趣旨で本問を出題した。

論点

1　科学的証拠の証拠能力
2　鑑定受託者作成の鑑定書への321条４項準用の可否

答案作成上の注意点

1　証拠能力の有無が問題となることについて

本問で，裁判所は，犯人と被告人との同一性を認定するための証拠として，本件報告書を用いようとしています。犯人と被告人との同一性は，刑罰権の存否を画する事実であり，その認定には証拠能力のある証拠による適式な証拠調べの手続を経た証明である厳格な証明（317条）が必要になります。自由な証明でよければ証拠能力の有無は問題となりませんから，証拠能力の検討に入る前に厳格な証明が必要である旨に触れるようにしましょう。

証拠能力が認められるためには，①証明しようとする事実に対する必要最小限度の証明力があること（自然的関連性），②証明力の評価を誤らせるような事情がないこと（法律的関連性），③違法収集証拠など証拠禁止にあたらないことが必要です。本問では③証拠禁止にあたるような事情はないため，①自然的関連性，②法律的関連性を順に検討していくことになります。

2　DNA型鑑定の自然的関連性について

1　問題の所在

DNA型鑑定は，DNAの配列が同一人の細胞内にあるものは同一で終正不変であるという特徴に着目し，DNAの塩基配列を読みとり，これを比較することにより，個人識別に利用されるものです。このようなDNA型鑑定は，いわゆる科学的証拠（特定の学問または知識の領域における原理・技術を応用することにより収集された証拠）の典型例に位置づけられます。

科学的証拠は，それが真に科学的なものであれば，真実発見に資する非常に有益なものです。しかしその一方で，ⓐ事実認定者は科学の専門家ではないため，高度の科学技術分野に属する事項を正確に理解し，その証明力を適切に評価するのは困難であり，また，ⓑ科学の権威性から無批判にその結果を受け入れて，証明力を過大評価してしまうおそれがあるという問題点があります。そのため，科学的証拠は，誤った事実認定を導く危険性をも有しているわけです。実際，有名な足利事件（宇都宮地判平成22年３月26日判時2084号157頁）において，不正確なDNA型鑑定により冤（えん）罪事件が引き起こされていることから，こうした危険性の大きさが実感できるでしょう。

そこで，このような科学的証拠の危険性にかんがみれば，科学的証拠の証拠能力に対しては，他の一般的な証拠よりも厳格な要件を課すべきではないかが問題となります。

2　判例の理解

この点について，DNA型鑑定の証拠能力が争われた前掲最決平成12年は，証拠のひとつとして採用されたMCT118DNA型鑑定につき，①「その科学的原理が理論的正確性を有し」ており，②「具体的な実施の方法も，その技術を習得した者により，科学的に信頼される方法で行われた」としています。そのうえで，そのDNA鑑定の証拠価値について，「その後の科学技術の発展により新たに解明された事項等も加味して慎重に検討されるべき」としつつ，証拠として用いることは許されると判示しました。この判旨からは，DNA型鑑定の証拠能力を認める要件として，①科学的原理の一般的正確性と，②当該鑑定の実施過程での具体的正確性が要求されていると考えることができます。

もっとも，これら２要件が証拠法上どのように位置づけられるかについては，争いがあります。この点，多数説は，これら２要件はいずれも，自然的関連性の問題に位置づけられるとします。なぜなら，①鑑定の基礎となる科学的原理が理論的正確性を欠く場合，そのような原理に基づく鑑定結果から正しい事実を推認することはできず，また，②具体的な鑑定の実施過程に欠陥がある場合，その鑑定結果自体不適当なものとなり，同様に鑑定結果から正しい事実を推認することができなくなるため，いずれの場合も自然的関連性を欠くことになるといえるからです。このような理解から，前掲最決平成12年は，①科学的原理が理論的正確性を有し，②具体的な実施の方法が，技術を習得した者により，科学的に信用される方法で行われた場合でなければ，DNA型鑑定の自然的関連性が認められないことを明らかにしたものと把握されるのです。以上のように解する多数説は，自然的関連性という概念を用いつつ，DNA型鑑定の証拠能力については，上記①②という一般的な証拠の場合よりも厳格な要件を要求する見解と理解できます。

3　その他の見解

なお，上記の２要件に加えて，将来の再鑑定が保証され，追試の可能性があること，という要件を要求する見解があります。この見解は，DNA型鑑定における追試を，いわば伝聞証拠における反対尋問のようなものと捉えて，それがない以上は，証拠能力を認めないと考えるものです。

また，DNA型鑑定の原理的な問題はすでに解決ずみとして，その自然的関連性が認められることを当然の前提に，具体的分析過程に関する問題を，自然的関連性を前提とした法律的関連性の問題として捉えるという見解もあります。

このように，DNA型鑑定の証拠能力については，どのレベルでどのような内容を問題にするかにつきさまざまな見解が存在しているところなので，自分なりの答案の書き方をあらかじめ決めておくべきでしょう。その際，科学的証拠に上記ⓐⓑのような危険性があるという問題の所在および前掲最決平成12年の判旨をふまえて論述することが望ましいでしょう。

3　DNA型鑑定の法律的関連性について

1　伝聞法則の適用

DNA型鑑定書は，公判廷外の原供述をその内容とするものであり，被告人と犯人の同一性を証明しようとする場合，その内容（両毛髪のDNA型に類似性があるという鑑定結果）の真実性が問題となることから，伝聞証拠であり，伝聞法則の適用を受けることになります。したがって，法律的関連性が認められるためには，被告人の同意（326条１項）のないかぎり，伝聞例外に該当することが必要となります。

2　鑑定受託者作成の鑑定書への321条４項準用の可否

そこで，本問における鑑定結果報告書は，捜査機関から鑑定の嘱託を受けた鑑定受託者（223条１項）の作成した鑑定書であるところ，これに321条４項を準用できるかが問題となります。

この点，321条４項が比較的ゆるやかな要件のもとに伝聞例外を認めた趣旨は，鑑定書は特別の知識を有する鑑定人が意識的に記述したもので高度の信用性があり，また，鑑定内容は複雑であるため口頭より書面による報告のほうが正確を期しやすいことにあります。そして，この趣旨は鑑定受託者作成の鑑定書にも妥当するため，321条４項を準用すべきです。判例（最判昭和28年10月15日刑集７巻10号1934頁〔判例シリーズ84事件〕）も，321条４項の準用を肯定しています。

したがって，鑑定受託者が証人として尋問を受け，その真正に作成されたものである旨を供述した場合には，伝聞例外としてDNA型鑑定書に法律的関連性が認められることとなります。

【参考文献】

試験対策講座10章２節3【5】，４節3【2】(6)。判例シリーズ65事件，84事件。条文シリーズ２編３章４節4 3(2)(e)，321条3 8。

第28問 A+ 自白法則

令和4年2月10日，A（男性・30歳）はV_1に対する強盗の被疑事実により逮捕され，以後起訴される3月6日に至るまでの約25日間おおむね連日にわたり，午後1時ころから午後11時ころまで，強盗事件についての取調べが続けられた。

3月7日，余罪捜査としてV_2に対する殺人の被疑事実についてAに対する取調べが開始された。この日は午後1時半から午後10時45分まで，警察官4名の立会いのもと，司法警察員による取調べがなされた。これに対してAは，V_2を知らないと答え，この日の取調べは平行線であった。

ところが，本当はAがV_2の知人であり，V_2に対し恨みを抱いていたことが判明した。3月8日午後1時ころから取調べを開始した司法警察員らはAがV_2との関係について嘘をついていたことを厳しい口調で責め，弁解を聞かない強い姿勢でAの言葉を封じた。そして，Aが犯人であることの証拠，資料は集積されているという虚偽の事実を告げながら，午後8時ころまで厳しい説得や追及を繰り返した。午後8時を過ぎると，V_2の遺体の写真を示しつつ，Aに対して強く謝罪を求めると同時に自白を迫った。しかし，Aは本件への関与を否定し続けたため，午後10時15分，この日の取調べは打ち切られた。

そして，同月9日から12日までも，警察官4名の立会いのもと，同月8日と同様の厳しい説得，追及によりAに対し自白を迫った。そして，同月13日，Aは司法警察員に対して，本件について自白するにいたり，Aの署名および押印のある自白調書（以下，「本件自白調書」という）が作成され，これに基づきAはV_2に対する殺人の被疑事実で起訴された。

Aへの取調べは，午後4時ころから30分の休憩が，また午後7時ころから30分ほどの夕食の時間がとられており，取調べ中も飲み物等の差入れがなされていた。もっとも，3月7日から12日までの間，Aと弁護人との接見は1度も行われなかった。

本件自白調書は「任意にされたものでない疑のある自白」（319条1項）にあたるか。

【解答へのヒント】

1　自白法則の趣旨・基準について

本問は自白法則について問う問題です。自白法則の問題では自白法則の趣旨・基準についてどの学説を採るかを述べておくことが重要です。受験生の多くが採る学説は任意性説または違法排除説だと思われますが，自説の根拠を丁寧に述べて検討をしてください。

2　あてはめについて

本問には，答案例で書くべき事情が多いです。できるだけ事実を拾って評価していきましょう。特に注目すべき点は，取調べが行われた期間や，1日あたりの時間でしょう。これらがどのようにAに影響を与え，それが自説の規範とどう結びつくのかを論述してください。

令和4年3月7日	殺人の被疑事実についてAの取調べ開始（13:30～22:45）
令和4年3月8日	○Aを厳しい口調で責め，弁解を聞かない強い姿勢でAの言葉を封じる。さらに，Aが犯人であることの証拠，資料が集積されていると虚偽の事実を告げて厳しい説得，追及を繰り返す（13:00～20:00） ○V_2の遺体の写真を示しつつ，強く謝罪を求めると同時に自白を迫る（20:00～22:15）
令和4年3月9日～ 令和4年3月12日	8日と同様の厳しい説得，追及により自白を迫る
令和4年3月13日	Aが自白したため，本件自白調書を作成

※16時ころから30分休憩，19時ころから30分夕食，飲み物等の差入れあり
1度もAの弁護人との接見はなし

答案例

1　Aに対し，警察官による厳しい取調べを行っているところ，本件自白調書は「任意にされたものでない疑のある自白」（刑事訴訟法319条1項。以下法名省略）にあたらないか。

論自白法則

(1)　この点，自白法則の趣旨は，不任意自白が類型的に虚偽の蓋然性が高いことから，誤判を生じやすく，また，不任意自白がなされる場合，捜査による人権侵害が生じる可能性が高いため，これを証拠から排除すべき点にある。

そこで，不任意自白か否かは，①黙秘権を中心とする人権を不当に圧迫する状況の有無および②虚偽自白を誘発するおそれがある状況の有無を基準として判断する。

➡規範

(2)　これを本問についてみると，たしかに，本件取調べでは，30分の休憩および夕食の時間がとられ，飲み物等の差入れもなされており，Aの人権への配慮がみられる。しかし，本問では，Aが本件犯人であることの確実な証拠，資料がないにもかかわらず，Aに対しこれらがあるかのように告げ，3月8日以降の5日間，AがV_2との関係について嘘をついていたことを厳しい口調で責め，弁解を聞かない強い姿勢でAの言葉を封じたり，現場写真を示したりしながら，連日長時間執拗（よう）に自白を迫っている。これらの事情は，その取調べが警察官4名の立会いのもとで行われたこととあいまって，本件の取調べがAを精神的に追い詰めて圧迫し，Aが自白をせざるをえない心理状態に追い込んでいたものと評価できる。すなわち，Aの黙秘権を中心とする人権が不当に圧迫されうる状況があったといえる（①）。

➡あてはめ

また，上記のような威圧的な取調べが，約25日間おおむね連日にわたり，1日10時間もなされたことは，Aが30歳の男性であり，体力があったことを考慮しても，本件被疑事実についての取調べを開始した3月7日時点ですでにAは精神的および肉体的に相当疲労しており，虚偽自白を誘発するおそれが高かったことを推認させる。このような状況のもとで，Aが犯人であることの確実な証拠，資料があると言われれば，Aが捜査官に言われるままに虚偽の供述をしてしまうことも十分にありうる。

さらに，3月7日から12日までの間，Aと弁護人との接見が1度も行われなかったことからも，Aが弁護人からの助言を得る機会がなく，厳しい取調べに対してどのような対応をとればよいのかわからないままに，虚偽の自白をなしてしまった可能性が否定できないといえる。したがって，本問では虚偽自白を誘発するおそれのある状況があったといえる（②）。

2　よって，本件自白調書は「任意にされたものでない疑のある自白」にあたる。

➡結論

以上

出題趣旨

本問は，自白法則の基本的事項を問うものである。自白法則については予備試験2014（平成26）年，司法試験2020（令和２）年において出題されており，今後も出題が予想される分野である。本問を機に答案の書き方をおさえてもらいたく，出題した。

論点

自白法則

答案作成上の注意点

1 はじめに

本問は，自白法則の問題です。自白法則とは「強制，拷問又は脅迫による自白，不当に長く抑留又は拘禁された後の自白その他任意にされたものでない疑のある自白」について証拠能力を否定するものです（319条１項）。自白法則の問題に対しては，基本的に，自白法則の根拠・基準についてどの学説を採るかを説明し，学説に応じて事実を評価するという流れで論述していきます。後述するように，自白法則について有力な学説が４つあります。特に初学者のうちは，あらかじめどの学説で書くのかを決めておくことが望ましいです。また，自白法則に関する論証部分ではあまり差がつかないので，事実の評価で手を抜かないように心掛けましょう。

2 自白法則の根拠

自白法則の根拠については多数の学説があり，①虚偽排除説，②人権擁護説，③任意性説，④違法排除説の４つが有力です。

①虚偽排除説は，自白法則について，自白法則で排除される自白は類型的に虚偽を含むおそれがあるから証拠能力が否定されると解します。①説に立てば，自白法則で排除される自白とは，虚偽自白を誘発するおそれがある状況でなされた自白ということになります。②人権擁護説は，自白法則で排除される自白は，供述の自由を侵害して得られたものであるから，黙秘権保障のために証拠能力が否定されると解します。②説に立てば，自白法則で排除される自白とは，黙秘権を中心とする人権を不当に圧迫する状況でなされた自白ということになります。③任意性説は，①説と②説をあわせたもので，自白法則の根拠を上記の２つに求めます。③説に立てば，自白法則で排除される自白とは，虚偽自白を誘発するおそれのある状況または黙秘権を中心とする人権を不当に圧迫する状況でなされた自白ということになります。

他方，④違法排除説は①説から③説までとは少しタイプが異なります。④違法排除説は，自白法則について，違法な手続により獲得された自白の証拠能力を排除しようとするものと解します。自白法則を，違法収集証拠排除法則の自白版と捉える見解といえるでしょう。④説に立てば，自白法則で排除される自白は，違法な手続により獲得された自白となります。

3 どの学説で書くべきか

以上，４つの有力な学説をあげましたが，特に有力なのは③任意性説と④違法排除説でしょう。受験生もこの２つのうちのいずれかを書く人が多いと思います。答案例では，③任意性説で書きました。これは，④違法排除説に対しては，条文の文言から離れすぎているという批判があるからです。319条１項の「任意にされたものでない疑のある自白」という文言と違法な手続により獲得された自白について証拠能力を排除するという見解とは，かなり離れています。

ただし，本問は4でも触れていますが，④違法排除説でも十分な説明が可能な事案ですので，自分が書きやすいと思う学説で書くことをお勧めします。

4 事実の評価について

答案例では③任意性説を採りましたから，あてはめでは㋐黙秘権を中心とする人権を不当に圧迫する状況，㋑虚偽自白を誘発するおそれがある状況について説明する必要があります。

㋐については，ⅰ警察官４名の立会いがあったこと，ⅱ連日長時間執拗に自白を迫ったこと，ⅲAが本件の犯人であることの確実な証拠，資料がないのに，あるように告げたことという事実をあげました。そして，ただ事実を述べるだけでなく，ⅰからⅲの事実から精神的圧迫があったゆえに，黙秘権の不当な圧迫があったと評価しています。このように，単に事実から黙秘権の圧迫とつなげるのではなく，これらの間に事実評価を加え，なぜ黙秘権の圧迫となるかを述べることが重要です。

また，㋑については，ⅰAが本件の犯人であることの確実な証拠，資料がないのに，あるように告げたこと，ⅱ約25日間，おおむね連日にわたり，１日10時間にも及ぶ取調べがなされたこと，ⅲ３月７日から12日までの間，Aと弁護人との接見が１度も行われなかったことという事実をあげました。これらについても，取調べによる精神的・肉体的疲労という評価や，被告人がどのように対応すればいいかわからないといった評価を加えることで，虚偽自白を誘発するおそれのある状況があったとしました。

このように，事実の抽出のみならず，評価を具体的に行うということが自白法則の問題におけるポイントとなります。

なお，前述の④違法排除説に立った場合には，連日長時間執拗に自白を迫ったという点，連日10時間にも及ぶ取調べがなされていたなどの事情から取調べが違法であり，それにより得られた本件自白調書は証拠能力が排除されるという流れになるでしょう。

5 類似の事案の判例について

本問に類似する事案として，東京高判平成３年４月23日判時1395号19頁があります。この裁判例は，被疑者が代用監獄（警察署の留置場）に長期間留置された事案において，「長期間にわたり，このような拘禁状態に置かれ」，「厳しい取調べを受けたもので，精神的にも肉体的にも厳しい状態に追い込まれていた」として自白の任意性を否定しており，本問と同様に被疑者が心理的強制を受けた結果，自白の任意性が否定された事案として，参考になると思います。

6 違法収集証拠排除法則との関係について

本問の事例では，取調べが長時間に及んでおり違法な取調べである可能性が高いです。そのため，本件自白調書には違法収集証拠排除法則が適用されて証拠能力が排除される可能性もあります。そこで，自白法則と違法収集証拠排除法則との関係が問題となります。この問題については，違法収集証拠排除法則が「一般的なルールであって，自白法則はその自白版すなわち特別規定だとする見解」（違法排除一元説），「自白に関して違法排除の観点を一切考慮しない見解」（任意性一元説），「自白法則による任意性の点とは別個に，排除法則の適用を自白についても肯定する見解」（二元説）があります（『リーガルクエスト刑事訴訟法』439頁〔宇藤〕）。違法排除一元説に立てば，自白法則が無意味になるおそれがありますし，任意性一元説に立てば，自白について取調べ等の違法を証拠能力の有無の判断のうえで考慮できなくなります。したがって，二元説に立つのが望ましいでしょう。本問では，不任意自白にあたるかという問われ方をしているので，この議論については答案例では触れませんでした。

【参考文献】

試験対策講座10章３節[2]。判例シリーズ66事件。条文シリーズ319条[3]２・３。

第29問 A　補強法則

> 被告人は強盗傷害事件で起訴され審理を受け，公判廷で自白している。被害者は行方不明であるものの，傷害の部分についてだけ目撃者がおり，その者の公判廷の証言があった場合，裁判所は被告人を強盗傷人罪で有罪とすることができるか。

【解答へのヒント】

本問は，補強法則に関連する問題です。補強法則とは，被告人を自白だけで有罪とすることはできず，自白には，それを補強する証拠がなければならないという法則をいいます。

本問では，（被害者が行方不明であるにもかかわらず）被告人の自白と傷害の部分についての目撃者の証言のみを証拠として，被告人を強盗傷人罪で有罪とすることができるか，すなわち，被告人の自白を補強する証拠としては，傷害の部分についての目撃者の証言しかないが，これをもって被告人を強盗傷人罪で有罪とできるかが，問題となっているのです。

補強証拠が必要な犯罪事実の範囲については，判例と通説が対立しています。自分の採用する立場がどのような理由によりどのような結論を導くのか，今一度確認してみてください。

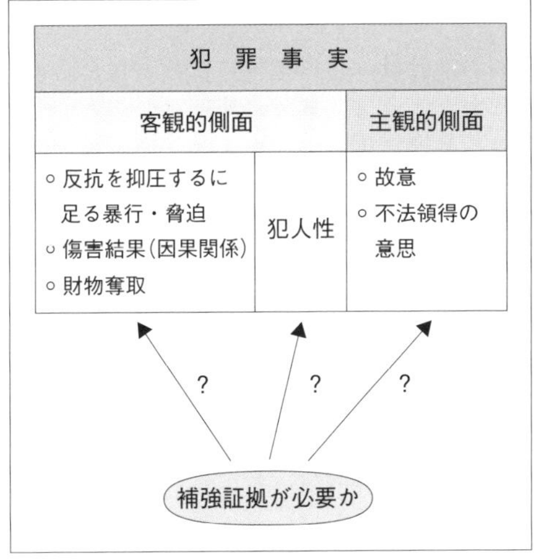

答案例

1　裁判所が被告人を強盗傷人罪（刑法240条前段）で有罪とするためには，被告人の強盗傷人の自白のみでは足りず，補強証拠が必要である（憲法38条３項，刑事訴訟法319条２項。以下「刑事訴訟法」法名省略。補強法則）。

そして，本問においては，被告人の強盗傷人の自白に対し，傷害の部分についてだけ目撃者の公判廷の証言がある。

そこで，この証言のみで被告人の自白の補強証拠として十分といえるか。いかなる範囲の事実につき補強証拠が必要か，問題となる。

論 補強証拠が必要な範囲

(1)　この点，判例は，自白にかかる事実の真実性を担保するに足りる程度の範囲の事実について，補強証拠を要するとしている（実質説）。

しかし，補強証拠は自白に先立ち独立して調べられるべきであるところ，実質説は，自白内容を前提として他の証拠による補強具合を判断する点で，301条の建前に反するため，妥当でない。

そもそも，補強法則の趣旨は，自白偏重による誤判を防止する点にある。そうだとすれば，補強の範囲はできるかぎり客観化された明確な基準によって処理すべきである。

→規範

そこで，犯罪事実の客観的側面の主要部分（罪体）につき，補強証拠が必要と解する（罪体説）。

そして，犯罪事実の主要部分とは，客観的な法益侵害があったという事実および法益侵害が犯罪行為に起因するという事実をいうと解する。

→あてはめ

(2)ア　これを強盗傷人罪についてみると，強盗傷人罪は財物奪取の目的で暴行・脅迫をなし，傷害を発生させる犯罪であるから，その罪体は，客観的な法益侵害があったという事実としての①傷害の事実と，法益侵害が犯罪行為に起因するという事実としての②反抗を抑圧するに足りる暴行・脅迫の事実のみとも解される。

しかし，これのみで補強証拠たりうるとすると，単なる傷害罪と変わらない。強盗傷人罪は財産をも保護法益とするので，客観的な法益侵害があったという事実として，③財物奪取の事実も，罪体に含まれると解する。

イ　ここで，本問の証言は，①②に関する証拠とはなるが，③に関する証拠とはならないから，本問証言のみでは強盗傷人の補強証拠とするには不十分である。

→結論

2　よって，本問証言があった場合でも，裁判所は被告人を強盗傷人罪で有罪とすることはできない。

以上

出題趣旨

補強法則は，重要論点であるにもかかわらず，旧司法試験1983（昭和58）年以降出題されていない。今後出題が予想される補強法則の諸論点をこの機会に確認しておいてもらうため，出題した。

論点

補強証拠が必要な範囲

答案作成上の注意点

1 はじめに

被告人を自白だけで有罪とすることはできず，自白には，それを補強する証拠（補強証拠）がなければならない（憲法38条３項，刑事訴訟法319条２項）という法則を，補強法則といいます。これは，自白の証明力の制限の問題であり，自由心証主義の例外となります。

自白には，それが虚偽であることもあるのに，過度に信用される結果，それだけで有罪としてよいとすると誤判が生じるおそれがあり，また，それのみで有罪となしうるとすれば，自白が偏重され，その獲得のために自白が強要されやすくなるという特徴があります。したがって，これらの自白のもつ特質にかんがみて，補強法則の趣旨を，自白の偏重を避けることによって誤判を防止する（虚偽排除的側面）ところにあると解するのが通説です。なお，この点について，自白偏重による誤判防止のみならず，自白の強要の防止という点〔人権擁護的側面〕も趣旨に含まれると解する説もあります。もっとも，自白の強要については自白法則により防止されうるため，自白強要の防止という側面は，補強法則の主たる趣旨にはならないと解されます。

また，自白は他の証拠が取り調べられた後でないと取り調べてはならないとされ（301条），自白偏重の防止は手続的にも保障されています。

2 補強証拠が必要な範囲について

本問では，補強証拠を必要とする犯罪事実の範囲が問題となります。

1　補強証拠を要する事実

自白とは，自己の犯罪事実の全部またはその主要部分を肯定する供述をいいます。したがって，補強証拠は犯罪事実について必要です。

犯罪事実以外の事実については，補強証拠を必要としないことに異論はありません。たとえば，累犯となる前科は，被告人の供述だけで認定することができます。

それでは，犯罪事実のいかなる範囲について，補強証拠が必要となるのでしょうか。明文がないため，問題となります。

2　実質説（判例）

この点判例は，自白の真実性が担保できる範囲の事実についてあれば足りるという見解（実質説）を採っています。実質説については，以下のように説明されます。

(1)　そもそも，補強法則は，自白偏重による誤判防止のために自由心証主義の例外を定めたものです。そして，自白に関係する事実の真実性を担保するに足る証拠があれば，自白偏重による誤判は防止できるといえます。そこで，実質説は，自白に関係する事実の真実性を担保するに足りる範囲で，補強証拠を要すると考えます。

(2)　判例は，実質説に立つ現れとして，本問のような強盗致傷の自白に対しては，強盗の点に補強がなくても，暴行・傷害の点についての補強証拠，たとえば被害者の供述があればよい（最判昭和24年４月30日刑集３巻５号691頁）としています。ほかにも，窃盗の自白の補強証拠としては，被害の日時・場所・被害物件などについて自白を裏づける記載のある被害者の盗難始末書でよく（最判昭和26年3月9日刑集5巻4号509頁），また，業務上過失致死傷事件における業務性は，補強証拠がなくても認定できる（最判昭和38年9月27日判時356号49頁）としています。

(3) もっとも，実質説に対しては，補強証拠は自白に先立ち独立して調べられるべきであるところ，実質説は，自白内容を前提として他の証拠による補強具合を判断する点で，301条（の建前）に反するという批判があります。

3 罪体説（通説）

実質説はなんらかの証拠によって自白の真実性が担保されればよいとするのに対し，罪体説は補強すべき事実の範囲に着目します。罪体説については，以下のように説明されます。

(1) 自白偏重による誤判防止という補強法則の趣旨からすれば，客観化された明確な基準を用いるべきといえます。そこで，罪体説は，罪体，すなわち犯罪事実の客観的側面の主要部分について，補強証拠を要すると考えます。

(2) もっとも，被告人の犯罪事実を認定するには，一般的に，①構成要件に該当する犯罪事実が存在すること（＝ⅰ行為あるいは結果という客観的な要件事実＋ⅱ主観的要件事実），および，②被告人が犯人であること（犯人と被告人の同一性），の2点の証明が必要です。そこで，これらの事実のうち，罪体として補強が必要となる犯罪事実の客観的側面の主要部分とはどのような事実なのかが，問題となります。

この点について，まず，ⅰ行為あるいは結果という客観的な要件事実が罪体に含まれることについては争いがありません。次に，被告人の内心の一定の状態は自白のほかに補強証拠がないのが普通であるため，ⅱ主観的要件事実は罪体に含まれないとされています。また，②被告人が犯人であることについて補強証拠を要求すると，証拠収集ひいては有罪の認定がきわめて困難となるため，被告人が犯人であることについても，罪体に含まれないとされています（最判昭和24年7月19日刑集3巻8号1348頁参照）。

4 答案でも補強証拠の条文を適示し，その趣旨を簡単に確認し，補強証拠を要求する範囲について採用する立場を明確にしたうえで具体的な検討を行いましょう。答案例では罪体説を採りましたが，実質説を採る場合には前掲最判昭和24年7月19日があてはめの参考となるでしょう。

3 補強証拠適格（補強証拠能力）について

本問で実質説を採るのであれば，傷害の部分についての目撃証言のみでも補強証拠として十分といえる結果，本件目撃証言の補強証拠適格および証明力についても論じる必要があります。その場合でも，本問ではあまり問題となりませんから，軽く触れる程度でよいでしょう。

補強証拠も犯罪事実を認定するための実質証拠ですから，証拠能力がなければなりません。そして，自白偏重による誤判防止の趣旨からは，補強証拠能力が認められるためには，被告人の自白から実質的に独立した証拠であることが必要となります。

したがって，被告人自身の供述は，原則として補強証拠となりません。また，第三者の供述であっても，被告人の自白の繰り返しにすぎない場合には，補強証拠となりえません。

4 補強証拠の証明力（補強の程度）について

補強証拠能力が認められるとして，その補強証拠によってどの程度証明できればよいのでしょうか。この点判例は，補強法則は自由心証主義の例外である以上，自白とあいまって，全体として合理的な疑いを超える程度の証明力があれば足りるとします（相対説，最判昭和24年4月7日刑集3巻4号489頁）。しかし，自白偏重による誤判防止という補強法則の趣旨，また，公判廷外の自白については301条により補強証拠を事前に取り調べるものとされていることにかんがみれば，原則として，自白から独立して，補強証拠自体でいちおうの心証を抱かせる程度の証明力を必要とすると考えるべきでしょう（絶対説）。

【参考文献】

試験対策講座10章3節3。条文シリーズ319条3 4(2)。

第30問 B　共犯者の自白

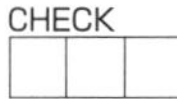

殺人被告事件において，被告人A・B両名が共同被告人として共同審理を受けている。Bが被告人として検察官の質問に対し，「Aとともに被害者を殺害した。」と供述した場合，このBの供述のみを用いてAの有罪を認定することができるか。

【解答へのヒント】

1　共同被告人の公判廷の供述の証拠能力について

共同被告人Bの供述を，被告人Aについて用いようとする場合，Bの供述は，被告人の供述であると同時に，Aとの関係では第三者の供述でもあります。本問の場合，Bは被告人の立場で供述することとなりますが，被告人には黙秘権が保障される以上，これに対する反対尋問が困難となる可能性もありますから，このような供述に証拠能力が認められるか否かについて，検討する必要があるでしょう。

2　共犯者の自白と補強証拠の要否について

Bの供述に証拠能力が認められるとしても，その証明力が制限されないかが，問題となります。Bの自白だけでAを有罪にすることができるか，すなわちBの供述（自白）に補強証拠が必要か，という問題です。Bが自己の刑事責任を逃れるために，実際は事件とまったく関係のないAを自己の事件に引っ張り込もうとしたような場合，自白したBが無罪となる一方，否認したAが有罪となることがあってもよいのか，考えてみてください。

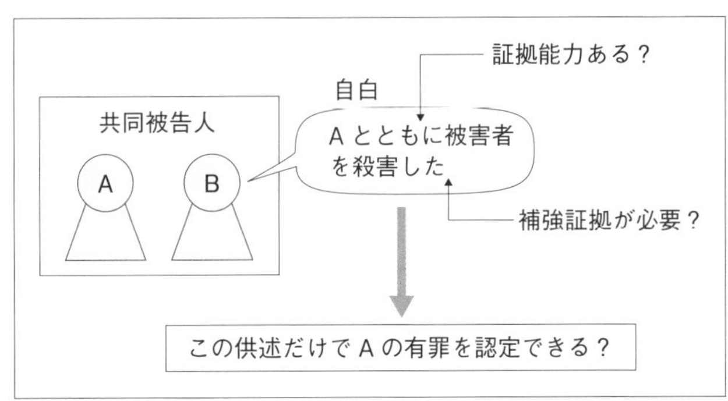

答案例

1　被告人Aの有罪認定に供せられるべき証拠は，適式な証拠調べ手続を経た証拠能力ある証拠でなければならない（刑事訴訟法317条。以下「刑事訴訟法」法名省略。厳格な証明）。それでは，共同被告人Bの本件供述に証拠能力を認めることはできるか。共同被告人の公判廷における供述は相被告人に対する証拠となりうるか，問題となる。

論 共同被告人の公判廷の供述の証拠能力

(1)　判例は，相被告人には311条3項により反対質問（被告人質問）の機会が与えられているので，共同被告人の供述に証拠能力を認めてよいとする。しかし，共同被告人は被告人たる地位にある以上，黙秘権（憲法38条1項，311条1項）を有するから，反対質問をなしうることのみで証拠能力を認めるのは，相被告人の反対尋問権（憲法37条2項参照）を十分に保障することにならない。

そもそも，知覚・記憶・叙述の過程に虚偽の介在する危険のある供述証拠を証拠として採用するためには反対尋問による吟味が不可欠であるところ，質問の機会が形式的に付与されていても，包括的黙秘権を有する被告人は反対質問に応答しないことがありうる。

そこで，共同被告人が黙秘権を行使せず，反対質問に十分答え，事実上反対尋問が行われたといえる場合など，質問が現実に効果を収めた場合にかぎり，共同被告人の公判廷供述は相被告人に対する関係で証拠能力が認められると解する。

➡規範

(2)　本問において，Aの反対質問が現実に効果を収めた場合には，Bの供述はAに対して証拠となりうる。

➡結論

2　もっとも，Bの供述は自己の犯罪事実を認める供述なので「自白」にあたり，Bに対する証拠として用いる場合は，補強法則（憲法38条3項，319条2項）により，Bの供述のみを用いてBの有罪を認定することはできない。それでは，Aに対する証拠として用いる場合も，補強法則により，Bの供述のみを用いて，Aの有罪を認定することができないのか。共犯者の自白に補強証拠が必要か，問題となる。

論 共犯者の自白と補強証拠の要否

(1)　この点，補強証拠は自由心証主義の例外である以上，このような例外規定は厳格に解釈すべきである。

そして，合一確定は明文上必要とされていないし，共犯者の自白は被告人との関係では事実上の反対尋問にさらされて証明力が高まるので，自白したほうが無罪，否認したほうが有罪となることも不合理ではない。

また，共犯者による引っ張り込みの危険についても，信用性判断を慎重になすことで十分に防止できる。

そこで，共犯者の自白に補強証拠は不要と考える。

(2)　よって，Bの自白に補強証拠は不要である。

➡結論

3　したがって，Bの供述のみを用いて，Aの有罪を認定することができる。

➡結論

以上

出題趣旨

共同被告人の供述については，旧司法試験2003（平成15）年第２問以降出題されておらず，出題可能性は非常に高い。どのような聞き方をされても対応できるように，あえて典型的なかたちで出題した。十分な準備ができていなかった場合は，この問題を機に理解してもらいたい。

論点

1　共同被告人の公判廷の供述の証拠能力
2　共犯者の自白と補強証拠の要否

答案作成上の注意点

1　共同被告人の公判廷の供述の証拠能力

本問では，共同被告人Bの被告人主質問における供述を，相被告人Aのための証拠として利用しようとしています。この場合には，被告人は当然に黙秘権がありますから（311条１項），共同被告人Bの供述に対して，相被告人Aは，十分に反対質問を行えるとはかぎりません。このような公判廷での供述は，はたして証拠能力をもつのでしょうか。

知覚・記憶・叙述の過程に虚偽の介在する危険のある供述証拠を証拠として採用するためには，反対尋問による吟味が不可欠です。もっとも，質問の機会が形式的に付与されていても，包括的黙秘権を有する被告人は反対質問に応答しないことがありえます。そこで，共同被告人が黙秘権を行使せず，反対質問（311条３項）に十分答え，事実上反対尋問が行われたといえる場合など，質問が現実に効果を収めた場合にかぎり，共同被告人の公判廷供述は相被告人に対する関係で証拠能力が認められると考えるべきでしょう。この点について，判例は，共同被告人の供述に対し，相被告人は反対質問の機会が与えられていることから，弁論を分離して証人として尋問しないでも，相被告人に対する関係で証拠能力を認めてよいとしています（最判昭和28年10月27日刑集７巻10号1971頁）。

2　共犯者の自白と補強証拠の要否

共犯者の自白に証拠能力が認められるとしても，その証明力は制限を受けないかが問題となります。

共犯者の自白だけで共犯者本人を有罪にすることはできません（補強法則）。それでは，共犯者の自白だけで他の被告人を有罪にすることはできるでしょうか。ここでは，共犯者の供述（自白）に補強証拠は必要かが問題となります。

1　この点，補強証拠は自由心証主義の例外である以上，このような例外規定は厳格に解釈すべきです。そして，合一確定は明文上必要とされていませんし，共犯者の自白は被告人との関係では<u>証人として反対尋問にさらされて証明力が高まります</u>ので，自白したほうが無罪，否認したほうが有罪となることも不合理ではないといえます。また，共犯者による引っ張り込みの危険についても，信用性判断を慎重になすことで十分に防止できます。

そこで，共犯者の自白に補強証拠は不要と考えてよいでしょう（不要説）。判例も，不要説を採用しています（最判昭和51年10月28日刑集30巻９号1859頁〔判例シリーズ76事件〕）。

2　なお，前項の下線部分は，ⓘ自白した共犯者が（共同被告人でなく）証人であり，自白が公判廷で証人尋問のなかでなされた場合についての記載ですから，注意してください。ほかに，ⓘⓘ（本問と同様）自白した共犯者が共同被告人で，自白が公判廷で被告人質問のなかでなされた場合，ⓘⓘⓘ自白が公判廷外でなされた場合も考えられるため，以下に対応する記載をあげておきますから，確認してください。

ⅰ自白した共犯者が（共同被告人でなく）証人で，自白が公判廷で証人尋問のなかでなされた場合	（共犯者の自白は）証人として反対尋問にさらされて証明力が高まる
ⅱ自白した共犯者が共同被告人で，自白が公判廷で被告人質問でなされた場合	（共犯者の自白は）事実上の反対尋問にさらされて証明力が高まる
ⅲ自白が公判廷外でなされた場合	（共犯者の自白は）反対尋問に代わる信用性の情況的保障がある

3　共犯者たる共同被告人の証人適格

本問では問題となっていませんが，共同被告人の供述を相被告人について用いる方法として，共同被告人に証人として供述させることができるのか，すなわち共同被告人の証人適格について，少し検討してみましょう。

法は，被告人からの供述採取について被告人質問（311条２項，３項）の制度を採用しており，証人尋問は予定していません。また，被告人には被告人質問をすればよく，証人として尋問する必要はないこと，証人には供述義務がある（160条１項）のに対し，被告人には黙秘権（憲法38条１項）が保障されており，供述義務がないから（刑事訴訟法311条１項），証人たる地位と被告人たる地位は矛盾する関係にあることから，被告人には証人適格がないと解するのが通説です。したがって，共同被告人には証人適格は認められず，そのままでは証人として供述を求めることはできません。それでは，手続を分離（313条，刑事訴訟規則210条）して（強制的に）証人尋問することができるでしょうか。

判例は，手続を分離すれば共同被告人でなくなるので，証人適格を肯定できるとします（最判昭和35年９月９日刑集14巻11号1477頁）。しかし，証人として喚問されたとき，証言拒絶権（刑事訴訟法146条参照）に基づいて証言を拒否すれば，自分が有罪であることを暗示させるし，一方，拒否しないで証言すれば，偽証罪（刑法169条）の制裁のもとに反対尋問により供述を強要されることになります。そのため，手続を分離した場合でも，被告人に証人適格が無制限に認められると，包括的黙秘権（憲法38条１項）を有する被告人の地位と矛盾することになります。そこで，手続を分離しても，被告人の意思に反する場合や供述者自身の犯罪事実に対する関係では，証人適格が認められず，証人尋問をすることはできないと考えるべきでしょう（消極説）。

4　共同被告人の公判廷外での供述の証拠能力

たとえば，共犯者たる共同被告人が検察官の取調べにおいて供述していた場合，その検面調書を証拠とすることができるでしょうか。これも本問では直接問題とならない論点ですが，考えてみましょう。この場合，相被告人の供述調書は伝聞証拠にあたりますから，どの伝聞例外を定める条文によって証拠能力が付与されるかが問題となります。すなわち，共同被告人も被告人である以上被告人の供述として刑事訴訟法322条を適用するのか，第三者として321条１項２号を適用すべきか，という問題です。この点，共同被告人間では相互に利益相反する場合があるため，被告人の反対質問の機会を確保すべきです。そして，共同被告人も，当該伝聞証拠の証拠調べ請求を受けた被告人との関係では，あくまで第三者ですから，「被告人以外の者」（321条１項柱書）といえます。そこで，321条１項２号の要件をみたした場合には，伝聞例外として証拠能力が認められると考えるべきでしょう。判例（最決昭和27年12月11日刑集６巻11号1297頁）・通説もこの立場をとっています。

【参考文献】

試験対策講座10章３節4。判例シリーズ76事件。条文シリーズ319条3５。

第31問 A　伝聞・非伝聞の区別

1　被告人Aは，V_1に対する強制性交等致死の容疑で起訴された。公判廷において証人Bは，「V_1が生前，『Aはすかんわ，いやらしいことばかりする』と言っていた」と証言した。Bの証言を，Aがかねてから情を通じたいとの野心をもっていたという犯行動機を立証するために用いる場合，この証言に証拠能力が認められるか。

2　被告人Cは，Dと共謀のうえ，DがV_2を拳銃で射殺したというV_2殺害の共謀共同正犯の被疑事実で起訴されたが，Cは犯行への関与を否定した。公判廷において証人Eは，「Cは以前，Dに対し『V_2はもう殺してもいいやつだな』と言っていた」と証言した。Eの証言を謀議行為の一部を立証するために用いる場合，この証言に証拠能力が認められるか。

【解答へのヒント】

1　小問1について

Bの供述には，V_1の供述が内容として含まれているため，伝聞証拠該当性について検討しましょう。「Aは……いやらしいことばかりする」というV_1の供述から“Aがかねてから情を通じたいとの野心をもっていた”という犯行動機を推認するためには，どのような推認過程を経ればよいでしょうか。この推認過程を意識しながら伝聞証拠にあたるかどうかを検討してください。

2　小問2について

Eの供述にはCの供述が内容として含まれているため，小問1と同様に伝聞証拠該当性について検討しましょう。注目すべきは，Eの供述が謀議行為の一部を立証するために用いられている点です。「V_2はもう殺してもいいやつだな」というCの供述から謀議行為の一部を立証する場合，その供述の内容の真実性は問題となるでしょうか。

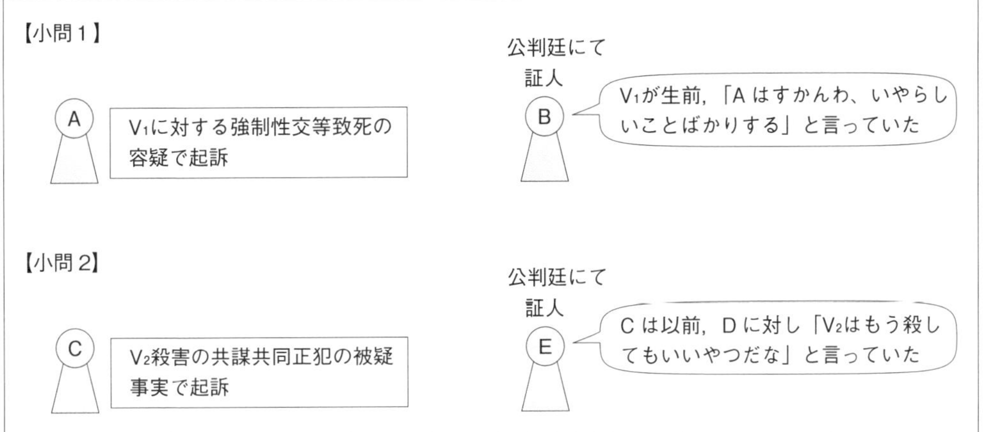

答案例

第1　小問1について

論 伝聞証拠の意義／伝聞・非伝聞の区別

1　Bの供述にはV_1の「Aはすかんわ，いやらしいことばかりする」という供述が含まれているところ，Bの供述は伝聞証拠（刑事訴訟法320条1項。以下「刑事訴訟法」法名省略）にあたり，原則として，証拠能力が否定されないか。

(1)　この点，伝聞証拠の証拠能力が排除される趣旨は，供述証拠は，知覚，記憶，叙述の各過程を経て生みだされるところ，その各過程に誤りが入るおそれがあるので，反対尋問（憲法37条2項前段参照）等で供述の内容の真実性を担保する必要がある点にある。

規範

そこで，伝聞証拠とは，①公判廷外の原供述を内容とするものであって，②原供述の内容の真実性が問題となるものをいうと解する。そして，内容の真実性が問題となるか否かは，要証事実との関係で相対的に決せられると解する。

あてはめ

(2)　これを本問についてみると，Bの供述は，①V_1の公判廷外の原供述を内容とするものである。

次に，Aの犯行動機を立証するためには，V_1の原供述からAがV_1に対していやらしいことをしていた事実を立証したうえで，この事実から犯行動機を推認する必要がある。したがって，要証事実はAがV_1に対していやらしいことをしていたという事実となるから，②V_1の原供述の内容の真実性が問題となる。

結論

(3)　したがって，Bの供述は伝聞証拠にあたり，原則として証拠能力が否定される。

2　もっとも，324条2項により準用される321条1項3号の要件をみたす場合には，例外的に証拠能力が認められる。そして，V_1は「死亡」しているから，供述の不可欠性および絶対的特信状況があれば，例外的に証拠能力が認められる。

第2　小問2について

論 伝聞・非伝聞の区別

Eの供述は，Cの「V_2はもう殺してもいいやつだな」という供述を含んでいるところ，伝聞証拠にあたらないか。

あてはめ

1　まず，Eの供述は，①Cの公判廷外の原供述を内容とするものである。

次に，CD間の謀議行為の一部の存在を立証する場合，Dに対してCが「V_2はもう殺してもいいやつだな」と発言した事実が存在すれば，この事実から謀議行為の一部の存在を推認することができる。したがって，要証事実はCの上記発言の存在自体であり，②その供述の内容の真実性は問題とならない。

結論

2　したがって，Eの供述は伝聞証拠にあたらず，証拠能力が認められる。

以上

出題趣旨

伝聞と非伝聞の区別については，重要論点であるが，苦手な受験生が多い。司法試験では，2016（平成28）年，2018（平成30）年，2021（令和３）年に出題されているなど，頻出の分野でもある。そこで，本問で伝聞法則について理解を深めてもらいたく，小問１では最判昭和30年12月９日刑集９巻13号2699頁をモデルとした事例を，小問２では白鳥事件（最判昭和38年10月17日刑集17巻10号1795頁）をモデルとした事例を出題した。

論点

1　伝聞証拠の意義／伝聞・非伝聞の区別
2　伝聞・非伝聞の区別

答案作成上の注意点

1　はじめに

小問１，２で問題となっている供述は，公判廷外の供述をその内容とするものです。このような場合，伝聞証拠にあたらないかについて検討をする必要があります。伝聞証拠にあたれば，原則として証拠能力は否定されることになります（320条１項）。

伝聞証拠の問題については，基本的に，“伝聞証拠該当性を検討→同意の有無・伝聞例外規定の適用の有無”という流れで書きます。本問のメインテーマは伝聞証拠該当性です。伝聞証拠とは，一般的に，公判廷外の原供述を内容とするもので（要件①），原供述の内容の真実性が問題となるもの（要件②）をいいます。伝聞証拠該当性の検討では，この定義を示し，要件①，②にあてはめるというのが基本的な流れです。小問１，２ではともに要件②が問題となっています。解答にあたっては要件①が認められることは問題となりませんが，忘れずにあてはめを行いましょう。

2　形式説と実質説

本問ではあまり問題となりませんが，伝聞証拠をどのように解するかについては，形式説と実質説という２つの学説があります。形式説とは，伝聞証拠を，公判廷外における供述を内容とするもので，その内容の真実性が問題となるものと解する説です。また，実質説とは，伝聞証拠を，裁判所の面前で反対尋問を経ない供述証拠で，その内容の真実性が問題となるものと解する説です。かつては実質説が通説でしたが，現在では形式説が通説となっています。そのため，前述の伝聞証拠の定義については形式説からのものを載せました。また，答案例もこの立場から論述しています。

この２つの説で差異が現れるのは，主尋問を行った後，証人の死亡等により反対尋問を行いえなかったような場合です。この場合，形式説からは伝聞証拠にあたらず，実質説からは伝聞証拠にあたるという帰結になるでしょう。

なお，形式説の立場に立ったとしても，主尋問の後に反対尋問を行いえなかったような場合について，証人尋問権（憲法37条２項前段）との関係で主尋問における証言の証拠能力を否定する見解もあります。また，この見解のなかには，伝聞例外要件に準じる要件のもとで証拠能力を認めるものがあります。

3　伝聞法則の趣旨

前述のように，伝聞証拠については，原則として証拠能力が否定されることになりますが，この伝聞法則の趣旨は何なのでしょうか。この点，伝聞法則の趣旨は，供述証拠は知覚，記憶，叙述の過程を経て生みだされるところ，各過程に誤りが入るおそれがあり，反対尋問等により原供述の内容の真実性が担保されなければならず，そのような証拠について反対尋問等を経ていない場合，証拠として採用することはできないという点にあります。

すなわち，たとえば，犯行を目撃した者が証人として証言する場合，証人が犯行状況を目撃（知覚）し，記憶したうえで，証言（叙述）した過程について，反対尋問等により真実性を担保することができます。他方，犯行を目撃した者から犯行状況を伝えられた者が証人として証言する場合，犯行を目撃した者が犯行状況を述べていた状況を証人が知覚，記憶，叙述した過程については，反対尋問等により真実性を担保することはできますが，実際に目撃者が犯行状況を知覚，記憶，叙述した過程自体については，目撃者に対して反対尋問ができない以上，真実性を担保することができません。そのため，そのような証拠については，真実性が担保されておらず，事実評価を誤らせる可能性が高い以上，原則として証拠能力を排除するべきということになるのです。以上の説明については，図1も参考にしてください。

なお，人の供述過程は，知覚，記憶，叙述の３段階ではなく，知覚，記憶，表現，叙述の４段階のプロセスを経るという説もありますが，答案例では，表現と叙述はそこまで明確に区別できるものではないと考え，３段階のプロセスを経ると考える立場に立っています。

【図１】

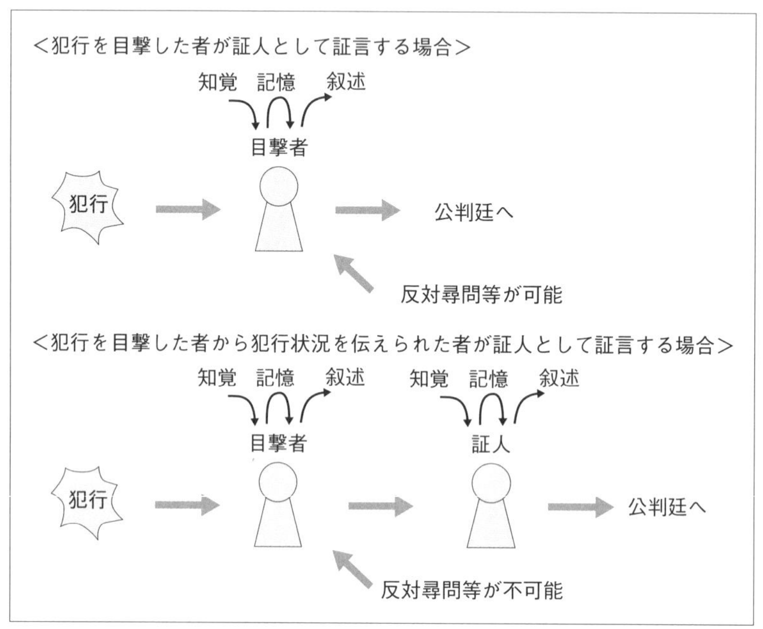

4　伝聞・非伝聞の区別

前述の伝聞法則の趣旨からすれば，原供述の内容の真実性が問題とならない場合には，伝聞証拠にはあたりません。そして，原供述の内容の真実性が問題とならないか否かは，要証事実との関係で相対的に決せられます。ここでいう要証事実とは，証拠から“直接”認定される事実をいい，訴訟において証明されるべき究極の事実である主要事実にかぎらず，間接事実・補助事実を含みます。要証事実は多義的で，主要事実のことをさす場合もあるので，学習の際には注意してください。

伝聞・非伝聞の判断にあたっては，何が要証事実となるのかを注意深く検討することがきわめて重要です。要証事実が原供述の内容である事実であれば，原供述の内容の真実性が問題となるため，伝聞証拠となる一方，要証事実が原供述の存在自体であれば，原供述の内容の真実性は問題とならないため，非伝聞となります。そのため，要証事実をどのように設定できるかが，伝聞証拠にあたるか否かの判断の決め手になるのです。たとえば，「『犯人はAだ』とBが言っていた」というEの供述について，Aを被告人とする被告事件においてAの犯人性を立証するために用いる場合，Bの原供述の内容である事実（犯人がAである事実）が要証事実となるため，伝聞証拠となります。他方，Bを被告人とするBのAに対する名誉毀損被告事件においてBの名誉毀損行為を立証するために上記供述を用いる場合，Bの供述の存在自体が要証事実となるため，非伝聞となります。このように，当該供述から最終的に立証したい事実にいたるまでの推認過程を意識して，当該供述が最終的に立証したい事実を合理的に推認できるような要証事実を正確に設定することができるか否かが，伝聞・非伝聞の問題を解決するうえでの最大のポイントとなります。なお，要証事実とは，あくまで証拠である供述から直接認定される事実であって，最終的に立証したい事実そのものではないことにも注意してください。

5 小問1について

小問1のBの供述には，「Aは……いやらしいことばかりする」というV_1の供述が含まれています。そのため，伝聞証拠にあたるか否かについて検討する必要があります。V_1の供述が公判廷外の供述であることは明らかですから，要件①については問題となりません。問題となるのは要件②です。

Bの供述からAがかねてから情を通じたいとの野心をもっていたという犯行動機を立証する場合，要証事実は何になるでしょうか。同様の事案において判例は，このような証言について「右要証事実（犯行自体の間接事実たる動機の認定）との関係において伝聞証拠であることは明らかである」と判示しています（前掲最判昭和30年）。この判例の解釈としては，被害者の供述から犯人がいやらしいことを被害者に対してしていたという事実が認定され，その事実から犯人がかねてから被害者と情を通じたいという野心をもっていたという事実が（だれかにいやらしいことをしていた場合，通常その相手と情を通じたいという野心を抱いているという経験則を介して）推認されるから，要証事実は犯人がいやらしいことを被害者にしていたという事実になり，内容の真実性が問題となるため，伝聞証拠となるとする見解が有力です。答案例もこの見解に従い，論述しました。

6 小問2について

小問2のEの供述にはCの「V_2はもう殺してもいいやつだな」という供述が含まれていますから，伝聞証拠にあたるか検討する必要があります。本問でも要件②が問題となります。

CD間の謀議行為の一部を立証する場合，要証事実は何になるでしょうか。同様の事案において判例は，「被告人甲が右のような内容の発言をしたこと自体を要証事実としているものと解せられる」として，伝聞証拠にあたらないとしています（前掲最判昭和38年）。この判例の理解としては，共犯者に対してそのような発言をしたという事実から，謀議行為の一部の存在が推認されるため，要証事実は発言の存在そのものであり，内容の真実性が問題とならず，伝聞証拠にあたらないとしたとするものが有力です。答案例も同様の流れで論述しました。なお，この判例については第32問

【図2】

【小問1】	【小問2】
Aがかねてから情を通じたいという野心をもっていたという事実	CDの謀議行為が行われた事実
↑ 推認	↑ 推認
AがV_1に対していやらしいことをしていたという事実（要証事実）	Cが「V_2はもう殺してもいいやつだな」と発言した事実（要証事実）
↑ 認定←真実性の担保が必要	↑ 認定←真実性の担保は不要
Bの，V_1が生前，「Aは……いやらしいことばかりする」と言っていたという証言	Eの，Cは以前，Dに対し「V_2はもう殺してもいいやつだな」と言っていたという証言

で記述されている精神状態供述にあたるため，非伝聞として扱われたとする見解もありますが，判例の文言から結びつけるのは難しいでしょう。

【参考文献】

試験対策講座10章４節1・2。条文シリーズ320条2１・２。

第32問 A　犯行計画メモの証拠能力

Aの共犯者Bが作成した，両者の犯行実行にあたっての役割分担，犯行手順，逃走経路，強取した金の分配割合など，犯行計画に関する謀議の内容を順次記載した犯行計画メモ（以下，「本件犯行計画メモ」とする）が公判廷に提出された。以下の場合，このメモは伝聞証拠にあたるか。

⑴　本件犯行計画メモをAB間の謀議行為そのものの存在を証明するために用いる場合。ただし，メモがAB間で回覧，確認されたこと自体は証明されているものとする。

⑵　本件犯行計画メモをBの犯行の意思，計画を立証するために用いる場合。

【解答へのヒント】

1　⑴の場合について

本件犯行計画メモは，犯行計画に関する謀議の内容を記載していることから，伝聞証拠にあたらないかという点について検討する必要があります。本問では，本件犯行計画メモは，謀議行為そのものの存在を証明するために用いられていますから，要証事実が何であるのかを示したうえで伝聞証拠該当性を検討してください。

2　⑵の場合について

本問では，Bの犯行の意思，計画の立証のために用いられています。このように本件犯行計画メモを精神状態に関する供述として用いる場合については，伝聞証拠該当性について判例があるところです。精神状態に関する供述は他の供述証拠と何が異なるのかをふまえて，判例を意識しながら論述してください。

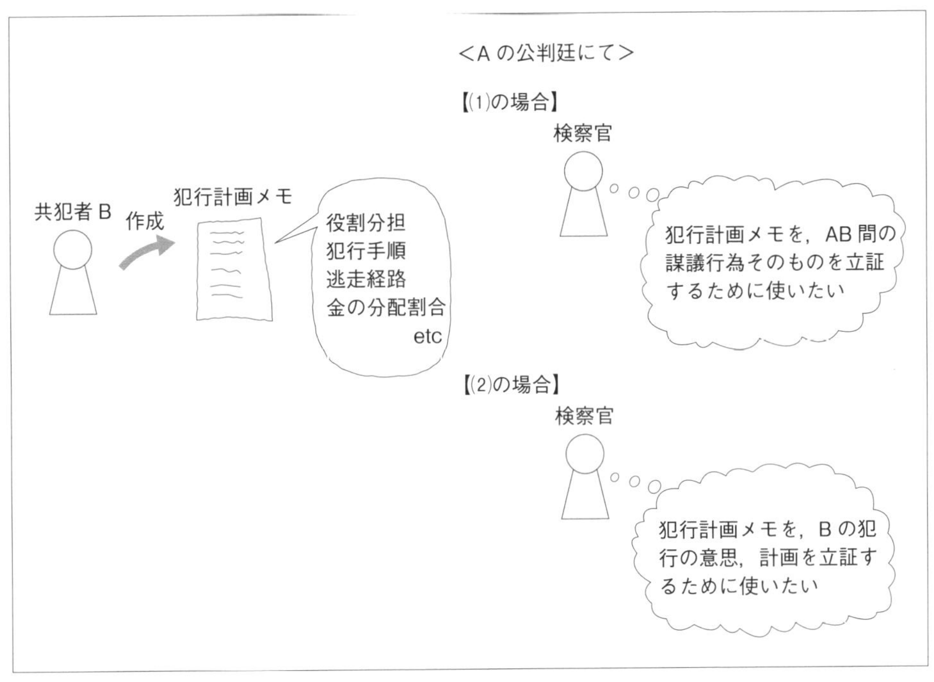

答案例

第１　⑴の場合について

１　本件犯行計画メモは，ABの謀議の内容を記載しているところ，伝聞証拠（刑事訴訟法320条１項）にあたらないか。

論 犯行計画メモの証拠能力

⑴　この点，伝聞証拠の証拠能力が排除される趣旨は，供述証拠は，知覚，記憶，叙述の過程を経て生みだされるところ，各過程に誤りが入るおそれがあるので，反対尋問（憲法37条２項前段参照）等で供述の内容の真実性を担保する必要がある点にある。

そこで，伝聞証拠とは，公判廷外における原供述を内容とするものであって，原供述の内容の真実性が問題となるものをいうと解する。そして，内容の真実性が問題となるか否かは要証事実との関係で相対的に決せられると解する。

➡規範

⑵　⑴の場合において，本件犯行計画メモはABの謀議という公判廷外の原供述を内容としている。

➡あてはめ

次に，原供述の内容の真実性が問題となるか否かについてであるが，本問の立証事項はAB間で謀議行為が存在したことである。そして，本件犯行計画メモが回覧，確認されたことについては証明されている以上，謀議行為の存在を立証するためには，本件犯行計画メモの存在があれば足りる。したがって，要証事実は本件犯行計画メモの存在自体であり，本件犯行計画メモは，供述の内容の真実性を立証するためのものではない。

２　よって，本件犯行計画メモは伝聞証拠にあたらない。

➡結論

第２　⑵の場合について

１　本問において，立証事項はBの犯行の意思，計画であるところ，この場合，本件犯行計画メモは，メモ作成時においてBが犯行の意図を述べたものであるため，Bの精神状態に関する供述といえる。では，本件犯行計画メモは伝聞証拠にあたるか。原供述者の供述時点における精神状態に関する供述が伝聞証拠にあたるか，問題となる。

論 精神状態に関する供述の証拠能力

⑴　この点，精神状態に関する供述は，知覚，記憶，叙述を前提とする供述証拠とは異なり，知覚，記憶の過程を欠落するものである。

そうだとすれば，その過程に誤りが生じやすいとはいえない。そのため，その作成が真摯になされたことが証明されれば，必ずしも原供述者を証人として尋問し，供述の信用性を反対尋問，宣誓，供述態度の観察等により吟味する必要はない。

⑵　したがって，精神状態に関する供述は伝聞証拠にあたらないと考える。

➡規範

２　よって，精神状態に関する供述である本件犯行計画メモは，伝聞証拠にあたらない。

以上

➡結論

出題趣旨

犯行計画メモについては，重要な裁判例（東京高判昭和58年1月27日判時1097号146頁〔判例シリーズ77事件〕）があり，旧司法試験1989（平成元）年度第2問でも出題されている。そこで，本問では，伝聞証拠の意義と関連させつつ自説をしっかりと論じ，判例を意識しつつ，事例にあてはめることができるかどうかを問うことにした。

論点

1　犯行計画メモの証拠能力
2　精神状態に関する供述の証拠能力

答案作成上の注意点

1　(1)の場合について

本件犯行計画メモには，犯行計画に関する謀議の内容が記載されています。そのため，本件犯行計画メモが伝聞証拠にあたるか否かについて検討する必要があります。

まず，論述する際には，伝聞法則の趣旨を示したうえで，伝聞証拠の意義について自説を示すことが必要です。伝聞法則の趣旨については，供述証拠は知覚，記憶，叙述の過程を経て生みだされるところ，各過程に誤りが入るおそれがあるため，反対尋問等により内容の真実性を担保する点にあるとされています。そのうえで，伝聞証拠の意義について第31問の答案作成上の注意点でも触れられている形式説，実質説のうち，いずれに立つかを示す必要があります。もっとも，公判廷外の供述を内容としているので，いずれの説を採っても結論は変わりません。答案例では，形式説に立ち，伝聞証拠を公判廷外の原供述を内容とするもので，原供述の内容の真実性が問題となるものと定義しました。

次に，伝聞証拠該当性について問題となるのは，原供述の内容の真実性が問題となるか否かです。この要件については要証事実との関係で相対的に決せられると解されています。具体的には，その要証事実を立証するためにその証拠の存在自体の証明で足りる場合には，内容の真実性の立証のためのものではないといえます。

本問の立証事項は，ABの謀議行為の存在そのものです。ここで，本問では本件犯行計画メモがAB間で閲覧，確認されたことが立証されています。そうだとすれば，その本件犯行計画メモに犯行計画が記載されていたという事実があれば，そのようなメモをAB間で閲覧，確認していたとして謀議行為があったことを証明できるといえます。したがって，ABの謀議行為を立証するためには，そのような記載のあった犯行計画メモの存在自体を証明することで足りるので，要証事実は犯行計画メモの存在自体となり，内容の真実性の立証のためのものではないといえるでしょう。よって，伝聞証拠にはあたらないという結論になります。

本問において，本件犯行計画メモが回覧，閲覧されているということが証明されていない場合には，単に犯行内容の記載がメモにあったとしてもそれだけで謀議行為の存在を立証することはできず，記載内容が真実であるかどうか問題となるため伝聞証拠にあたるといえます。

2　(2)の場合について

1　精神状態に関する供述

本問も本件犯行計画メモの伝聞証拠該当性について問う問題ですが，小問(1)とは立証事項が異なっています。本問の立証事項は，Bの犯行の意図，計画であり，本件犯行計画メモをBのそれらが現れている供述，いわゆる精神状態に関する供述とみているといえます。これをふまえて伝聞証拠該当性を検討する必要があります。

伝聞証拠の意義について形式説に立つとすると，犯行計画メモにある謀議はBの公判廷外における供述を内容とするものでありますし，犯行の意思，計画を立証しようとする場合には，本件犯行計画メモの内容たるBの犯行の意思，計画の内容が要証事実となり，その供述の内容の真実性が問題となるといえますから，本件犯行計画メモは伝聞証拠にあたるとも思えます。

しかし，判例は，このような精神状態に関する供述である本件犯行計画メモについて伝聞証拠にはあたらないとしています（前掲東京高判昭和58年）。伝聞証拠にあたらないとした理由は，供述証拠が一般的に知覚，記憶，叙述の過程を経て生みだされているのに対して，精神状態に関する供述については，知覚，記憶の過程がなく，作成された過程に真摯性が認められれば，信用性の担保のために反対尋問等を課す必要がないためです（下記図参照）。本問においても，この判例を意識して論述することが求められます。

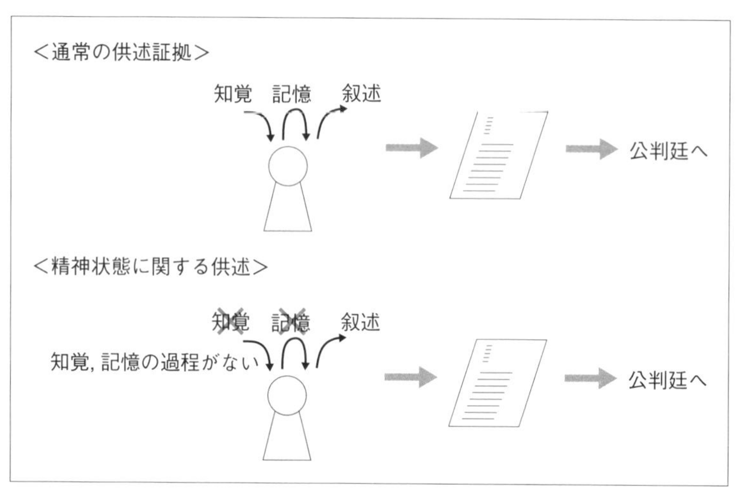

2　その他の犯行計画メモの事案

しかし，メモの作成者がBである場合に，AB間でメモと同内容の共通意思が形成されたことを立証する場合には，当該メモは伝聞証拠にあたります。なぜなら，この場合には，作成者たるBがAB間の謀議の内容を知覚，記憶する過程があり，各過程に誤りの介在するおそれがあるため，反対尋問等による信用性の担保の必要がある点で，前掲東京高判昭和58年の考え方は及ばないからです。

ただし，謀議参加者の間でなんらかの１つの共通意思が形成されたことが別の証拠によって証明されている場合には，メモの内容どおりの共通意思が形成されたことを立証するうえで，当該メモは伝聞証拠にはあたりません。なぜなら，メモ作成者が謀議参加者のうちの１人である場合には，作成者の意思は共通意思の内容と同一のはずであり，作成者自身の精神状態に関する供述と同視できるからです。

また，そのようなメモがAB間で回覧，閲覧されていた場合には，なお伝聞証拠にはあたらないといえます。なぜなら，回覧され，確認されたことでメモの内容はA，Bの共通の意思が供述されたものとみることができるようになり，AとBによる精神状態に関する供述といえるからです。

また，被告人の犯人性を立証したい場合に，メモに記載された犯罪の内容とそれ以外の証拠によって立証されている犯罪事実が一致しているときにも伝聞証拠にはあたりません。なぜなら，そのようなメモを被告人が作成したという事実がメモの存在自体から推認でき，その事実から犯人性が推認できるため，当該メモの内容の真実性が問題とならないからです。

【参考文献】

試験対策講座10章４節[1]・[2]。判例シリーズ77事件。条文シリーズ320条[2]１・２。

第33問 A　検察官面前調書(1)

　税務署長であるAは，大学時代の同級生で，卒業後も年に数回はゴルフに行くなどの付き合いのあるBから税務調査の際に便宜を図ってほしいとの請託を受けて，金銭を受け取ったとして受託収賄の訴因で起訴された。
　公判で，Aは金銭の授受はあったことは認めたものの，賄賂である点については争い，受託収賄罪は成立しないと主張した。
　検察官Pは，Bから渡された金銭が賄賂であったことを証明するために，P作成によるBの供述録取書の証拠調べ請求を行った。同調書の内容は，「私は，令和４年２月９日午後９時ころ，料亭Cにて，Aに対して100万円が入った茶色の封筒を渡しました。その際，今度の税務調査のときにはよろしくと言いました。」というものであり，Bの署名・押印がなされていた。
　これに対して，Aの弁護人は，伝聞証拠であることを理由に「不同意」との意見を述べた。そこで，PはBの証人尋問請求を行い，裁判所はこれを採用した。
　その証人尋問において，Bは，宣誓のうえ，Aを横目で気にし，証言途中に口籠もるなどしながら，以下のように証言した。
「たしかに，金銭を手渡したことは間違いないが，いつ，どこで，渡したのかはっきり覚えていません。また，手渡した金銭は，友人としての立場で，車の購入資金として渡したような気もします。」
　その後，弁護人による反対尋問でも，Bは同様の証言をした。
　この場合に，Bの供述録取書について，伝聞証拠にあたることを前提として，証拠能力が認められるか。

【解答へのヒント】
　本問は，P作成の供述録取書への伝聞例外規定の適用について問う問題です。適用される条文について，作成者がPであることを考慮して適切な条文を指摘してください。そのうえで，各要件にあてはめる必要があります。特に，AとBが非常に親密な関係にあるとみられる点，公判廷における供述が曖昧な点をどのように使うかを意識して解答してください。

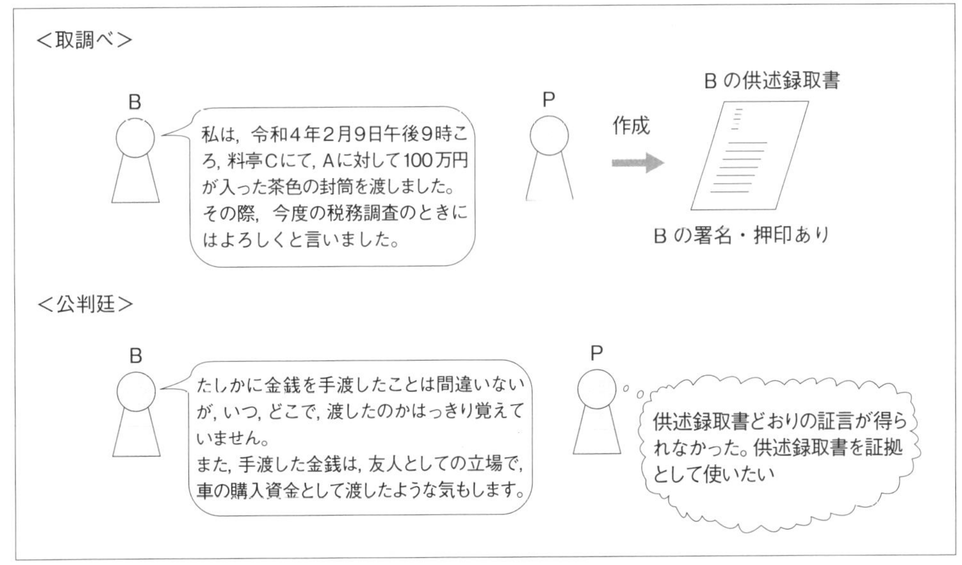

答案例

1　Bの供述録取書は，伝聞証拠であるところ，伝聞証拠は証拠能力が否定されるのが原則である（刑事訴訟法320条1項。以下法名省略）。もっとも，Bの供述録取書は検察官Pが作成したものであるところ，321条1項2号後段が適用され，証拠能力が例外的に認められないか。

論 検面調書の証拠能力

(1)　Bは公判廷において，金銭については車の購入資金として受け取ったと供述しているが，供述調書には賄賂として受け取ったと供述した旨が記載されている。したがって，Bの公判廷の供述が，「前の供述」たる賄賂として受け取ったとのBの供述と「相反する」といえる。

(2)　次に，供述調書について相対的特信情況（同号ただし書）が認められるか。

論 特信性の判断基準

ア　この点，相対的特信情況は証拠能力の要件なのであるから，その有無は，供述がなされた際の外部的事情を基準として判断されるべきであるが，外部的事情を推知させる資料として，副次的に供述内容を考慮することは許されると解する。

➡規範

イ　これを本問についてみると，贈収賄事件において他方に対する不利益な供述は同時に自己に対する不利益な供述でもあるから，かばい合うことが少なくなく，互いの面前である公判廷では共犯者に有利な事実を述べる可能性が高い。さらに，AとBは大学時代の同級生で，年に数回はゴルフに行っていたことから，非常に親密な関係にあったといえ，Aの面前でAに不利益な供述をしにくかったと考えられる。現にBは，公判廷において，Aを横目で気にし，証言の途中に口籠もるなどしており，被告人が面前にいることで心理的な圧迫を受けているようにも見受けられる。したがって，公判廷における証言よりも供述調書のほうが，より高い信用性の情況的保障がある。

➡あてはめ

さらに，公判廷における証言内容は，日時，場所等について曖昧な表現にとどまり，金銭授受の目的も曖昧であるのに対して，供述調書の内容は，日時や場所についての供述も詳細であり，金銭授受の目的も断定的なものとなっている。これらの事実から，取調べ時には当時の鮮明な記憶のもとで供述したとの外部的情況が推認されるといえ，この点からも公判廷における証言よりも供述調書のほうが高い信用性の情況的保障があるといえる。

ウ　したがって，供述調書に相対的特信情況が認められる。

➡結論

(3)　また，「供述者」たるBの署名・押印もある。

2　よって，321条1項2号後段が適用され，Bの供述録取書は例外的に証拠能力が認められる。

➡結論

以上

出題趣旨

伝聞法則とその例外は，証拠法においてもっとも重要な分野であり，試験での出題頻度が高い。旧司法試験では，2001（平成13）年度第２問，2003（平成15）年度第２問，2004（平成16）年度第２問，2005（平成17）年度第２問，2006（平成18）年度第２問，2008（平成20）年度第２問で出題されており，新司法試験では，2006（平成18）年第２問，2008（平成20）年第２問，2009（平成21）年第２問で出題されている。今回は，321条１項２号後段の適用について出題した。

論点

1　検面調書の証拠能力
2　特信性の判断基準

答案作成上の注意点

1　はじめに

本問は，P作成の供述録取書に対しての伝聞例外の適用について問うものです。

まず，本問で適用される伝聞例外規定についてですが，Bが「被告人以外の者」（321条１項柱書）で，Bの供述録取書はPにより作成されているので，321条１項２号の適用が問題となります。同号は，更に前段と後段に分けられます。本問では，前段の要件である供述不能事由は存在しません。そのため，同号後段の要件該当性について検討していく必要があります。伝聞例外の問題については，最初に適切な条文を指摘することが重要です。間違った条文をあげてしまうと，その後あてはめをいくら頑張っても大きく減点されてしまうおそれがあります。供述の主体，作成者等に注意して正確に指摘してください。

次に，同号後段によれば，「公判準備若しくは公判期日において前の供述と相反するか若しくは実質的に異なった供述をした」こと（相反性），および相対的特信情況（同号ただし書）が必要です。この２要件について検討しましょう。

また，本問の書面は供述録取書ですから，供述者たるBの署名・押印も必要です（321条１項柱書）。問題文に「Bの署名・押印がなされていた」と記載されていますから，これについて軽く触れれば十分でしょう。

2　相反性について

本問では，主に相対的特信情況が問題となりますが，相反性についてもあてはめをしましょう。Bは供述録取書作成後の証人尋問において，金銭交付の目的について異なることを述べていますからこの点を指摘してください。相反性についてはメインの論点ではなく，また，相対的特信情況について論述することが多いので，軽く触れる程度でよいでしょう。

3　相対的特信情況について

次に，相対的特信情況の有無についてです。相対的特信情況とは，「公判準備又は公判期日における供述よりも前の供述を信用すべき特別の情況」（321条１項２号ただし書）のことをいいます。すなわち，公判廷の供述に比べて供述調書のほうが信用性の高い情況にあるということです。321条１項３号の別の伝聞例外規定には絶対的特信情況というものがでてきますが，これとは異なるので注意してください。そのうえで相対的特信情況を判断するためにいかなる資料が用いられるかということについてですが，判例は供述がなされた際の外部的事情を基準とすべきであるが，外部的事情を推知させるための一資料として供述内容を参酌することは許されるとしています（最判昭和30年１月11日刑集９巻１号14頁〔判例シリーズ80事件〕）。ここでいう外部的事情とは，日時の経過による記憶の減退，被告人と供述者との関係性や，取調べ状況などのことをさします。本問でもこの基準に従って検討することが望ましいです。

あてはめについてですが，拾うべき事情としては，①Bが大学時代の同級生で年に数回ゴルフに行く関係であること，②Aの被疑事実がBからの受託収賄であること，③Bが証言中に，Aを横目で気にし，証言途中に口籠もるなどしていたこと，④公判廷でのBの証言が供述調書の供述よりも曖昧であることがあげられます。①の事情および②の事情は，そのAとBの関係性や犯罪の性質から，Aの面前ではBはAをかばう発言をする可能性が高く，比較的信用性が劣るとして相対的特信情況が認められる方向にはたらく事情です。また，③の事情は，Bの供述態度から信用性が比較的低いことがうかがえるので，相対的特信情況が認められる方向にはたらく事情です。さらに，④の事情については，供述内容であり外部的事情ではありませんが，供述内容を推知するための資料としてしん酌することは可能なので，検討する必要があります。そして，④の事情は，Bの公判廷における供述が比較的曖昧であったことから，相対的特信情況が認められる方向にはたらきます。①から④までの事情はいずれも相対的特信情況が認められる方向にはたらく事情といえるので，答案例では公判廷における供述よりも供述調書のほうが信頼できるとしました。結論としては，相対的特信情況はないとしてもかまいませんが，その場合には①から④までの事情については触れたうえで，それでも認められない理由を説得的に述べることが必要となります。

本問では，問題文の事情から相対的特信情況があるとしましたが，たとえば，証人のBが，公判廷において，まったくAを気にすることなく自然な供述態度で証言していたような場合には，供述調書の相対的特信情況が認められないとする結論もありえます。また，供述調書作成の際の取調べの情況として，Pが証言を強要したとみられるような事情があれば，相対的特信情況が認められないとする結論もありうるでしょう。

特信性を認める方向の事実	❶証人が，被告人Aの大学時代の同級生で，卒業後も年に数回は一緒にゴルフに行くなどの付き合いがあるBであること 公判廷におけるBの供述の信用性を低下させる事情。被告人本人と親密な関係にあることから，被告人の面前での発言がしにくい状況にあるといえ，被告人の面前では虚偽の事実を述べる可能性が高いといえる。 ❷Aの被疑事実がBからの受託収賄であること 公判廷におけるBの供述の信用性を低下させる事情。贈収賄事件における贈賄者と収賄者の間には特別な人間関係があり，しかも他方に対する不利益な供述は同時に自己に対する不利益な供述でもあるため，互いにかばい合うことが少なくなく，互いの面前では虚偽の事実を述べる可能性が高いといえる。 ❸Aを横目で気にし，証言途中に口籠もるなどしていること 被告人が面前にいることにより，心理的な圧迫を受けていることが見受けられ，公判廷における証言の信用性を低下させる事情といえる。 ❹証言の内容 供述録取書の供述が信用すべき外部的事情のもとでなされたことを推知させる事情である。証言が，日時や場所等について曖昧な表現にとどまるものであり，金銭授受の目的についても曖昧であるのに対して，供述調書は，日時や場所について詳細な供述となっており，金銭授受の目的についても断定的な供述をしている。このことから，公判廷における証言より供述調書のほうが詳細かつ明確であり，当時の鮮明な記憶のもとで何の圧迫も受けることなく供述したとの外部的情況が推認されることから，公判廷における証言よりも供述調書のほうがより高い信用性の情況的保障がある。

【参考文献】

試験対策講座10章4節③【2】(2)。判例シリーズ80事件。条文シリーズ321条③3。

第34問 B　検察官面前調書(2)

Wは，M国籍を有する外国人である。Wは，工事現場で働いていたところ，工事現場付近で起きた殺人事件を目撃した。そこで，令和3年5月7日，Wは事件の参考人として検察官の取調べを受け，「Aが，Vを刃物で刺すのを目撃した。」と供述し，Wが署名・押印してその調書が作成された。その後，Aは殺人の被疑事実で起訴された。

検察官による取調べ後，Wは不法滞在者であることが判明し，強制送還されるおそれが生じた。これについて，検察官は知らせを受け，入国管理センターに対し，進展があれば連絡するように要請した。また，同年7月15日，検察官はその旨について連絡を受けた後，裁判所，Aの弁護士との協議のなかで，強制送還されればWの証人尋問が行えなくなる可能性があるため，証拠保全請求をするよう弁護士に促した。しかし，Aの弁護士は証拠保全請求をしなかった。

その後，同年8月8日，第1回公判期日において検察官は，その調書をAの犯人性の立証を目的として証拠調べ請求した。これに対し，被告人Aの弁護士はその調書につき「不同意」と述べた。そのため，検察官はWの証人尋問を請求し，裁判所はWの証人尋問の決定を行い，その期日は最短で訴訟関係者全員が集まることのできる同年10月21日となった。ところが，相当の日時を要するものと見込まれていたが，予定より早い同年9月18日にWはM国へ強制送還された。

Wの調書が伝聞証拠であることを前提とした場合，証拠能力が認められるか。

【解答へのヒント】

本問は，検面調書の供述者がその作成後に国外へ強制退去させられた場合の伝聞例外規定の適用について問う問題です。作成後にWはM国へ強制退去させられていますが，ここからどの規定を適用するのかを考えましょう。そのうえで，適用の有無については，Wの証人尋問の決定がなされていることや，当事者の行動等に着目しましょう。検察官は証人尋問の実現に尽力しているように見受けられますが，証人尋問の決定がなされたのに強制送還が行われたことのみをもって検面調書の証拠能力が否定されるといえるでしょうか。

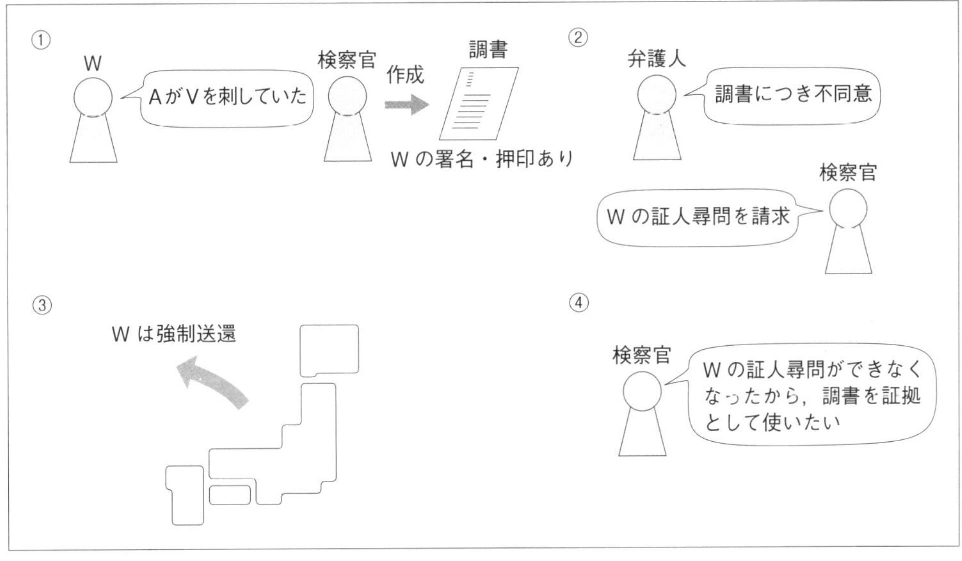

答案例

1　Wの調書は伝聞証拠であるから，原則として証拠能力が否定される（刑事訴訟法320条1項。以下法名省略）。もっとも，Wの調書は検察官面前調書であるから，321条1項2号前段により，例外的に証拠能力が認められないか。

論「国外にいるため…供述することができない」の意義

(1)「国外にいるため……公判期日において供述することができない」とは，可能な手段を尽くしても帰国させて公判期日等に出頭させることができない場合をいう。本問では，Wは強制送還により日本に戻ることが不可能となり，公判期日に出頭することができなくなっているから，Wは「国外にいるため……公判期日において供述することができない」といえる。

(2) また，「供述者」たるWの署名・押印もある。

論証人が強制送還された場合の供述書の証拠能力

(3) もっとも，供述者が強制送還された場合，いかなる場合でも同号前段は適用されるか。

ア　この点，証人審問権（憲法37条2項前段）の保障の重要性から，安易に伝聞法則の例外を認めるべきではない。しかし，検察官は，強制送還につき法律上・事実上の権限を有しないので，強制送還によって反対尋問の機会が失われた場合でも，検察官面前調書の証拠能力を認めることがただちに不公正とはいえない。

規範

そこで，当該外国人の検察官面前調書を証拠請求することが手続的正義の観点から公正さを欠くと認められるときは，321条1項2号前段の適用はなく，証拠能力が認められないと考える。

あてはめ

イ　これを本問についてみると，Wの証人尋問の決定がなされているにもかかわらず，強制送還がなされているから，Wの調書に同号前段を適用することはAの反対尋問権を害するとして公正さを欠くとも思える。

しかし，検察官は進展があれば伝えるように要請したり，強制送還を懸念して弁護人に証拠保全請求をするよう促したりするなど，Wの証人尋問の実現に尽力していた。にもかかわらず，それが実現しなかったのは，弁護人が証拠保全請求を行わなかったことや，訴訟関係者のスケジュールの都合で早期に期日を設けられなかったこと，Wの強制送還が予定よりも早く行われてしまったことが要因である。そのため，検察官，裁判所等の国家機関の側に原因があったとはいえない。

したがって，証人尋問の決定がなされていることのみをもって，公正さを欠くとはいえず，ほかに公正さを欠くといえる事情もない。

結論

ウ　したがって，Wの検察官面前調書を証拠調べ請求することが公正さを欠くとはいえない。

結論

2　よって，同号前段の適用により例外的に，Wの調書に証拠能力が認められる。　以上

出題趣旨

検察官面前調書の供述者が国外に強制退去させられた場合の証拠能力についての論点は，検察官面前調書の分野で重要な論点である。本問は，この論点の論述の仕方をおさえてもらうために，東京高判平成20年10月16日高刑61巻４号１頁をモデルにして出題した。

論点

1 「国外にいるため……供述することができない」の意義
2 証人が強制送還された場合の供述書の証拠能力

答案作成上の注意点

1 はじめに

本問は，検察官面前調書の供述者が国外に強制退去させられた場合の伝聞例外規定の適用について問う問題です。本問では，細かい部分については簡潔に書き，重要な論点については分量を多くするということが求められます。また，後述の判例に対する理解も求められますので，しっかりと復習することをお勧めします。

2 どの伝聞例外規定が適用されるかについて

本問供述調書は，検察官の面前における「被告人以外の者」(321条１項柱書) たるWの供述を録取したものなので，同項２号の書面にあたらないかが問題となります。そして，前段と後段のいずれが適用されるかについてですが，Wは強制退去により日本へ戻ることが不可能となっていますから，公判期日において供述をすることは不可能と考えられます。したがって，前段の適用について検討することが必要です。

3 「国外にいる」にあたるかについて

次に，Wは「国外にいるため……公判期日において供述することができない」ときにあたりそうです。ここでいう「国外にいるため，……公判期日において供述することができない」とは単に供述者が国外に滞在しているというだけでは足りず，可能な手段を尽くしても帰国させて公判期日等に出頭させることができない場合をさすといわれています (東京高判昭和48年４月26日判タ297号367頁参照)。たとえば，供述調書が作成された後に供述者が単に海外旅行で国外に滞在していたという場合には，この要件をみたさなくなります。本問では，Wが不法滞在者であることを理由に強制送還されています。Wは出入国管理及び難民認定法５条１項９号ロにより５年間上陸することは不可能なので，可能な手段を尽くしても帰国させて公判期日等に出頭させることができないことは確実でしょう。したがって，本問ではこの要件をみたすといえます。

論述する際には，M国にいるから「国外にいる」と短絡的にあてはめるのではなく，日本に戻って公判期日に出頭することが不可能だから「国外にいる」といえる，というようにあてはめをしましょう。なお，メインの論点ではないですから，分量としてはそれほど長く書く必要はありません。

4 「手続的正義の観点から公正」といえるかについて

次に，321条１項２号前段をみると，「国外にいる」という要件に該当すれば伝聞例外は認められそうでもあります。しかし，判例はそのようには考えていません。本問と同様に検察官面前調書の供述者がその作成後に退去強制により国外へ出国させられた事案において判例は，「当該外国人の検察官面前調書を証拠請求することが手続的正義の観点から公正さを欠くと認められるとき」は証拠として許容されない場合がありうるとしています (最判平成７年６月20日刑集49巻６号741頁〔判例シリーズ79事件〕)。すなわち，「国外にいる」という要件にあたる場合であっても「手続的正義の観点から公正さを欠く」場合には同号前段の適用は認められないときがあるということになります。この「手続的正義の観点から公正さを欠く」といいうる場合について，前掲最判平成７年は，具体例として，①検察官において当該外国人がいずれ国外に退去させられ公判準備または公判期日に供述することができなくなることを認識しながら，殊更そのような事態を利用しようとした場合や，②裁判官または裁判所が当該外国人について証人尋問の決定をしているにもかかわらず強制送還が行われた場合をあげています。

①の場合が「手続的正義の観点から公正さを欠く」といえることにつき争いはありません。

次に，②の場合についてですが，「手続的正義の観点から公正さを欠く」ということが，退去強制という国家の行為によって，反対尋問権を行使できなくしておきながら，被告人を国家が訴追して刑罰を科すのが不公正だという意味であると考えれば，検察官と裁判所，入国管理センターを国家機関として一体的に捉え，国家の行為により反対尋問権を行使できなくなったとして，「手続的正義の観点から公正さを欠く」場合にあたるといえるでしょう。

もっとも，証人尋問の決定後に供述者が強制退去させられた事例において，同号前段の適用が認められた事例があります（前掲東京高判平成20年）。この事例では，本問と同様に，検察官は強制退去の可能性について知らせを受けた時点で，進展があり次第連絡をするように要請し，弁護人に対しても証拠保全請求をするよう促しました。ところが，結果的には証人尋問の決定から証人尋問が予定されていた期日の間に強制退去がなされました。この要因について，裁判例は，㋐弁護人が検察官から促されたにもかかわらず証拠保全請求を行わなかったこと，㋑訴訟関係者の都合が合わなかったために早期に期日を設定することができなかったこと，㋒相当の日時がかかる見込みであったのに急に強制退去が決定されたことの３点をあげています。そして，㋐から㋒の事情を考慮して「手続的正義の観点から公正さを欠く」とはいえないとしています。ここからいえるのは，単に証人尋問の決定がなされたからといって当然に同号前段が適用されなくなるというわけではないということです。

本問でも，単に証人尋問の決定がなされていることの一事をもって適用されないとするのではなく，具体的な状況を考慮して検討を行ってください。答案では裁判例と同様に，検察官の行動，証拠保全請求の有無，証人尋問の期日，強制退去の日程に触れることが望ましいです。

なお，前掲最判平成７年の①，②は具体例であり，これ以外の場合についても「手続的正義の観点から公正さを欠く」といえる場合があります。下級審ですが，東京地判平成26年３月18日判タ1401号373頁があります。この裁判例では，供述者が強制送還されており，検察官らが，本件公訴提起の当日に供述者を釈放し同人が入国管理局に収容されたこと，および供述者の供述の重要性を裁判所と弁護人に早期に通知するといった配慮を行うことはきわめて容易であって，このような配慮ができない事情や配慮を行うことの弊害をうかがわせる事情は認められないとしたうえで，検察官が，被告人または弁護人に供述者に対し直接尋問する機会を与えることについて，相応の尽力はおろか実施することが容易な最低限の配慮をしたことも認められないとして，手続的正義の観点から公正さを欠くと判断しました。前掲最判平成７年の具体例の①，②のいずれにもあたらないものといえます。

5　特信状況の要否

321条１項２号ただし書に相対的特信情況が要件として書かれていますが，判例によれば，これは同号後段書面の要件で，同号前段書面の要件ではないとされています（最判昭和36年３月９日刑集15巻３号500頁）。答案例では判例に従い，特信性についての検討をしませんでした。

【参考文献】

試験対策講座10章４節3【2】(2)。判例シリーズ78事件，79事件。条文シリーズ321条3２・３。

第35問 A　検察官面前調書(3)

Wは，強盗事件を目撃した。そのため，Wは事件の参考人として検察官の取調べを受け，「Aが，Vをバールで殴ってバッグを奪うのを目撃した。」と供述し，Wの署名・押印がなされ，供述調書が作成された。その後，Aは殺人の被疑事実で起訴され，Wの供述調書は立証趣旨を「犯行状況」として証拠調べ請求がされた。これに対し，Wの弁護人は不同意とした。本件調書が伝聞証拠にあたることを前提として，以下の場合に調書に証拠能力が認められるか，設問の事情に従って検討しなさい。

(1)　Wは公判廷において証人尋問されることとなったが，人定質問に対して黙秘し，宣誓を拒否した。また，その後の裁判所，検察官の再三の説得にも応じず，証人尋問は中止された。

(2)　Wは供述調書作成後に交通事故に遭い，頭部を強く打ったことによって記憶喪失に陥った。医師は事故の際に受けた頭部へのダメージが大きく，Wの記憶が回復するのは難しいと診断している。

【解答へのヒント】

1　小問(1)について

本件供述調書は伝聞証拠にあたるので，伝聞例外について検討する必要があり，321条1項2号前段について検討することになります。そのうえで問題となるのは，Wが供述不能といえるかについてです。同号前段は供述不能事由として証言拒否を含んでいませんから，この点について触れる必要があります。

さらに，Wは証言を拒否すると述べているわけではなく，証人尋問の前段階でなすべき行為をしていないため，事実上の証言拒否をしているといえます。このような場合にも供述不能事由にあたるといえるでしょうか。

2　小問(2)について

本件供述調書も小問(1)と同じく同号前段について検討する必要があり，問題となるのはWが供述不能といえるかです。Wはたしかに記憶喪失ですが，供述者が記憶喪失ならば常に供述不能にあるといってよいのでしょうか。伝聞例外を認めることによる不利益についても配慮しながら，Wが記憶喪失であることをもって供述不能事由にあたるといえるのか検討してください。

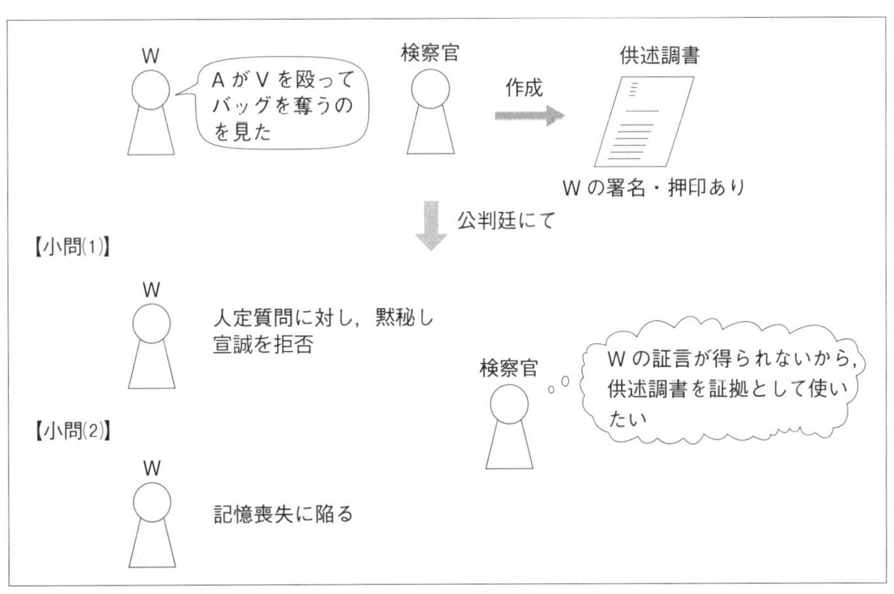

答案例

第1　小問(1)について

本件供述調書は伝聞証拠であり，原則として証拠能力が否定される（刑事訴訟法320条1項。以下法名省略）。もっとも，321条1項2号前段により証拠能力が認められないか。

1　同号前段が適用されるためには供述不能事由が必要であるところ，Wは証人尋問の際に必要な人定質問・宣誓について拒否しており，事実上証言拒否を行っているといえる。しかし，証言拒否という文言は，同号の供述不能事由に含まれない。そこで，Wの証言拒否も供述不能にあたるか。

論 証言拒否が供述不能事由に含まれるか

(1)　まず，同号列挙事由が限定列挙か例示列挙かが問題となるも，同号列挙事由は，供述不能により証拠として使用する必要性が認められる場合を列挙したものにすぎないと解する。

そして，事実上の証言拒否であっても，その供述拒否の決意が固く，翻意して尋問に応じることはないと判断される場合には，やむをえない事情により尋問が妨げられるといえ，供述不能事由にあたると解する。

➡規範

(2)　本問でWは，人定質問に対し黙秘し，宣誓も拒否しているから，事実上の証言拒否をしている。また，Wは裁判所，検察官の再三の説得に応じておらずその拒否の決意は固く，翻意して尋問に応じることはないといえる。したがって，Wの証言拒否は供述不能事由にあたる。

➡あてはめ

2　また，同号前段の適用にあたっては，文言どおり特信情況（同号ただし書参照）は不要であると解する。

3　さらに，供述者たるWの署名・押印もある（同項柱書）。

4　よって，本件供述調書の証拠能力が認められる。

➡結論

第2　小問(2)について

本件供述調書は伝聞証拠であるところ，同号前段により，証拠能力が認められないか。

1　本問では，Wが記憶喪失に陥っているところ，記憶喪失も供述不能事由にあたるか。

論 記憶喪失が供述不能事由に含まれるか

(1)　まず，前述のとおり，同号列挙事由は例示列挙である。もっとも，例外を容易に認めると，被告人の反対尋問権が害される。そこで，記憶喪失の場合，相当長期間回復の見込みがなく，誘導尋問（刑事訴訟規則199条の3第3項3号）等により記憶の回復が見込めないときのみ，供述不能事由にあたると解する。

➡規範

(2)　これを本問についてみると，Wが交通事故で受けた頭部へのダメージは大きく，医師も記憶が回復することは難しいとしている。したがって，相当長期間回復の見込みがないといえ，Wは供述不能といえる。

➡あてはめ

2　また，供述者たるWの署名・押印もある。

3　よって，裁判所は，321条1項2号前段の適用により，本件供述調書を証拠として採用できる。　以上

➡結論

出題趣旨

本問は，検察官面前調書の証拠能力をめぐる典型的な論点を問う問題である。供述不能事由が限定列挙か，例示列挙かという点，証言拒否が供述不能事由にあたるかという点および記憶喪失が供述不能事由にあたるかという点はいずれも頻出の論点である。これらについて判例の考え方や答案の書き方についておさえてもらいたく，出題した。

論点

1　証言拒否が供述不能事由に含まれるか
2　記憶喪失が供述不能事由に含まれるか

答案作成上の注意点

1　小問(1)について

本問は，321条1項2号前段の供述不能事由について問うものです。本件供述調書が伝聞証拠にあたるので，伝聞例外規定が適用されるかが問題となります。本件供述調書は検察官作成の「被告人以外の者」(同項柱書）たるWの供述録取書であり，公判廷でWは供述をしていませんから，同号前段の適用について検討することになります。

同号前段の要件として供述不能事由があります。この供述不能事由について同号前段は「その供述者が死亡，精神若しくは身体の故障，所在不明若しくは国外にいるため公判準備若しくは公判期日において供述することができないとき」と規定しています。これによれば，供述不能事由として，①供述者の死亡，②供述者の精神・身体の故障，③供述者の所在不明・国外滞在の3つがあげられています。Wは証人尋問の前に必要な人定質問（刑事訴訟規則115条）に対して黙秘し，宣誓（刑事訴訟法154条）を拒んでいます。これらがなければ証人尋問が不可能であることから，Wは事実上証言を拒否しているものといえ，これによってWの目撃証言を得られずにいます。かりに，前述の①から③までの3つに供述不能事由がかぎられるならば，供述者の証言拒否はそこに含まれていませんから，Wが供述不能とはいえないことになるでしょう。

しかし，判例はこのように考えていません。判例は，321条1項2号前段の事由は例示列挙であり，供述不能事由をその3つに限定する趣旨ではないとしています（最大判昭和27年4月9日刑集6巻4号584頁）。その理由としては，供述不能の要件は，証人尋問が不可能または困難なため例外的に伝聞証拠を証拠として用いる必要性を基礎づけるために求められるものであるところ，そうした必要性が認められるのは，刑事訴訟法が列挙した場合にかぎられないといったことが考えられるでしょう。したがって，証言拒絶も供述不能事由にあたりうるといえます。

そこで，証言拒絶が供述不能事由にあたるか否かについてですが，判例は，明示的な証言拒絶について，供述不能事由にあたるとしています。その理由として，前掲最大判昭和27年は，被告人に反対尋問の機会を与えることができないという点につき「いわゆる供述者の死亡した場合と何等選ぶところはない」としています。これによれば，証言拒絶も死亡等の場合と同様に供述を得られないことに変わりはないから，供述不能事由にあたるということになるでしょう。

もっとも，本問ではWが証言を拒絶すると述べているのではなく，Wがその前段階の行為を拒否しているがために証人尋問を行うことができなくなっており，Wは事実上証言を拒絶しているといえます。このような場合にも，供述不能事由にあたるといえるのでしょうか。本問と同様の事案において判例は，「その供述拒否の決意が堅く，翻意して尋問に応ずることはないものと判断される場合」には「証拠能力を付与するに妨げない」としています（東京高判昭和63年11月10日判時1324号144頁〔判例シリーズ78事件〕)。これによれば，何をしても供述が得られないといえる程度の事実上の証言拒否ならば供述不能事由にあたるということになります。本問でもこれを参考にして論述するとよいでしょう。本問では，検察官，裁判官が再三促しても応じなかったことから，Wは証人尋問に応じるつもりはないといえ，Wの証言拒否はこのような場合にあたるといえるでしょう。したがって，Wは供述不能であるといえます。

また，同号前段にも特信情況（同号ただし書）を要求する考え方があります。この立場を採用する場合には，特信情況が必要な理由について述べたうえで絶対的特信情況についてあてはめをする必要があります。答案例では，判例（最判昭和36年3月9日刑集15巻3号500頁）に従い，不要説を採っています。

ただ，特信情況の要否について検討するとしても，メインの論点は証言拒絶が供述不能事由にあたるかという点なので，簡潔に書くことが必要でしょう。

2 小問(2)について

本問でも，伝聞例外にあたるかを検討する必要があり，小問(1)と同じく321条1項2号前段の適用の有無を検討することとなります。

本問では，Wが交通事故の影響で記憶喪失となっており，これが供述不能事由にあたるかについて検討する必要があります。ここで，もしWが病気によって記憶喪失となったならば，問題なく，Wは「精神若しくは身体の故障」によって証言ができなくなったとして，同項前段が適用されることでしょう。しかし，本問ではWの記憶喪失の原因は病気ではないので，同号前段列挙事由が限定列挙か例示列挙かが問題となります。前述のように同号前段の供述不能事由が例示列挙と解するならば，記憶喪失も供述不能事由にあたりうるでしょう。

もっとも，供述者が記憶喪失なら常に供述不能事由にあたるとしてよいのでしょうか。たとえば，一時的な記憶喪失ならば，記憶喚起のための誘導尋問（刑事訴訟規則199条の3第3項3号）や書面または物の提示による尋問（199条の11第1項）が許されていますから，これらの方法により尋問することが考えられます。また，記憶が回復するまで待ってから尋問するということもできるでしょう。このような場合には，反対尋問権の保障という観点からすれば上記の方法で証言を得たほうがよいといえるでしょう。したがって，記憶喪失の場合，記憶喪失が相当長期間回復する見込みがない場合にかぎり供述不能事由にあたると解すべきといえます。

本問では，交通事故によるWのダメージは大きいうえ，医師が回復は難しいと述べており，そのような場合にあるといえます。したがって，Wは供述不能であるといえるでしょう。

刑事訴訟法321条1項3号の事案において，判例（最決昭和29年7月29日刑集8巻7号1217頁）は，記憶喪失は供述不能事由にあたるとしています。

本問のような問題で注意すべきなのは，単に記憶喪失だからという理由だけで供述不能事由にあたるとしないことです。問題文の事情からそれが回復の見込みがあるかを具体的に検討して，回復の見込みがないから供述不能事由にあたるとする必要があります。

【参考文献】

試験対策講座10章4節3【2】(2)。判例シリーズ78事件。条文シリーズ321条3 2・3。

第36問 B　検証と実況見分

CHECK □□□

Aは，バイクを運転中，歩行者Vをはねて死亡させた容疑で逮捕，勾留された。本件事故後，司法警察職員によって事故を目撃したWとともに事故現場の実況見分がなされ，その結果を記載した書面（以下，本件実況見分調書）が作成された。本件実況見分調書中には，立会人Wによる「Vとバイクが衝突した地点は，X地点である。」旨の供述内容（以下，本件記載部分）がWが指示した目撃地点からX地点までの距離や見とおし状況とともに記載されていた。その後，Aは起訴され，公判において，立証趣旨を本件事故の状況として本件実況見分調書が証拠調べ請求された。

以下の場合に，本件実況見分調書に証拠能力が認められるか検討しなさい。ただし，本件記載部分につき立会人Wの署名・押印は存在しないものとのとする。

1　Wが指示した目撃地点からX地点が見とおせることを証明するために本件実況見分調書を用いる場合

2　衝突地点がX地点であることを証明するために本件実況見分調書を用いる場合

【解答へのヒント】

1　小問1について

まず，本件実況見分調書が伝聞証拠にあたるかを論じたうえで，伝聞例外について検討する必要があります。321条3項は検証書面について伝聞例外を認めていますが，実況見分調書についても認められないでしょうか。実況見分の性質などから考えてみましょう。次に，本件記載部分には立会人Wの供述が含まれていることから，立会人Wの供述を録取したものとして伝聞証拠にあたらないでしょうか。要証事実が何であるのかを検討してください。

2　小問2について

立証事項が小問1と比べて変わっています。衝突地点がX地点であることを立証するために用いる場合，伝聞証拠の意義に照らすと原供述の内容の真実性が問題となるといえないでしょうか。

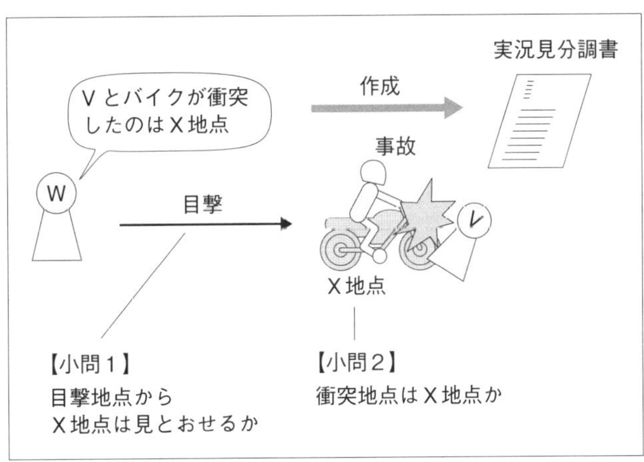

答案例

第1　小問1について

論 伝聞証拠の意義／伝聞・非伝聞の区別

1　本件実況見分調書が伝聞証拠（刑事訴訟法320条1項。以下「刑事訴訟法」法名省略）にあたり，原則として，証拠能力が否定されないか。

(1)　この点，伝聞証拠の証拠能力が排除される趣旨は，供述証拠は，知覚，記憶，叙述の過程を経て生みだされるところ，各過程に誤りが入るおそれがあるので，反対尋問（憲法37条2項前段参照）等で供述の内容の真実性を担保する必要がある点にある。

➡規範

そこで，伝聞証拠とは，公判廷外の原供述を内容とするもので，原供述の内容の真実性が問題となるものをいうと解する。そして，内容の真実性が問題となるか否かは，要証事実との関係で相対的に決せられると解する。

➡あてはめ

(2)　これを本問についてみると，本件実況見分調書は公判廷外における司法警察職員の原供述を内容とするものである。

また，本件実況見分調書は実況見分の結果を記載したものであるから，その内容の真実性が問題となる。

➡結論

(3)　したがって，本件実況見分調書は伝聞証拠にあたり，同意（326条1項）がないかぎり原則として証拠能力が否定される。

論 実況見分調書への321条3項適用の可否

2　もっとも，本件実況見分調書に321条3項が適用され，例外的に証拠能力が認められないか。

(1)　この点につき，同項がゆるやかな要件のもとに証拠能力を認めた趣旨は，検証が技術的な作用であるゆえに恣意や誤りが入り込む危険性が少なく信用性の情況的保障が認められること，口頭で細かな観察の結果を供述させるよりも書面を提出させるほうが正確を期しやすく，証拠とする必要性が高いことなどにある。

そして，実況見分と検証は任意処分か強制処分かという違いはあるものの，検証調書と同一の捜査方法によって作成されるものであるから，このような必要性と信用性の情況的保障は同様に認められる。

➡規範

したがって，実況見分調書は「検証の結果を記載した書面」に包含されると解する。

➡結論

(2)　したがって，本件実況見分調書に同項が適用され，作成者たる司法警察職員の真正作成供述があれば，例外的に証拠能力が認められうる。

論 立会人の指示説明の証拠能力

3　しかし，本件実況見分調書の本件記載部分には，立会人Wの衝突地点がX地点であるという供述が含まれている。そこで，本件記載部分は，伝聞証拠にあたり，原則として，証拠能力が認められないのではないか。

➡あてはめ

(1)　本件記載部分は立会人Wの公判廷外の供述を内容とするものである。

次に，原供述の内容の真実性が問題となるかについてであるが，本問ではこの記載部分をWが指示した目撃地点からX地点が見とおせることを証明するために用いている。そのため，要証事実はWがX地点を指示したという事実である。そうだとすれば，実際にX地点で衝突事故があったかどうかは関係がないといえるため，内容の真実性は問題とならない。

(2)　したがって，本件記載部分は伝聞証拠にあたらない。

4　よって，真正作成供述があれば，本件実況見分調書に証拠能力が認められる。

➡結論

第2　小問2について

1　本件実況見分調書が伝聞証拠にあたるものの，321条3項の適用により例外的に証拠能力が認められうるのは，前述と同様である。

2　もっとも，本件記載部分は，伝聞証拠にあたり，原則として，証拠能力が認められないのではないか。

論 立会人の現場供述の証拠能力

(1)　本件記載部分が公判廷外の供述を内容とすることは前述したとおりである。

➡あてはめ

次に，本件記載部分をX地点で衝突があったことを立証するために用いているから，要証事実はX地点で衝突があったことであり，原供述の内容の真実性が問題となる。

➡結論

(2)　したがって，本件記載部分は伝聞証拠にあたるから，原則として証拠能力は認められない。

3　もっとも，本件記載部分は立会人Wという「被告人以外の者」の供述であるから，321条1項3号の要件をみたせば，例外的に証拠能力が認められる。しかし，本件記載部分には立会人Wの署名・押印がないから，証拠能力は認められない。

4　よって，本件実況見分調書の証拠能力は認められない。

➡結論

以上

出題趣旨

本問は，検証と実況見分の理解を問う問題である。実況見分調書の証拠能力と立会人の指示説明の証拠能力という典型論点を再確認してほしく，出題した。実況見分調書中の立会人の供述や写真の証拠能力については，最決平成17年９月27日刑集59巻７号753頁（判例シリーズ90事件）という重要な判例があり，旧司法試験2006（平成18）年度第２問，司法試験2009（平成21）年，2013（平成25）年で出題されている。

論点

1　伝聞証拠の意義／伝聞・非伝聞の区別
2　実況見分調書への321条３項適用の可否
3　立会人の指示説明の証拠能力
4　立会人の現場供述の証拠能力

答案作成上の注意点

1　はじめに

小問１，２は，いずれも捜査段階で作成された実況見分調書の証拠能力および立会人による指示説明の部分の証拠能力を問う問題です。このようになんらかの供述の記載がなされた調書については，調書全体の証拠能力について検討した後，個々の記載部分についての証拠能力を検討することが望ましいです。答案例でも最初に本件実況見分調書全体について321条３項が適用され証拠能力が認められるかについて検討した後に，本件実況見分調書内の立会人Wによる「Vとバイクが衝突した地点は，X地点である。」という本件記載部分について証拠能力が認められるかを検討しています。受験生はこの流れを参考にするとよいでしょう。

小問１，２は伝聞例外における典型的な問題です。できなかった場合はしっかり復習しましょう。

2　実況見分調書の証拠能力について

まず，本件実況見分調書全体について証拠能力が認められるか，検討する必要があります。出発点として本件実況見分調書が伝聞証拠（320条１項）にあたらないかを検討します。「公判廷外の原供述を内容とするもので，原供述の内容の真実性が問題となるもの」という伝聞証拠の定義を示したうえで論述しましょう。本件実況見分調書は司法警察職員の公判廷外の供述（実況見分の結果）を内容としており，小問１，小問２の要証事実との関連でその内容の真実性が問題となりますから，伝聞証拠にあたることは間違いないでしょう。

本件実況見分調書は伝聞証拠にあたることから，原則としてその証拠能力は否定されることになります。もっとも，321条以下の伝聞例外規定が適用されれば証拠能力は例外的に認められますから，伝聞例外規定の適用について検討する必要があります。実況見分調書については，321条１項３号または同条３項が適用される可能性があるといえますが，３項のほうが要件がゆるやかなので，こちらから検討しましょう。

この点，321条３項は，「検証の結果を記載した書面」についてゆるやかな要件で伝聞例外を認めていますが，実況見分は「検証」ではありません。そのため，同項の適用はないとも思えます。

しかし，判例は実況見分調書について同項の適用を認めています（最判昭和35年９月８日刑集14巻11号1437頁〔判例シリーズ82事件〕）。なぜ実況見分調書に321条３項の適用を認めたのかについて，判例は詳しく明らかにしてはいませんが，その理由としては，①検証の物の形状や位置関係といったものを観察対象とするという性質上，検証者の恣意が入り込みにくいという同項の趣旨が，実況見分調書にも妥当するということ，および②実況見分と検証は，強制処分か任意処分かという違いはあるが，その態様に異なるところはないことがあげられます。

本問でも，判例に従えば実況見分調書に同項が適用されるでしょうが，その理由づけはしっかり行ってください（第37問も参照）。また，同項の適用を認めない場合には，「被告人以外の者」（同条１項柱書）が作成した書面として，伝聞例外の一般規定である同項３号の書面にあたるかを検討する必要があります。

本問では同条３項が適用された場合の真正作成供述についてそれほど論述することを求められておらず，答案例でもあまり触れていません。しかし，詳しく聞かれた場合には，真正の対象について示す必要があります。通説は，真正の対象には作成名義の真正のみならず，記載内容の正確性，検証内容の正確性についても含まれるとしています。したがって，作成者たる司法警察職員等は公判廷においてみずからが作成したものであることを供述するのみならず，検証・実況見分の内容が正確であること，および記載内容が検証・実況見分の結果どおりであることまで供述する必要があります。

3　立会人の指示説明について

1　総則

実況見分調書全体に証拠能力が認められたとしても，本件実況見分調書には，立会人Wによる「Vとバイクが衝突した地点は，X地点である。」旨の本件記載部分があります。そのため，本件記載部分についても別途証拠能力を検討する必要があります。

具体的には，本件記載部分が伝聞証拠にあたらないかが問題となります。すなわち，立会人Wが「衝突地点はX地点である。」と供述し，それを司法警察職員が録取したものとして，当該供述部分が伝聞証拠にあたらないかということです。実況見分調書が，その原供述の内容の真実性の立証のために用いられる場合には伝聞証拠にあたります。もし，本件事故の衝突地点がX地点であるということを立証するために立会人Wの供述を利用する場合には，その供述の内容の真実性の立証のために用いられるものとして伝聞証拠にあたるでしょう。他方で，このような供述については，X地点を実況見分の対象とした契機を示すものとして用いられることも多いです。すなわち，X地点を調べたのは，立会人Wがそこを衝突地点だと示したからであると説明するために用いられるということです。この場合に当該供述は，本当にX地点で衝突があったかどうかの立証のために用いられるわけではないので，供述の内容の真実性は問題とならず，伝聞証拠にはあたりません。

このように，指示説明については，何を立証するためのものかで伝聞証拠にあたるかどうかが異なります。そのため，立証趣旨が何であるかを意識しながら論述することが重要でしょう。

2　小問１について

小問１における要証事実は，Wが指示した目撃地点からX地点を見とおせたことであり，衝突地点がX地点であったことではありません。要証事実との関係では，本件記載部分は実況見分の動機・経緯を明らかにするために用いられており，X地点で衝突が実際にあったかどうかは問題となりません。したがって，本件記載部分は伝聞証拠にあたりません。このような記載部分を「現場指示」といいます。

また，判例は，類似の事案において，実況見分調書が321条３項の書面に含まれることを前提として，立会人の指示説明を調書に記載することは，実況見分の結果を記載することと変わらず，取調べによる供述調書とは異なるのであるから，指示説明をした立会人の署名・押印は不要であるとしています（最判昭和36年５月26日刑集15巻５号893頁〔判例シリーズ83事件〕）。すなわち，立会人の指示説明については伝聞証拠にあたらず，伝聞例外の要件を検討する必要がない以上，立会人の署名・押印は不要であるということです。さらに，判例は，実況見分調書は321条３項の書面として採用されるにほかならないから，立会人について公判廷で被告人に尋問の機会を与える必要もないとしています。

3　小問２について

小問２は，衝突地点がX地点であることを立証するために実況見分調書を用いる場合です。この場合，実際に衝突地点がX地点であるか否かが問題となり，要証事実はX地点で衝突事故が発生したことになります。したがって，伝聞証拠にあたることとなります。このような記載部分を「現場供述」といいます。

次に，本件記載部分について伝聞例外が認められないかを検討する必要があります。立会人Wは「被告人以外の者」にあたりますから，321条1項3号の適用の有無を検討することになるでしょう。同項3号が適用されるかについては，ⓘ供述不能事由，ⓘⓘ不可欠性，ⓘⓘⓘ絶対的特信情況に加え，司法警察職員が立会人Wの供述を聴きとったというかたちになるので，ⓘⓥ供述者の署名・押印（同項柱書）も必要です。本問では，立会人Wの署名・押印はないので，同号の適用は認められないことになります。

判例（前掲最決平成17年）も，立証趣旨を被害再現状況として，捜査段階で被害者が被害状況を再現した結果を記録した実況見分調書について，再現部分を伝聞証拠としたうえで，被害者の署名・押印がないため321条1項3号の適用がなく，証拠能力が認められない旨示しています。

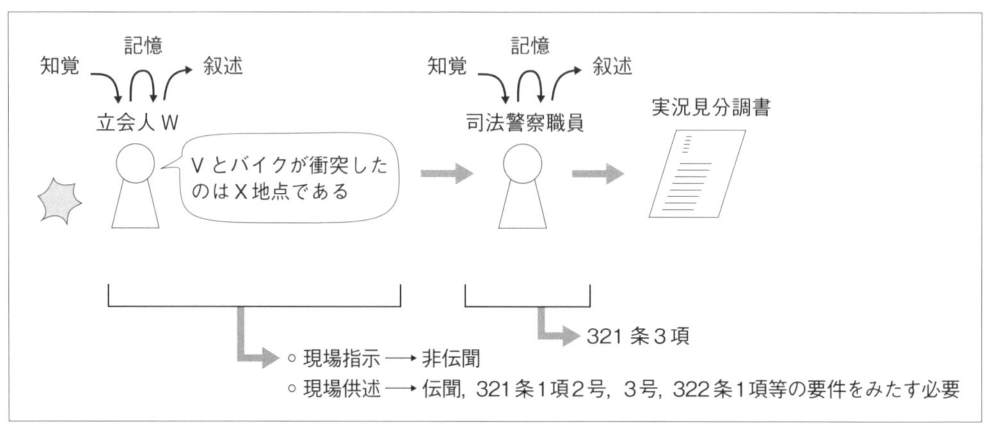

4 補足

実況見分調書に321条3項が適用されるかという論点に類似する論点として，鑑定書面についてゆるやかに伝聞例外を認めた同条4項が，鑑定受託者（223条1項）が作成した鑑定書にも準用されるかという論点があります（主体が鑑定人とは異なるので，準用の可否の問題です）。判例もある（最判昭和28年10月15日刑集7巻10号1934頁〔判例シリーズ84事件〕）ところなので，実況見分調書の論点とあわせておさえておくことをお勧めします。

【参考文献】

試験対策講座10章4節3【2】(5)・(6)。判例シリーズ82事件，83事件，84事件，90事件。条文シリーズ321条3 7・8。

第37問 B　捜査機関以外の者が作成した見分書

被告人Aは自身が所有する家に放火をし，保険金をだまし取ろうとしたとして，令和4年4月に非現住建造物放火と詐欺未遂の罪で起訴された。公判ではAは放火への関与を否認していた。

そこで，検察官は，民間調査会社のX（消防士として15年の勤務経験があり，通算20年にわたって火災原因の調査を行ってきた者である）が作成した燃焼実験報告書（以下「本件報告書」という）を，被告人が放火に関与したことを推認させる証拠のひとつとして証拠調べ請求をした。これに対してAの弁護人は不同意としたが，裁判所は321条3項を準用し，Xを尋問した後，本件報告書を証拠として採用した。

Aの弁護人は，Xの作成した本件報告書に321条3項を準用することは違法であると主張する。これに対し，検察官側は，321条3項の準用は認められると反論したうえで，たとえ同項の準用が認められないとしても，4項の準用により本件報告書に証拠能力が認められるという結論には影響しないと主張する。

Aの弁護人の主張および検察官の主張の当否について論じなさい。

【解答へのヒント】

本問は判例をベースにした非常にオーソドックスな問題になっています。結論からいえば，判例は321条3項該当性を否定しています。なぜ判例がこのような結論にいたったのか，その判断枠組みに沿って理由づけをしてみてください。

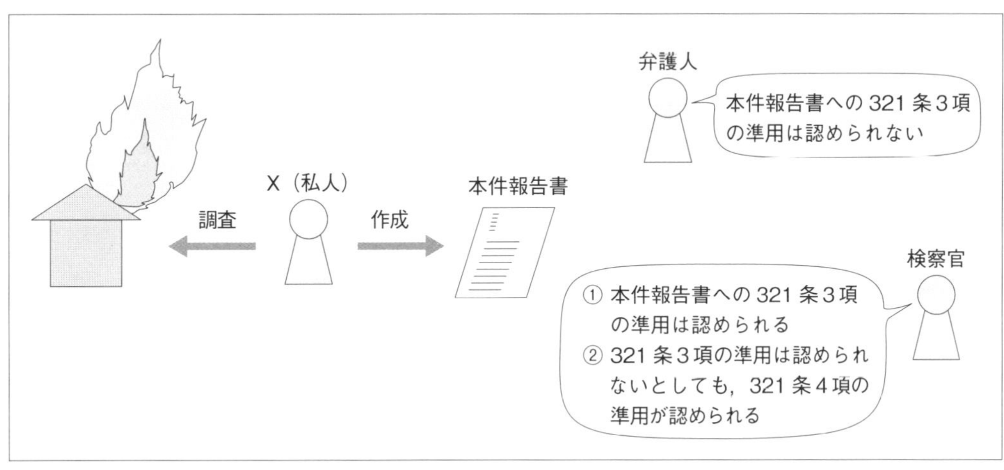

答案例

1　Aの弁護人の主張の当否について

本問で裁判所は，私人が作成した本件報告書について刑事訴訟法321条３項（以下法名省略）が準用され，真正作成供述を得たうえで証拠能力が認められると判断している。本件報告書はXが五感の作用で認識した結果を記載したものであるから，検証調書に準ずるものであるが，「検察官，検察事務官又は司法警察職員」（同項）が作成したものではなく，同項が私人にも準用できるかが問題となる。

論 私人作成の燃焼実験報告書に対する321条３項準用の可否

(1)　この点につき，同項がゆるやかな要件のもとに証拠能力を認めた趣旨は，検証が技術的な作用ゆえに恣意や誤りが入り込む危険性が少なく信用性の情況的保障が認められること，口頭で細かな観察の結果を供述させるよりも書面を提出させるほうが正確を期しやすく証拠とする必要性が高いことなどにあるから，検証主体は上記の者に限定されないとも思われる。

しかしながら，検証調書に対する信用性の情況的保障は，捜査の権限を有する公務員によって行われることではじめて担保される。

そのため，少なくとも私人に同項を準用することはできないと解する。

➡規範

(2)　以上より，本件報告書に321条３項を準用したことは違法であり，この点に関するAの弁護人の主張は正当である。

➡結論

2　検察官の主張の当否について

検察官は，同項の準用が認められないとしても，同条４項準用により，真正作成供述を要件として証拠能力は認められると主張する。この主張の可否につき，以下検討する。

論 私人作成の燃焼実験報告書に対する321条４項準用の可否

(1)　この点につき，同項は「鑑定人」を主体として作成された書面についての規定であるが，同項において信用性の情況的保障は，作成者の身分にかかわらず作成者が有する特別の学識経験によって担保されるため，３項の場合とは異なり，作成主体をゆるやかに解することができる。

そこで，信用性を基礎づけるだけの特別の学識経験を有している私人によって作成された書面にも，４項を準用できると解する。

➡規範

(2)　本問では，Xは消防士としての長期の勤務経験に加えて，火災原因調査に20年にもわたって携わっており，火災原因の調査，判定について特別の学識経験を有していたといえる。

➡あてはめ

(3)　そのため，本件報告書は４項の書面に準ずるものであり，同項の準用は認められる。よって検察官の主張は正当である。

➡結論

以上

出題趣旨

最決平成20年8月27日刑集62巻7号2702頁（百選84事件）を基にした基本的な問題である。この判例の結論は有名だが，結論だけでなくその判断にいたった過程も知っておく必要がある。本問を解くにあたっては，321条3項の趣旨，4項との相違点についての知識も必要とされるため，十分に復習をしてほしい。

論点

1　私人作成の燃焼実験報告書に対する321条3項準用の可否
2　私人作成の燃焼実験報告書に対する321条4項準用の可否

答案作成上の注意点

1　321条3項による伝聞例外

伝聞証拠にあたる場合でも，一定の要件をみたせば証拠能力が認められること（伝聞例外）はすでに学びました。この伝聞例外を理解するうえでは，321条1項2号，3号の要件を覚えることも重要ですが，なぜ伝聞例外要件がみたされれば証拠能力が認められるのか，趣旨までさかのぼって理解することが必須といえます。ここまでしっかり理解しておかないと，少なくとも本問には対応できません。

さて，本問では321条1項2号，3号ではなく，321条3項について問われています。同項も伝聞例外について定めたものですが，1項2号，3号とは異なり，大幅にゆるやかな要件のもとで証拠能力を認めています。供述不能事由や特信情況の要件は定められず，ただ作成者の真正作成供述があれば証拠能力が認められるのです。この要件の違いはどこから生まれるのでしょう。

それには大きく2つの理由があるといわれています。1つは，①3項の対象である検証調書は，五感の作用で人，物，場所の存在や形状を把握した結果を報告するものであるから，口頭による報告よりも書面での報告のほうが優れていることに求められます。検証調書は，図や写真などが使われていることが多いので，裁判官としても口頭で説明を受けるよりも，みずから書面に目をとおしたほうがより事件を理解できるでしょう。もう1つの理由としては，②検証調書は作成者が客観的に認識した結果をその場で記録し，報告するものであるため，検証者の恣意や誤認が入る余地が小さく，類型的に信用性が高いことがあげられます。事件の目撃証言などは，突発的な認識の結果であるため，誤認が生じる危険性は高いですが，検証の場合，担当者が業務として冷静な視点で行うため，誤認が生じる危険は上記に比して小さいといえるでしょう。技術的な作業ゆえに作成者による誤差が生じにくいということも信用性を担保しています。

このような信用性が認められるならば，そもそも真正作成供述すら必要ないのではないかと疑問に思うかもしれません。しかし，裁判所のような公平な第三者が作成したものとは異なり，3項で対象となっているのは捜査機関が作成した検証調書であるため，真正作成供述すら不要とするほどの高度な信用性は認められません。この違いは，2項と3項の要件を比較してみるとよくわかります。

3項は，以上のような考慮から，真正作成供述を要件として伝聞例外を規定しています。本問でも，このような3項の趣旨に着目して，私人作成の検証調書にも3項を準用することの可否について論ずることになります。

2　321条3項準用の可否

3項の上記①②のような趣旨からすれば，私人が捜査機関と同様の技術的な作業により作成した検証調書にも同項を準用してもいいように思えます。しかしながら，判例（前掲最決平成20年）はこれを否定します。その理由は３項の文言および趣旨にあります。判例は，上記①，②に加えて，③３項で伝聞例外要件が緩和されているのは，作成主体が捜査の職権を有する公務員であることにより，結果への信頼が担保されているからであると考えているのです。このような理解のもと，判例は，３項が「検察官，検察事務官又は司法警察職員」を作成主体としてあげているのは，単なる例示列挙ではなく，作成主体を捜査機関を構成する公務員に限定することで，書面の信用性の情況的保障を担保する趣旨であると解していると考えられます。３項の文言，趣旨をこのように解するかぎり，同項を私人作成の文書にまで準用するのは難しいのです。捜査機関作成の検証調書には技術的客観的な作業ゆえに信用性が高いことは上記のとおりですが，裁判所はこれに加えて，③作成主体が捜査の職権を有する公務員であることにより，結果への信頼が生まれると考えているのです。

３項の準用をめぐっては，さまざまな学説がありますが，判例が，主体が公務員であることに着目し，このことによって信用性が担保されるという考え方に立つ以上，学識経験が豊富といえども私人に準用することは難しいでしょう。参考として，下級審の判断ではありますが，東京高判昭和57年11月９日東高刑33巻10～12号67頁も見てみることをお勧めします。

3　321条４項の準用

もっとも，前掲最決平成20年は，３項の準用は否定するものの，４項の準用を認め，結果的には私人作成の燃焼実験報告書の証拠能力を認めています。４項は，鑑定人が作成した鑑定書について，３項と同じく真正作成供述を要件として証拠能力を認めるものですが，４項の場合は，３項と異なり主体をゆるやかに解することができます。というのも，４項は「鑑定人」が主体の規定ですが，検証調書の作成とは異なり，４項の書面の作成には特別の学識経験が要求されるため，これによって信用性は十分担保されると考えられているのです。このように，４項の書面は，特別の学識経験を有する専門家によって客観的に分析・判断されることによって，信用性の情況的保障が担保されていると考えれば，その作成主体は特別の学識経験を有する者であればよく，４項で「鑑定人」と作成主体が明示されているのも，作成主体を特別の学識経験を有する者に限定する趣旨と理解できるため，３項と異なり，作成主体をゆるやかに解することができるのです。本問では，Xは火災原因の調査，判定について特別の学識経験を有しているため，４項を準用することができるでしょう。

4　真正作成供述とは

上記のように，321条３項や４項は真正作成供述があれば伝聞例外を認める規定ですが，具体的に真正作成供述とは何でしょうか。本問を機に学んでおきましょう。

真正作成供述とは，端的にいえば，書面の作成者が公判期日において証人として尋問を受け，真正に作成されたものであることを供述することと定義されます。内容としては，間違いなく自分が作成した書面であるという供述（名義の真正）に加えて，検証が正確な観察によって行われ，その結果を正しく記載したという供述（内容の真正）も意味します。内容の真正まで要求されるのは，内容の真実性が供述されてはじめて，信用性の情況的保障が認められると考えられるからです。

真正作成供述の内容については，論文で問われることは考えにくいですが，実務では重要な部分であり，予備試験口述試験で問われたこともあるため，知識としてしっかりおさえておきましょう。

【参考文献】

試験対策講座10章４節3【2】(5)・(6)。条文シリーズ321条3７・８。

第38問 A　現場写真，犯行再現写真の証拠能力

令和３年８月21日，H県I市内の路上において，被害者Vが口論の末に手拳で殴打され傷害を負う事件が発生した。被疑者Aは，傷害の被疑事実で逮捕・勾留され，同被疑事実で公訴提起された。以上を前提にして，各小問に答えなさい。

1　警察官Kは，公判期日において，Aの犯行を目撃したWがその際に現場でAの犯行状況を撮影した写真について，事件当時の犯行状況を立証趣旨として，証拠調べを請求した（Wが撮影した写真を「写真１」という）。

写真１に証拠能力は認められるか。

2　Kは，公訴提起前に行われた実況見分において，Aに対しどのように犯行したのか尋ねた。Aはこれに任意に応じ，「私は，このように右手でVさんを殴りました。」と言いながら，右手を伸ばして殴る構えをした。Kは，その様子を写真撮影した（Kが撮影した写真を「写真２」という）。Kは，写真２を貼付し，その下部に「Aは，『私は，このように右手でVさんを殴りました。』と述べた。」という説明とAの署名・押印がある写真撮影報告書を作成した。

Kは，公判期日において，犯行再現どおりの犯罪が行われたことを立証趣旨として，写真撮影報告書について証拠調べを請求した。Aの弁護人は，これに同意していない。

この写真撮影報告書に証拠能力は認められるか。

【解答へのヒント】

1　小問１について

証拠法の問題となると，すぐに伝聞証拠該当性に飛びつきたくなるかもしれません。

しかし，写真１のようないわゆる現場写真は，そもそも供述証拠に該当するでしょうか。供述証拠の定義・趣旨から考えてみましょう。

2　小問２について

写真撮影報告書について証拠能力が認められるとしても，写真２や説明部分については別途証拠能力が問題とならないでしょうか。写真２が，Aによる犯行再現動作を撮影したものであることに着目してみましょう。

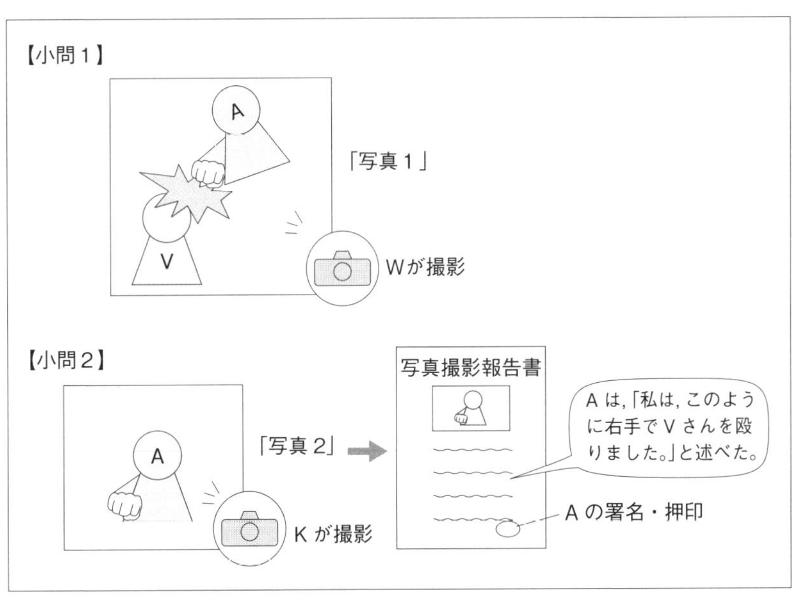

答案例

第1　小問1について

1　写真1は，Aによる犯行を現場で撮影したものであり，犯行状況を証明するために用いられているから，いわゆる現場写真に該当する。

論 現場写真の証拠能力

このような現場写真について，供述証拠，すなわち供述またはそれを内容とする書面であって，人によって語られた内容が真実であることを証明するために用いられる証拠に準じるものとして扱うべきかが問題となる。

(1)　たしかに，写真撮影は人間の操作によって行われるから，人為的な誤りが生じる危険性は否定できない。

しかし，写真撮影における撮影・保存・印刷のプロセスは機械的に行われるから，上記の危険は供述過程において生じうる誤りの危険とは質的に異なる。

➡ 規範

したがって，現場写真を供述証拠に準じるものとして扱う必要はないと解する。

➡ あてはめ

(2)　よって，写真1を供述証拠に準じるものとして扱う必要はない。そして，写真1はAによる犯行を撮影したものであるから，自然的関連性および法律的関連性を否定する事情は存在しない。

➡ 結論

2　以上より，写真1について証拠能力が認められる。

第2　小問2について

1　写真撮影報告書の証拠能力

論 写真撮影報告書自体の証拠能力

(1)　本問の写真撮影報告書は伝聞証拠に該当し，刑事訴訟法320条1項（以下法名省略）により原則として証拠能力が否定されないか。

➡ 規範

ア　伝聞証拠とは，公判廷外の原供述を内容とするものであって，要証事実との関係で原供述の内容の真実性が問題になるものをいうと解する。

➡ あてはめ

イ　本問の写真撮影報告書は，Kが公判廷外において知覚した事実を内容とする書面であり，再現どおりの犯行が行われたことという要証事実との関係で，その内容の真実性が問題となる。

ウ　したがって，写真撮影報告書は伝聞証拠に該当し，原則として証拠能力が否定される。

(2)　では，伝聞例外の要件をみたすか。

本問において，Aの弁護人による同意（326条1項）はない。しかし，写真撮影報告書は，警察官Kが公判廷外において知覚した事実を内容とする書面であり，検証調書や実況見分調書と実質を同じくする。

したがって，Kが公判期日に証人として尋問を受け，それを真正に作成したことを供述すれば，写真撮影報告書の証拠能力は認められる（321条3項）。

(3)　もっとも，添付されている写真2やKが記載した説明部分の証拠能力が否定された場合，写真撮影報告書は要証事実を証明する証拠たりえない。そこで，写真２およびKが記載した説明部分の証拠能力について，それぞれ検討する。

2　添付された写真２の証拠能力

論 犯行再現写真の証拠能力

(1)　添付された写真２は，Aが公判廷外において任意に犯行を再現した様子を撮影した犯行再現写真であり，Aの動作による供述を記録した供述証拠にあたる。そして，再現どおりの犯行が行われたことという要証事実との関係において，Aの動作による供述の内容の真実性が問題となる。したがって，写真２は伝聞証拠に該当し，写真撮影報告書とは別に伝聞例外の要件をみたさないかぎり，証拠能力が否定される。

➡ あてはめ

(2)　そこで，写真２はAの動作による供述を内容とするから，322条１項の要件をみたすか検討する。

まず，写真撮影は機械的に行われるから，同項本文が定める供述者の署名・押印は必要ないと解する。

そして，Aは，犯行再現によってみずからの犯罪事実を直接認めている。これは，「その供述が被告人に不利益な事実の承認を内容とするものであるとき」（同項本文）にあたる。また，Aは犯行再現を任意に行っているから，「任意にされたものでない疑があると認めるとき」（同項ただし書）にはあたらない。

(3)　したがって，322条１項の要件をみたすから，添付された写真２の証拠能力も認められる。

➡ 結論

3　Kが記載した説明部分の証拠能力

論 説明部分の証拠能力

(1)　Kが記載した説明部分は，Aの供述を録取したものである。そして，要証事実との関係では，録取したAの供述内容の真実性が問題となる。したがって，説明部分も伝聞証拠に該当し，伝聞法則が適用されるので，説明部分についても，別途伝聞例外の要件をみたすか検討する。

➡ あてはめ

(2)　そこで，説明部分はAの公判廷外供述を内容とするから，322条１項の要件をみたすか。

Aの供述は，みずからの犯罪事実を認めるものであるから，「その供述が被告人に不利益な事実の承認を内容とするものであるとき」（同項本文）にあたる。また，Aは任意に供述しているので，「任意にされたものでない疑があると認めるとき」（同項ただし書）にはあたらない。そして，説明部分についてはAの署名・押印がある。

(3)　したがって，322条１項の要件をみたすから，説明部分の証拠能力も認められる。

➡ 結論

4　以上より，321条３項の要件をみたせば，写真撮影報告書の証拠能力が認められる。

➡ 結論

以上

出題趣旨

本問は，いわゆる現場写真，犯行再現写真の証拠能力を検討させるものである。写真の証拠能力を検討させる問題は，2006（平成18）年度の旧司法試験，2009（平成21）年・2013（平成25）年の新司法試験，2015（平成27）年の予備試験で出題されており，今後も出題が予想される。本問は，写真の証拠能力に関する基本的な知識を固めていただきたく，特殊事情のないシンプルな事案とした。

論点

1　現場写真の証拠能力
2　写真撮影報告書自体の証拠能力
3　犯行再現写真の証拠能力
4　説明部分の証拠能力

答案作成上の注意点

1　小問1について

1　供述証拠と非供述証拠

本問について検討する前に，供述証拠と非供述証拠について簡単に確認しておきます。供述証拠とは，供述またはそれを内容とする書面であって，人によって語られた内容が真実であることを証明するために用いられる証拠をいいます。たとえば，公判廷における証人の証言がこれにあたります。供述証拠以外の証拠を，非供述証拠といいます。

供述証拠を用いる場合，すなわち人によって語られた内容が真実であることを証明しようとする場合，誤った事実認定を招く可能性を考慮する必要があります。なぜなら，人の供述には，知覚・記憶・叙述の過程があり，各過程において誤りが生じる可能性があるからです。対象を見間違えたり，時間が経過して記憶が薄れてしまったり，知覚・記憶した事実と異なることを言ってしまったりすることはだれにでもありえます。その誤りを排除するために，供述の正確性を吟味する必要があります。その方法としてもっとも適切なのが，公判廷における尋問です。供述証拠のうち，内容となっている供述が公判廷外でなされているもの，すなわち伝聞証拠については，公判廷における供述者への尋問が行えないため，伝聞法則（320条1項）が適用され，原則として証拠能力が否定されます。

重要なのは，供述証拠に該当してはじめて，伝聞証拠該当性が問題になるということです。非供述証拠については，伝聞証拠該当性は問題になりません。証拠法の問題となると，すぐに伝聞証拠該当性に飛びつきたくなるかもしれませんが，そもそも供述証拠に該当するのかを考えることを忘れないようにしましょう。

2　写真は供述証拠に準じるものとして扱うべきか

写真は，形式的には供述証拠の定義にあたりません。しかし，人間の目に代わって外界の事象を記録し，脳に代わってデータを保存し，口に代わって記録した映像を現像するという，供述証拠に似たプロセスを経ています。そこで，写真を供述証拠に準じるものとして扱うべきか否かが問題となります。

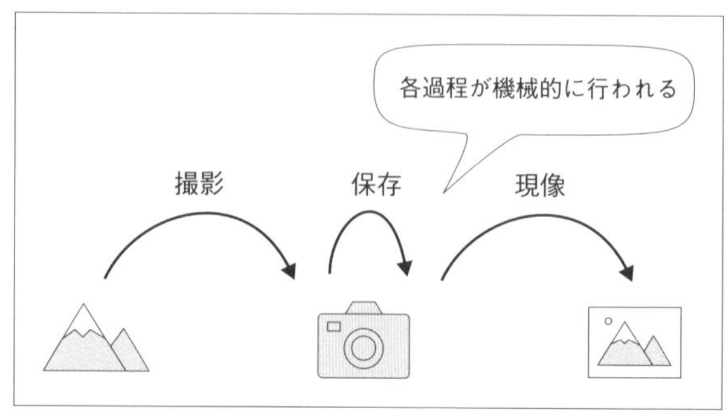

ある見解は，写真について供述証拠に準じるものとして扱うべきであると

します（供述証拠説）。写真の撮影，保存，現像は人間の手で行われるから，そこには人為的なミスの危険があり，それは供述の各過程における誤りの危険と同等である，という見解です。

しかし，写真撮影における撮影・保存・現像のプロセスは機械的に行われるので，人為的なミスの危険があるといっても，前述したような供述過程における誤りの危険とは質的に異なります。したがって，写真を供述証拠に準じるものとして扱う必要はないと考えるべきでしょう（非供述証拠説）。

3　現場写真の証拠能力

写真1のように，犯罪の現場における犯行の状況を撮影した写真で，当該状況の証明のために用いられるものを現場写真といいます。

非供述証拠説に立てば，現場写真は非供述証拠ということになりますから，伝聞証拠該当性は問題になりません。したがって，他の観点から証拠能力が否定されないかぎり，証拠能力が認められます。最決昭和59年12月21日刑集38巻12号3071頁（判例シリーズ89事件）も，同様の立場に立っています。

写真1については現場写真であり，非供述証拠に該当します。他に証拠能力を疑わせる事情はありませんから，証拠能力が認められます。

2　小問2について

1　写真撮影報告書の証拠能力

小問2では，まず写真撮影報告書そのものの証拠能力を検討する必要があります。

写真撮影報告書は，検察官，検察事務官，司法警察職員が公判廷外において知覚した事実の報告を内容とする書面であり，要証事実との関係で記載された内容の真実性が問題となります。したがって，写真撮影報告書は伝聞証拠に該当し，320条1項によって原則として証拠能力が否定されます。

そこで，伝聞例外の規定により証拠能力が認められないかを検討することになります。被告人の同意（326条1項）がない場合，作成者が公判廷において証人尋問を受け，写真撮影報告書を真正に作成したことを供述すれば，証拠能力が認められることになります（321条3項）。写真撮影報告書は，検察官，検察事務官，司法警察職員が公判廷外において知覚した事実を内容とする書面であり，検証調書や実況見分調書と実質を同じくするからです。

本問では，Aの弁護人が写真撮影報告書を証拠とすることに同意していません。したがって，Kが公判期日に証人として尋問を受け，その真正に作成したことを供述すれば，写真撮影報告書自体の証拠能力は認められます。写真撮影報告書自体が伝聞証拠に該当すること，321条3項が適用されることには争いがありませんので，コンパクトに論じることを心掛けましょう。

もっとも，添付されている写真2やKが記載した説明部分の証拠能力が否定された場合，写真撮影報告書は要証事実を証明する証拠たりえません。そこで，写真2およびKが記載した説明部分の証拠能力について，それぞれ検討することになります。

2　犯行再現写真の証拠能力

では，写真撮影報告書に添付されている写真2についても当然に証拠能力が認められるでしょうか。

写真2のように，被疑者・被告人などに犯罪が行われた状況を再現させた様子を撮影した写真を，犯行再現写真といいます。犯行再現写真を再現されたとおりの犯行が行われたことを証明するのに用いる場合には，犯行再現写真は動作による供述を記録した供述証拠にあたります。犯行再現は公判廷外で行われますから，犯行再現写真は伝聞証拠に該当し，伝聞例外の要件をみたさないかぎり証拠能力が否定されます。

被告人の同意がない場合，再現者が被告人であれば322条1項の要件を，被告人以外の者であれば321条1項各号の要件をみたせば証拠能力が認められます。なお，写真撮影は機械的プロセスを経て行われるので，再現者による署名・押印は不要と考えるべきでしょう（第39問参照）。最決平成17年9月27日刑集59巻7号753頁（判例シリーズ90事件）も同様の考え方によっています。

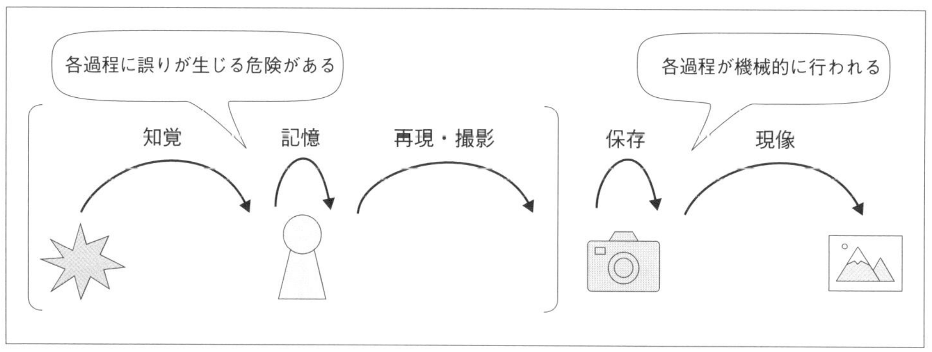

本問において，写真２はAが公判廷外において再現した犯行状況を撮影した犯行再現写真ですから，これを再現どおりの犯行が行われたことを証明するのに用いる場合，伝聞証拠に該当します。したがって，321条３項とは別に伝聞例外の要件をみたす必要があります。

Aの弁護人による同意はありませんので，322条１項の要件をみたすか検討していくことになります。Aによる犯行再現は，みずからの犯罪事実を認めることにほかなりませんから，「その供述が被告人に不利益な事実の承認を内容とするものであるとき」（322条１項本文）に該当します。また，Aは犯行再現を任意に行っていますので，「任意にされたものでない疑があると認めるとき」（322条１項ただし書）にはあたりません。

したがって，322条１項の要件をみたすので，写真２の証拠能力も認められます。

3　説明部分の証拠能力

写真撮影報告書の説明部分は，Aの現場における供述をKが録取したものです。本問の要証事実との関係では，録取したAの供述内容の真実性が問題となります。したがって，伝聞法則が適用されるので，別途伝聞例外の要件をみたすか検討する必要があります。

説明部分は被告人Aの公判廷外供述を内容とするものですから，322条１項の要件をみたすか検討することになります。Aの供述は，みずからの犯罪事実を認めるものですから，「その供述が被告人に不利益な事実の承認を内容とするものであるとき」（322条１項本文）に該当します。また，任意に供述しているので，「任意にされたものでない疑があると認めるとき」（322条１項ただし書）にはあたりません。そして，説明部分についてはAの署名・押印があります。

したがって，322条１項の要件をみたすので，説明部分の証拠能力も認められます。

4　結論

以上より，写真２および説明部分の証拠能力が認められますから，321条３項の要件をみたせば，写真撮影報告書全体の証拠能力は認められることになります。

5　写真の証拠能力

本間で検討したように，写真はそれ自体非供述証拠であるものの，撮影したものによっては供述証拠に該当することもありえます。パターンとして覚えるのではなく，具体的事案に即していずれに該当するかを考えることができるようにすることが重要です。

【参考文献】

試験対策講座10章４節3【2】(7)(a)。判例シリーズ89事件，90事件。条文シリーズ320条2４(1)。

第39問 A　弾劾証拠

被告人Aは，Vと路上で口論の末，その場を立ち去ろうとしたVを背後から手で突き飛ばし，その場に転倒させ負傷させたとして，傷害罪で起訴された。これに対して，Aは，「Vと口論をしたが，Vに対して暴行は加えておらず，その場から立ち去ろうとしたVがつまずいて転んだにすぎない。」旨弁解している。

公判廷で，証人W_1が，「AとVが口論しており，その場を立ち去ろうとしたVが，自分で勝手につまずいて転倒したのを私は見た。」旨，目撃状況を証言した。これに対して，検察官が，その証明力を争うために，捜査段階で得られた次のような証拠の取調べを請求した場合，裁判所は証拠として採用することができるか。

1　W_1と同様に現場を目撃したW_2が行った，「AがVを背後から手で突き飛ばし，Vが転倒したのを私は見た。」旨の供述を録取した警察官作成の書面で，W_2の署名・押印のあるもの

2　W_1が行った，「AがVを背後から手で突き飛ばし，Vが転倒したのを私は見た。」との供述を聞き取った旨の記載のある警察官作成の捜査報告書で，警察官の署名・押印はあるが，W_1の署名・押印はないもの

【解答へのヒント】

1　小問1について

本件書面は公判廷供述の証明力を争うために取調べ請求をされているので，328条の適用について検討する必要があるでしょう。もともとの公判廷供述は証人W_1によりなされたものですが，本件書面はW_2の供述を録取した書面であり，供述者は異なっています。このような証拠についても328条の適用を認めてもよいのでしょうか。

2　小問2について

本件捜査報告書は公判廷供述の供述者であるW_1が行った供述を内容としていますから，328条の適用が認められそうです。しかし，本件捜査報告書にはW_1の署名・押印がありません。W_1の署名・押印がないと，どのような問題が生じるでしょうか。供述録取書の作成の過程も考えながら，本件捜査報告書に328条が適用されるかについて検討してください。

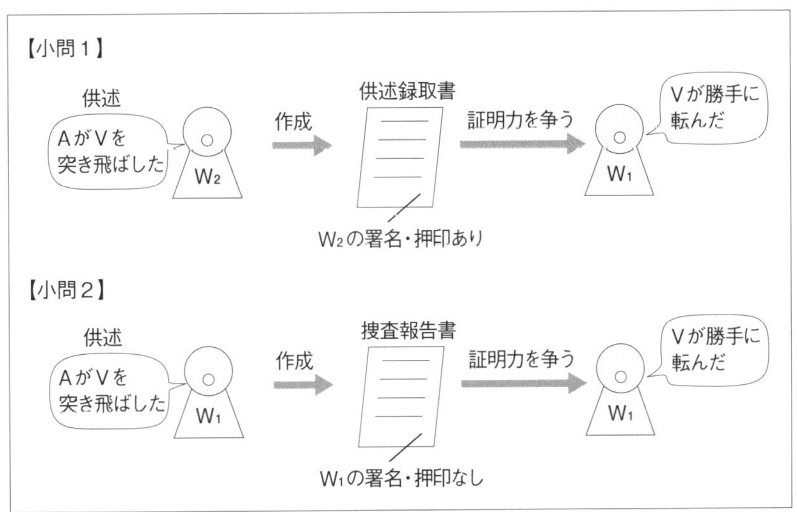

答案例

第1　小問1について

論 328条の「証拠」が同一人の不一致供述にかぎられるか

1　本件書面は証人W_1の供述の証明力を争うための弾劾証拠として，刑事訴訟法328条（以下法名省略）により証拠として採用できないか。本件書面は，証人W_1とは別人のW_2の供述を内容とするところ，328条の「証拠」は自己矛盾供述にかぎられるかが問題となる。

(1)　まず，伝聞証拠とは，公判廷外の原供述を内容とし，原供述内容の真実性が問題となるものをいう。

そして，他者矛盾供述は，その内容が真実であることを前提としないかぎり，弾劾証拠として機能しない。したがって，328条により他者矛盾供述が証拠として許容されれば，原則として証拠能力が認められない伝聞証拠が実質証拠として事実上用いられることとなり，伝聞法則が骨抜きになる。一方で，自己矛盾供述による弾劾は，供述内容の真実性を前提とせず，矛盾供述の存在自体の証明により証人の供述の証明力を減殺できる。

➡規範

そこで，328条の「証拠」は自己矛盾供述にかぎられ，同条は非伝聞の確認規定にすぎないと解する。

➡あてはめ

(2)　本件書面は供述者でないW_2の矛盾供述を内容とする。したがって，本件書面は「証拠」にあたらない。

➡結論

2　よって，本件書面を証拠として採用することはできない。

第2　小問2について

1　本件捜査報告書は，証人W_1の「AがVを背後から手で突き飛ばし」たという，自己矛盾供述を内容とするから，328条の「証拠」にあたる。

論 供述録取書への328条の適用には供述者の署名・押印が必要か

2　もっとも，本件捜査報告書には供述者W_1の署名・押印がない。そこで，供述録取書について328条で証拠として許容されるために供述者の署名・押印が必要となるか。

(1)　この点，自己矛盾供述の存在は補助事実にすぎないが，厳格な証明（317条）を要する実質証拠の証明力に大きな影響を及ぼすので，自己矛盾供述の存在については厳格な証明を要すると解する。そして，328条は原供述者の供述過程の伝聞性が問題とならないことを注意的に規定したものであって，録取過程の伝聞性の問題は依然として残る。

➡規範

そこで，供述録取書については供述者の署名・押印があるか，またはこれと同視しうる事情があり，録取過程の伝聞性が排除されたといえないかぎり，同条により証拠として許容されないと解する。

➡あてはめ

(2)　本件捜査報告書には供述者W_1の署名・押印がなく，これと同視しうる事情もないから，本件捜査報告書は同条により証拠として許容されない。

➡結論

3　よって，裁判所は本件捜査報告書を証拠として採用することはできない。

以上

出題趣旨

弾劾証拠については，最判平成18年11月7日刑集60巻9号561頁（判例シリーズ87事件）という重要判例があり，旧司法試験2008（平成20）年度第2問，新司法試験2017（平成29）年第2問で出題されている。そこで，弾劾証拠の基本的論点について確認してほしく，本問を出題した。

論点

1　328条の「証拠」が同一人の不一致供述にかぎられるか
2　供述録取書への328条の適用には供述者の署名・押印が必要か

答案作成上の注意点

1　はじめに

本問は，いずれの小問も弾劾証拠に関する問題です。弾劾証拠の問題を解くうえでは，弾劾証拠の独特の論述の仕方をおさえることが大切です。弾劾証拠の問題では328条の各要件に引きつけて論点を展開することが求められています。このことに注意して，各小問についてみていきましょう。

2　小問1について

検察官は，W_2の警察官作成の書面をW_1の公判廷供述の証明力を争うための弾劾証拠として提出しています。そのため，328条により証拠能力が認められないかを検討する必要があります。

328条によって許容される「証拠」の内容について，非限定説と限定説という2つの見解があります。非限定説は，供述の証明力を争うためなら，伝聞証拠であっても広く利用できるとし，「証拠」は自己矛盾供述に限定されないという見解です。これに対し，限定説は，「証拠」は自己矛盾供述に限定されるとする見解です。限定説は，328条を，自己矛盾供述を弾劾証拠として用いる場合には伝聞証拠にあたらないことを注意的に規定したものとみます。すなわち，伝聞証拠とは，公判廷外の原供述を内容とするものであって，要証事実との関係で原供述の内容の真実性が問題になるものをいいますが，自己矛盾供述を弾劾証拠として用いる場合，矛盾供述の存在自体で公判廷供述の証明力を減殺できるため，その人が矛盾供述をしたということが要証事実となり，したがって，その供述の内容の真実性が問題になりませんから，自己矛盾供述は伝聞証拠にあたらないというわけです。限定説によれば，328条は当然のことを規定したものとなり，「証拠」は自己矛盾供述に限定されることとなるのです。判例も限定説に立っています（前掲最判平成18年）。

答案例では，限定説に立っています。非限定説に立った場合，検察官があらゆる伝聞証拠を弾劾証拠として提出することで，原則として証拠能力が認められない伝聞証拠で裁判官が事実上心証を形成しかねず，伝聞法則の趣旨が骨抜きになりかねません。そのため，限定説に立つことが望ましいといえるでしょう。

その場合，答案は，“本問書面が弾劾証拠として提出されているから328条の問題となる→「証拠」について限定説をとる→自己矛盾供述でないため「証拠」にあたらない→328条の適用は認められない”という流れになります。

なお，本問のように，検察官が「証明力を争うために」証拠を提出している場合，328条により補助証拠として提出されていることに注意してください。このような場合には，単に328条の補助証拠としての要件を検討すればよく，実質証拠として320条該当性や伝聞例外該当性について検討する必要はありません。この点について混乱している答案が見受けられるので注意してください。

3　小問2について

本件捜査報告書も証明力を争うために提出されていますから，328条の適用の有無が問題となります。本件捜査報告書に記載されている供述は証人W_1の自己矛盾供述なので，「証拠」にあたります。問題は，警察官の署名・押印はあるが，証人W_1の署名・押印はないことです。328条が適用される場合に，供述録取書について供述者の署名・押印が必要か否かを検討する必要があります。

前提として，弾劾証拠として自己矛盾供述を用いる場合に厳格な証明を要することの論述が必要です。判例は，「別の機会に矛盾する供述をしたという事実の立証については，刑訴法が定める厳格な証明を要する趣旨であると解するのが相当である」としています（前掲最判平成18年）。これは，補助事実であるとしても，自己矛盾供述の存在という事実の立証には厳格な証明が必要であるということです。判例はこの理由について明示していませんが，「補助事実は，確かに『刑罰権の存否及び範囲を画する事実』そのものではないけれども，厳格な証明を要する実質証拠の証明力に大きな影響を及ぼすことを考えると，厳格な証明を要する間接事実とは違って自由な証明でよいとはいい難い」ため，厳格な証明が必要としたと考えられます（古江『事例演習刑事訴訟法』463頁）。論述する際には，この点について触れる必要があるでしょう。

そのうえで，判例は，供述録取書に供述者の署名・押印を必要としています（前掲最判平成18年）。供述録取書は，供述者が録取者に対して供述する過程（第１供述過程）と録取者がそれを書面化する過程（第２供述過程）の２つの過程を経て生みだされます。前述の限定説からは，弾劾証拠として用いる場合，供述者の自己矛盾供述の内容の真実性が問題となりませんから，第１供述過程については伝聞性が問題となりません。もっとも，第２供述過程についてはなお，伝聞性の問題が残っています。したがって，第２供述過程の伝聞性を排除するために，録取過程の正確性の担保として供述者の署名・押印が必要となるでしょう。理解にあたっては下図も参考にしてください。

ただし，判例も必ずしも署名・押印が必要であるとはしていません。署名・押印がある証拠と「同視し得る証拠」があれば足りるとしています。「同視し得る証拠」とは，録取過程の正確性が担保されている証拠をいいます。たとえば，録取状況の録音テープがある場合があげられます（第38問も参照）。

答案例では，厳格な証明を要するとしたうえで，供述者の署名・押印または同視しうる事情があれば328条が適用されるとし，本問ではこのような事情がないため適用を否定しました。

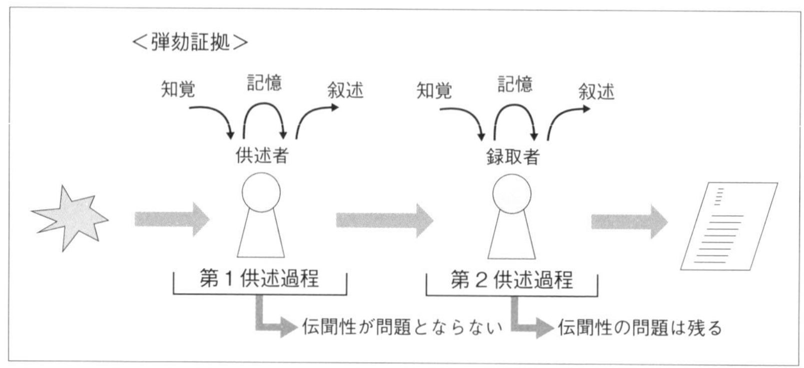

4　その他の弾劾証拠の典型的な論点

以上でふれた論点のほかに，弾劾証拠の問題の典型論点としては，「証拠」が公判廷供述の前の証拠にかぎられるかという論点，および増強証拠・回復証拠として用いる場合に「証明力を争う」場合といえるかという論点があげられます。これらについての説明は省きますが，重要な論点ですので，これを機に確認しておくようにしましょう。

【参考文献】

試験対策講座10章４節[3]【7】。判例シリーズ87事件。条文シリーズ328条[2]１・２・３。

第40問 A　違法収集証拠排除法則(1)

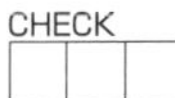

K巡査は，覚醒剤事犯の検挙例が多い地域において，不審な挙動をとるAを認め，職務質問を開始した。職務質問中，Aが落ち着きのない態度で，青白い顔色をしていたことから，KはAが覚醒剤中毒者ではないかとの疑いを抱いた。そこで，KがAに対し所持品の提示を求めると，Aは提示を拒否し，さらに遊び人風の男たちが近づいてきて「お前らそんなことする権利あるんか。」などと罵声を浴びせてきたので，Kは他の警官の応援を要請した。

応援の警官が到着後，Kが再度Aに所持品の提示を要求したところ，Aは上衣右側内ポケットからちり紙を取り出してKに渡した。Kはさらに，他のポケットを触らせてもらう旨告げて，これに対し何も言わなかったAの上衣左側内ポケットを外から触ったところ，「何か堅い物」が入っていることを確認したので，その提示を要求した。これに対しAは何かぶつぶつ言って不服らしい態度を示していたが，KはAの左側内ポケット内に手を入れて中身を取り出した。内ポケットから出てきた物は「ちり紙の包，プラスチックケース入りの注射針１本」であった。

Kが「ちり紙の包」をAの面前で開披すると，「ビニール袋入りの覚醒剤様の粉末」（以下，「本件証拠物」という）が入っていた。Kがただちに検査した結果，覚醒剤様の粉末が覚醒剤であることが判明したので，KはAを覚醒剤所持の現行犯人として逮捕し，本件証拠物を差し押さえた。

(1)　Kが，Aの上衣左側内ポケット内に手を入れて中身を取り出した行為は適法か。なお，Kによる職務質問は適法になされたものとする。

(2)　かりに(1)の行為が違法であった場合，本件証拠物の証拠能力は認められるか。

【解答へのヒント】

1　小問(1)について

職務質問に付随する所持品検査の適法性が問題となっています。所持品検査の限界について，第１問で学んだ内容を復習しましょう。あてはめの際には，問題となっているKの行為だけでなく，Aの態度や周囲の状況といった具体的事実に対しても十分な評価を加えることを意識しましょう。

2　小問(2)について

先行する所持品検査が違法であると考えた場合，これにより得られた本件証拠物の証拠能力は認められるのでしょうか。違法収集証拠 排除法則の適用が問題となる典型的な事例です。判例を参考に，きちんと根拠を示して規範を立てたうえで，小問(1)と同様に丁寧な事実評価を行いましょう。

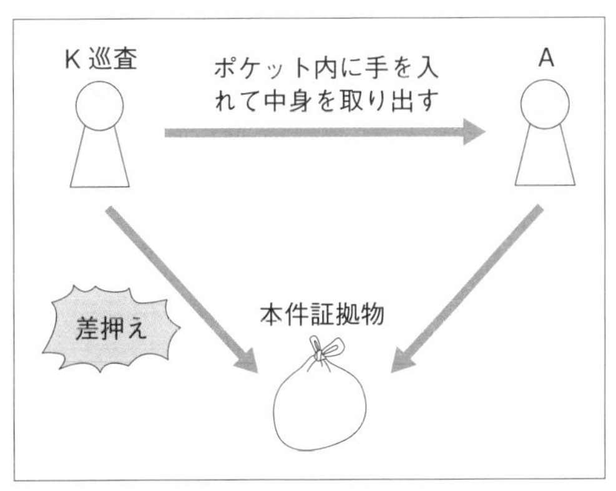

答案例

第1　小問(1)について

1　Kの行為は所持品検査にあたるところ，このような所持品検査は許されるか，明文の規定がなく問題となる。

論 所持品検査の限界

(1)　この点，所持品検査は，口頭による質問と密接に関連し，かつ職務質問の効果をあげるうえで必要かつ有効なものであるから，職務質問（警察官職務執行法2条1項）に付随する行為として行うことが許される。

もっとも，任意手段たる職務質問の付随行為として許される以上，所持人の承諾を得て行うのが原則である。

しかしながら，犯罪の予防・鎮圧という行政警察目的を達成するためには，一定の場合には承諾がなくても所持品検査を認める必要がある。

→規範

そこで，所持人の承諾が得られなくとも，捜索にいたらない程度の行為は，強制にわたらないかぎり，所持品検査の必要性，緊急性，これによって害される個人の法益と保護されるべき公共の利益との権衡などを考慮し，具体的状況のもとで相当と認められる限度においてのみ，許容されると解する。

→あてはめ

(2)ア　これを本問についてみると，前提として，AはKの提示の要求に対し何かぶつぶつ言って不服らしい態度を示しており，Kが上衣左側内ポケットの中身を取り出すことにつき，Aの承諾はなかったといえる。

イ　もっとも，Kの行為は，外部からその存在を認識できたので，そのAの内ポケットの中身を確認した行為にすぎないため捜索にいたらない程度の行為である。

また，Kは，Aの所持品を損壊したり，Aの移動の自由を制約する有形力を行使したりしたわけではないため，Kの行為は強制にわたらないといえる。

ウ　そして，Aは，職務質問中は落ち着きのない態度をみせるなど不審な挙動をしており，また，覚醒剤の使用を疑わせる青白い顔色をしていたことから，覚醒剤の使用・所持の疑いが一定程度存在し，所持品検査を行う必要性が認められる。さらに，遊び人風の男たちがKに近づき罵声を浴びせる等，職務質問に妨害が入りかねない状況であり，所持品をただちに検査すべき緊急性も認められる。

エ　しかし，相手方の承諾なく通常他人に触れられることのない上衣の内ポケットに手を入れて中身を取り出す行為は，一般にプライバシー侵害の程度が，捜索と同程度のものとまではいえないとしても高いものであり，捜索に類する態様のものである。

そして，Aの覚醒剤所持または使用の容疑は一定程度のものにすぎず，濃厚とまではいえないので，容疑を確かめることによる公共の利益がさほど大きくはない本問の具体的状況のもとでは，Kの行為は相当性を欠く。

2　したがって，所持品検査は違法である。

結論

第2　小問(2)について

1　本件証拠物の証拠能力が認められるためには，証拠禁止にあたらないことが必要である。

そして，本件証拠物はKによる違法な所持品検査に基づいて発見，差し押さえられたものであるところ，違法収集証拠として証拠禁止にあたるか。違法収集証拠排除法則の排除基準が問題となる。

論 違法収集証拠排除法則

(1)　この点，証拠物の押収等の手続の違法を看過することは，適正手続の保障（憲法31条），司法の廉潔性，および将来の違法捜査抑制の観点からは，違法収集証拠を排除すべきである。

もっとも，軽微な違法があるにすぎない場合にも証拠能力を否定すると，真実発見（刑事訴訟法1条）が害される。

そこで，先行する手続に令状主義の精神を没却するような重大な違法があり，これを証拠として許容することが将来の違法捜査抑制の見地からして相当でないと認められる場合にかぎり，証拠能力が否定されると解する。

規範

(2)　これを本問についてみると，Aは所持品の一部の提示要求には応じており，また，本件証拠物の提示についても拒否の態度を明確にしておらず，所持品検査がAの明示の意思に反して行われたとまではいえない。さらに，Kは内ポケットから中身を取り出すこと以外に有形力を行使しておらず，そこに令状主義の精神を潜脱する意図はうかがわれない。

あてはめ

このように，Kの行為は所持品検査の許容限度を僅かに超えたにすぎず，令状主義の精神を没却するほどの重大な違法はなく，違法捜査抑制の見地からも，違法を宣言すれば足り，証拠能力まで否定する必要性は乏しいといえる。

2　したがって，本件証拠物には証拠能力が認められる。

結論

以上

出題趣旨

本問は，最判昭和53年9月7日刑集32巻6号1672頁（判例シリーズ93事件）を題材に，職務質問に付随する所持品検査の適法性，そして違法な収集手続によって得られた証拠の証拠能力の肯否について問うものである。答案上で考慮・評価すべき事実の多い事案をとおして，すでに学んだ所持品検査の限界の論点について復習をしてもらうとともに，違法収集証拠排除法則についての理解を深めてもらう趣旨で出題した。

論点

1　所持品検査の限界
2　違法収集証拠排除法則

答案作成上の注意点

1　所持品検査について

小問(1)では，Kによる所持品検査の適法性が問題となっています。所持品検査については，第1問の「答案作成上の注意点」で詳述していますので，これに従って検討していきましょう。

1　まず，所持品検査は，口頭による質問と密接に関連し，かつ職務質問の効果をあげるうえで必要かつ有効なものですから，職務質問（警察官職務執行法2条1項）に付随する行為として行うことが許されるという点を確認しましょう。

2　次に，Aの上衣左側内ポケット内に手を入れて中身を取り出した，というKの行為は，所持人の承諾なく内容物を取り出して検査する行為ですから，このような行為が許されるか，所持品検査の限界が問題となります。この点の判断基準について，承諾を得ないでする所持品検査であっても，①「捜索に至らない程度の行為は，強制にわたらない限り」許容される場合があり，②「所持品検査の必要性，緊急性，これによって害される個人の法益と保護されるべき公共の利益との権衡などを考慮し」，「具体的状況のもとで相当と認められる限度においてのみ，許容される」と述べた判例（最判昭和53年6月20日刑集32巻4号670頁〔判例シリーズ3事件〕）を参考に規範を定立しましょう。

(1)　それでは，まず①の部分，すなわち強制手段に該当するかという点について，具体的事実を検討していきます。Kは問題となっている行為をする前に，Aの上衣左側内ポケットに外から触れ，「何か堅い物」の存在を確認しています。そこで，答案例では，Kの行為はすでに存在がわかっている物を確認する行為にすぎず，プライバシー侵害の程度が捜索にいたるほど高度でないという評価をしました。

さらに，Kが当該行為のほかに，Aの所持品の損壊や移動の自由の制約を伴うような有形力の行使をしていないという点を強調すれば，Kの行為は強制にわたらないという評価をすることができるでしょう。

もっとも，Aの内ポケットの中身は外部から容易にその性状を認識することができず，そのような物を承諾なしに取り出す行為によるプライバシー侵害の程度は重大であるとして，Kの行為は捜索にいたっていると評価をすることも十分に可能であると考えられます。どちらの結論をとるにせよ，答案を書くにあたっては，事実に対して説得的な評価を加えることが重要であることを意識しましょう。

(2)　次に①をみたすことを前提に，②の部分，すなわち任意手段としての限界を超えていないかという点について，具体的事実を検討していきます。問題文のなかから考慮すべき事情をまとめると，次頁の表のようになります。

答案例では，事実㋐から認められる覚醒剤の使用または所持の容疑は一定程度にとどまるこ

適法に傾く事実	㋐Aが落ち着きのない態度をみせ，青白い顔色をしていたこと →覚醒剤の使用または所持の容疑が一定程度認められ，所持品検査を行う必要性が認められる事情。 ㋑遊び人風の男たちがKに近づき，罵声を浴びせてきたこと →Kの行っていた職務質問に妨害が入りかねない状況であり，所持品検査を行う緊急性が認められる事情。
違法に傾く事実	㋒AはKの提示の要求に対し，何かぶつぶつ言って不服らしい態度を示していたこと →内ポケットの中身を取り出すことにつき，Aの承諾はなかったといえ，Aに対する所持品検査が，原則として許されないことを基礎づける事情。 ㋓内ポケットに手を入れ，ポケットの中身を取り出したこと →一般にプライバシー侵害の程度の高い行為であり，所持品検査の相当性を否定することを基礎づける事情。

とに対し，事実㋓によるプライバシー侵害の程度が捜索に類する高さであるという点を重視し，Kの行為は具体的状況のもとで相当性を欠くという評価を行いました。

繰り返しになりますが，答案では単に問題文中の事実を列挙するだけでなく，その事実に対して説得的な評価を加えることが大切です。

(3) なお，本問の題材となった判例（前掲最判昭和53年9月7日）は，警察官の行為は，一般にプライバシー侵害の程度の高い行為であり，かつ，その態様において捜索に類するものであると判断し，「具体的な状況のもとにおいては，相当な行為とは認めがたい」としたうえで，「職務質問に附随する所持品検査の許容限度を逸脱したものと解するのが相当である」と述べています。答案例と同様，捜索にはあたらないとしたうえで，警察官の行為が任意手段としての限界を超えて違法であると判断したものといえるでしょう。

2 違法収集証拠排除法則について

小問(2)では，Kによる所持品検査に基づいて発見，差し押さえられた本件証拠物の証拠能力の肯否が問題となっています。所持品検査が違法であることを前提に，違法収集証拠排除法則の適用により本件証拠物が証拠禁止にあたり，証拠能力が認められないのではないか，という問題提起が出発点となります。

違法収集証拠排除法則の論証をする際には，①適正手続の保障（憲法31条），②司法の廉潔性，そして③将来における違法な捜査の抑制という3つの根拠をあげることを忘れないようにしましょう。具体的な排除基準については，証拠物の収集手続に「令状主義の精神を没却するような重大な違法があり」，「証拠として許容することが，将来における違法な捜査の抑制の見地からして相当で

	考慮要素
違法の重大性	i 手続違反の程度（法規からの逸脱の程度，法益侵害の程度） ii 手続違反の状況（適法行為の困難性・緊急性） iii 手続違反の有意性（令状主義逸脱の意図，計画性，認識の有無）
排除の相当性	i 手続違反の頻発性 ii 手続違反と当該証拠獲得との因果性の程度 iii 事件の重大性 iv 証拠の重要性 ※ 違法の重大性の考慮要素も当然に排除相当性の考慮要素となる

ないと認められる場合」に証拠能力が否定されると述べた判例（前掲最判昭和53年９月７日）が参考になります。

そのうえで，問題文のなかから考慮すべき具体的事実をまとめると，次の表のようになります。

証拠能力肯定に傾く事実	㋔Ａは，所持品の一部の提示要求に応じていること →承諾がなかったとはいえ，所持品検査がAの明示の意思に反してまで行われたものではないことを示し，違法が重大でないと評価できる事情。 ㋕Ａは，本件証拠物の提示につき拒否する態度を明確にしていないこと →同上。 ㋖Ｋは，ポケットから中身を取り出したこと以外には有形力を行使していないこと →有形力の行使は必要最小限にとどまっており，Kに，令状主義の精神を潜脱する意図はなかったとして，違法が重大でないと評価できる事情。
証拠能力否定に傾く事実	1の表であげたものと同じ（㋒，㋓）。

違法収集証拠の証拠能力の問題については，まず，証拠の収集手続の適法・違法を検討し，違法であった場合にはじめて，得られた証拠の証拠能力を検討することとなります。本問のように小問に分かれていなかったとしても，両者を明確に区別して論じることが重要です。証拠の収集手続が違法であってもただちにその証拠の証拠能力が否定される訳ではないので，区別を曖昧にして論じてしまうとこの点の理解が疑われることになります。

なお，答案例では，判例（前掲最判昭和53年９月７日）と同様に，重大な違法はないとして本件証拠物の証拠能力を肯定する結論をだしましたが，事実㋒，㋓の評価につき，本来令状によらなければ許されない行為をしてプライバシー権を侵害しているという点を重く評価し，重大な違法があるとして，本件証拠物の証拠能力を否定する結論を導くことも可能でしょう。

【参考文献】

試験対策講座５章２節3，10章５節1～3。判例シリーズ３事件，93事件。条文シリーズ２編３章４節5１～３。

第41問 A　違法収集証拠排除法則(2)

CHECK

警察官Kらによる内偵捜査の結果，広告の企画制作会社であるH社を経営するAは，取引先の広告代理店I社を経営するVに対し，架空の広告主から折り込み広告の依頼があるかのように装い，これをVに受け負わせたうえ，みずからはVからこの仕事の下請けをし，下請代金として額面合計500万円の小切手を詐取した疑いが高まった。もっとも，Aを起訴することのできる決定的な証拠はなかった。

近年，同様の手口を用いる詐欺事件が多発していたため，警察官Kらは何としてでも決定的な証拠を獲得してAを起訴したいと考えていたところ，警察官Kらは，AV間の取引が，入室キー付きの従業員証を有するI社従業員と1回かぎり使用可能な入室カードキーを受け取った来客のみが入室できるI社会議室で行われることを知った。そこで，Vの同意のもと，I社の従業員に扮（ふん）した警察官Kが，入室カードキーを受け取ったうえでI社会議室におけるAV間の取引に同席し，そこでなされたすべての会話をひそかにテープに録音した。なお，当該テープにはAV間の取引の内容等に関する会話のみならず，Aの家族構成などに関する私的な会話も録音された。

当該テープを，証拠として用いることは許されるか。

【解答へのヒント】

1　録音テープについて

録音テープを証拠として用いるには，これに証拠能力が認められる必要があります。証拠能力は，①自然的関連性，②法律的関連性，③証拠禁止にあたらないことをみたせば認められます。

2　同意盗聴の可否について

KはAV間の会話をひそかにテープに録音しているので，会話内容をあらかじめ一方当事者の同意を得て捜査機関が聴取するという捜査手法の可否，すなわち同意盗聴の可否が問題となります。会話の一方当事者であるVが録音を同意している以上プライバシー侵害は生じないのではないかとも思われるものの，他方当事者であるAのプライバシーにも配慮する必要がありますから，どのようにして限界を設定するか，考えてみる必要がありそうです。

3　違法収集証拠排除法則について

同意盗聴が違法であると考えた場合，違法な捜査手法から得られた録音テープを証拠として採用することは一般常識に反するような気もします。違法収集証拠排除法則の趣旨，排除基準に照らして，本件録音テープは，証拠禁止にあたって証拠能力を認められないのではないかを検討してみましょう。

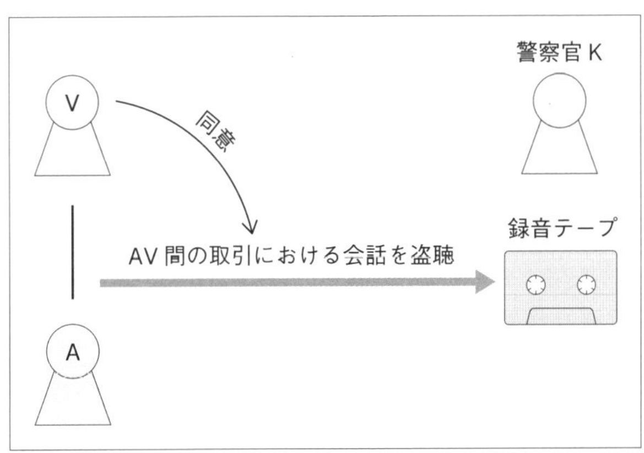

答案例

1(1)　本件録音テープが供述証拠であるならば，伝聞法則（刑事訴訟法320条１項。以下「刑事訴訟法」法名省略）により原則として証拠能力が認められないことになる。しかし，録音テープは機械が正確に音声を記録するものであって，知覚・記憶・叙述の各過程を経るわけではないので，録音テープは非供述証拠であると考える。

(2)　そうだとしても，本件録音テープ内の会話部分は「公判期日外における他の者の供述を内容とする供述」であるところ，伝聞法則によって証拠能力が否定されないか。

論 伝聞証拠の意義／伝聞・非伝聞の区別

ア　この点について，伝聞証拠の証拠能力が排除される趣旨は，供述証拠は，知覚・記憶・叙述の過程を経て生みだされるところ，各過程に誤りが入るおそれがあるので，反対尋問（憲法37条２項前段参照）等で供述の内容の真実性を担保する必要がある点にある。

そこで，伝聞証拠とは，公判廷外の原供述を内容とするものであって，要証事実との関係で原供述の内容の真実性が問題となるものをいうと考える。

➡規範

イ　本件録音テープは，公判廷外の原供述を内容とするものである。しかし，本件録音テープは，犯罪現場の状況を録音した現場録音で，録音された音声から欺く行為の存在を推認するために用いられるものであり，音声それ自体を要証事実として用いるものであるから，録音された音声の内容の真実性は問題とならない。

(3)　したがって，本件録音テープは伝聞証拠にあたらないから，伝聞法則によっては証拠能力は否定されない。

➡結論

2　もっとも，本件録音テープは同意盗聴にあたるところ，違法収集証拠排除法則により，証拠禁止にあたらないか。

論 違法収集証拠排除法則

(1)　この点について，適正手続の保障（憲法31条），司法の廉潔性，および将来の違法捜査抑制の観点から，違法収集証拠は排除されるべきである。

もっとも，軽微な違法があるにすぎない場合にも証拠能力を否定すると，真実発見（１条）が害される。

そこで，憲法や刑事訴訟法の所期する基本原則の精神を没却する重大な違法があり，これを証拠として許容することが将来の違法捜査抑制の見地からして相当でない場合には，証拠能力を否定すべきと考える。

➡規範①

(2)　まず，本問において上記重大な違法があるといえるか。

ア　ここで，当事者の一方の同意を得て会話を録音する場合，完全な意味でのプライバシー権（憲法13条後段参照）という重要な権利の侵害はないから，「強制の処分」（197条１項ただし書）とまではいえず，任意処分として許されうると解する。

論 同意盗聴の適法性

もっとも，話者のプライバシーへの期待を無視すべきでないから，捜査比例の原則（197条１項本文）から，必要性，緊急性等を考慮し，具体的状況のもとで相当と認められる場合にのみ適法となると考える。

➡規範②

イ　本問では，詐欺の被害金額が計500万円という重大な事案であり，内偵捜査の結果，Aの嫌疑は高まっていたところ，ほかに特段の証拠もなく，同意盗聴の必要性は高いといえる。

➡あてはめ①

しかし，AV間の会話は，入室カードキーを必要とするI社会議室という他者に会話を聞かれることを想定していない密室でなされたものであり，その会話の内容は，取引内容に関するもののみならず，Aの家族構成など私的な内容をも含むものであったから，Aのプライバシー秘匿への期待は特に大きい。それにもかかわらず，KはI社従業員に扮して入室したうえで全会話を録音しているから，上記期待の侵害の程度は甚大である。

そうすると，本件同意盗聴は，必要性を考慮しても具体的状況のもとで相当とはいえず，違法である。

ウ　もっとも，一方当事者であるVの同意があるため，その違法性は適正手続の精神を没却するほど重大とまではいえないとも思える。

➡あてはめ②

しかし，I社会議室は，本来I社従業員とかぎられた来客のみが入室を許されるという高度なプライバシー秘匿空間であるところ，KがI社従業員に扮して入室したうえで全会話を録音するという手法は，もう一方の当事者であるAのプライバシー秘匿への期待を大きく侵害する。よって，本件同意盗聴の手続違反の程度は著しいといえる。

また，本件同意盗聴は，AV間の取引はI社会議室でなされるとの事前情報のもと，計画的に実行されているし，Kは本件同意盗聴の手法を認識している。そうだとすれば，本件同意盗聴の手続違反には有意性があるといえる。

そうすると，本件同意盗聴には，適正手続の精神を没却する重大な違法があるといえる。

(3)　次に，たしかに，本問は額面合計500万円もの大金を詐取したという重大事件であり，ほかに決定的な証拠はない以上，本件録音テープは証拠として重要ではある。

しかし他方で，本件録音テープの証拠能力を認めると，近年多発している同様の手口を用いる詐欺事件においても，証拠獲得のため本問同様の違法な手法が使われるおそれが高い。

そうすると，これを証拠として許容することは相当でないといえる。

3　よって，本件録音テープは証拠禁止にあたるから，これを証拠として用いることは許されない。　以上

➡結論

出題趣旨

会話の両当事者の同意を得ないで行われる，いわゆる盗聴については1999（平成11）年に「犯罪捜査のための通信傍受に関する法律」が制定され，立法的な解決がなされた。しかし，会話の一方当事者による秘密録音（当事者録音），会話の一方当事者の同意を得た第三者による盗聴（同意盗聴）についての適法性については，いまだ争いのあるところである。また，同意盗聴の可否については2010（平成22）年司法試験に，秘密録音については司法試験において2010（平成22）年，予備試験において2012（平成24）年および2014（平成26）年に出題されている。今後の出題も予想されるため，理解しているか否かを確認してもらう趣旨で出題した。

論点

1　伝聞証拠の意義／伝聞・非伝聞の区別
2　違法収集証拠排除法則
3　同意盗聴の適法性

答案作成上の注意点

1　はじめに

本問のような問題では，証拠能力の一般的な観点，すなわち①自然的関連性，②法律的関連性，③証拠禁止にあたらないかを念頭においてください。

答案例では，紙幅の都合上，①自然的関連性の検討については記載しませんでした。この点について，本件録音テープは，詐欺に関する取引内容等の会話すべてを正確に記録してあり，要証事実に対する最低限の証明力があるといえるため，①自然的関連性をみたしています。

2　録音テープについて

②法律的関連性については，本件録音テープが伝聞法則により排除されるかが問題となります。その前提として，録音テープが供述証拠にあたるかを検討することになります。この点について，基本的には現場写真の場合と同様に考えればよいです。視覚的な記録に対して，聴覚的な記録，または視覚と聴覚とが一体となり動きが加わったものと考えればよいでしょう。

録音テープは機械が正確に音声を記録するものであって，知覚・記憶・叙述の各過程を経るわけではないため，録音テープは非供述証拠といえます（非供述証拠説，第38問参照）。もっとも，その内容によっては，供述証拠にあたり，伝聞法則が適用されることがあります。録音テープにはいくつかの使われ方があるので，分けて検討していきます。

1　現場録音のテープ

現場録音とは，犯罪現場の雰囲気，音声などの状況を録音したものをいいます。

現場録音は，怒号の存在などから犯行が行われたことやその状況を推認するために録音した音声それ自体を要証事実として用いるため，録音された発言内容の真実性は問題とはなりません。そこで，現場録音は非伝聞証拠であり，関連性が認められるかぎり証拠能力が認められると考えるべきです。このとき，関連性判断は，テープが現場の状況を正確に記録しているか否かで判断します。

本件録音テープは，犯行現場の状況を録音したものであるので，現場録音であると考えてよいでしょう。

2　供述録音のテープ

供述録音とは，被告人や参考人の供述を録音したものをいいます。

これは調書に録取されるべきものが代わりにテープに収録されたものですから，供述証拠であることに争いはありません。したがって，321条以下の規定が準用されます。

この場合，供述書の署名・押印がない点が問題となりますが，原供述と録音との一致は，録音の機械的正確さにより保障されているといえますから（第39問参照），供述録音は供述録取書の証拠能力に準じ，被告人の供述録音は322条１項，被告人以外の者の供述録音は321条１項３号に準じて，証拠能力の有無が判断されます。

3 当事者録音・同意盗聴について

1　本問では，同意盗聴の可否が問題となります。すなわち，捜査機関があらかじめ一方当事者の同意を得て会話内容を聴取することは許されるのか，という問題です。かりに，本件同意盗聴が違法であるとすると，違法収集証拠排除法則により，③証拠禁止にあたります。

たしかに，会話の一方当事者の同意を得てその会話を傍受したり，当事者の一方に依頼して会話の内容を録音したりするような場合には，他方当事者のプライバシー権が侵害されていると解する余地もあります。しかし，そもそも会話内容の秘密性は，会話の相手方に委ねられているわけですから，その相手方がその会話内容をどのように処分するかは，ある意味自由なわけです。したがって，一方当事者の同意があったような場合には，完全な意味でのプライバシーの侵害はないので，強制処分とまではいえないでしょう。

もっとも，話者のプライバシーへの期待も，まったく無視すべきではありませんから，たとえ任意処分として許されるとしても，一定の条件が必要です。すなわち，捜査比例の原則（197条１項本文）のもと，必要性，緊急性等を考慮し，具体的状況のもとで相当と認められる場合にのみ適法となると解すべきでしょう。

2　同意盗聴と似て非なるものとして，会話の一方当事者による秘密録音，すなわち当事者録音があります。

当事者録音の可否について，最決平成12年７月12日刑集54巻６号513頁（判例シリーズ96事件）は，「たとえそれが相手方の同意を得ないで行われたものであっても，違法ではな」いとし，その録音テープの証拠能力は否定されないと判示しています。

4 違法収集証拠排除法則について

1　違法収集証拠排除法則

⑴　違法収集証拠排除法則については，第40問で検討したとおりです。

物としての証拠価値は不変であるからといって，違法収集証拠も常に用いてよいとすることは，司法の廉潔性を害しますし，将来における違法な捜査の抑制の観点からも妥当ではありません。また，基本的人権たる適正手続の保障（憲法31条）の見地からも，違法収集証拠の採用は妥当ではありません。

そこで，第40問でも述べたとおり，令状主義の精神を没却する重大な違法があり，これを証拠として許容することが将来における違法な捜査の抑制の見地からして相当でない場合には，証拠能力を否定すべきです。

⑵　もっとも，答案例のように同意盗聴は強制処分にはあたらないと解するのであれば，令状主義に抵触する余地はないので，“令状主義の精神を没却する重大な違法”という規範を立てることはできないことに注意してください。

そうだとしても，排除法則の趣旨からすれば，排除法則の適用を“令状主義の精神を没却する場合”に限定すべきではありません。また，最判昭和53年９月７日刑集32巻６号1672頁（判例シリーズ93事件）のいう「令状主義の精神を没却」とは，重大な違法の例示と解することができます。

そこで，違法な同意盗聴から収集された証拠の証拠能力は，憲法や刑事訴訟法の所期する基本原則の精神を没却する重大な違法があり，これを証拠として許容することが将来における違法な捜査の抑制の見地からして相当でない場合には，否定されると考えられます。

⑶　答案例では，本件同意盗聴について違法の重大性・排除の相当性をそれぞれ肯定し，本件録

音テープは証拠禁止にあたると解しました。もっとも，Vの同意があることを強調して，適正手続の精神に反するといえるほど違法は重大ではないと考えることもできるでしょう。

2　私人の違法行為により得られた証拠

証拠禁止の原則は，私人が証拠を収集した場合にも適用されるのでしょうか。本問と直接的な関係はありませんが，ここで検討してみましょう。

そもそも，違法収集証拠排除法則の根拠は，司法の廉潔性の維持，将来の違法捜査抑制，適正手続の保障にあります。ところが，私人の違法行為により得られた証拠を排除しても，捜査機関における将来の違法捜査抑制につながりません。また，適正手続の保障は，証拠獲得手続と証拠使用手続との一体性が前提であるところ，私人の場合にはその一体性が欠けるため，妥当しません。

もっとも，司法の廉潔性の見地からは，私人の違法行為による証拠の採用により司法に対する信頼が害されうるでしょう。そこで，私人の違法行為による証拠を採用することにより司法に対する国民の信頼を著しく害すると認められるような場合は，証拠排除できると考えるべきです。また，捜査機関が証拠収集に私人を利用した場合など捜査の一環と評価できる場合や，違法の程度が著しく重大で適正手続の観点から容認できない場合も，前述の根拠がそれぞれ妥当するため，証拠排除できると考えられるでしょう。

【参考文献】

試験対策講座10章4節③【2】(7)(b)，5節①～③・④【6】。判例シリーズ93事件，96事件。条文シリーズ2編1章捜査■総説⑦3(7)(d)，3章4節⑤1～3・4(5)。

第42問 A　違法性の承継

CHECK □□□

警察官K_1，K_2およびK_3は，窃盗罪の被疑者であるAの動向を視察し，その身体を確保するため，逮捕状（以下「本件逮捕状」という）がすでに発付されているにもかかわらず，それを携行しないでA方に赴いた。K_1らは，A方の前（以下「本件現場」という）で本人を発見し，任意同行に応じるように説得したが，Aがこれに応じなかったため，結局，本件逮捕状を呈示することなくAを逮捕し，しかも逮捕状の緊急執行の手続もとらずに，抵抗するAを警察車両に乗せて警察署に連行し，警察署に到着後間もなく，はじめて本件逮捕状を呈示した。ところが，本件逮捕状には，本件現場で令状呈示のうえで逮捕した旨の虚偽の記載がなされ，捜査報告書にも虚偽の記載がなされた。Aは，逮捕当日，警察署内で任意の採尿に応じたが，その際，強制が加えられることはなかった。Aの尿を鑑定した結果，覚醒剤の成分が検出された。

その後，Aは覚醒剤の自己使用の事実で起訴された。なお，公判廷において，K_1らは，本件逮捕状を本件現場でAに示すとともに被疑事実の要旨を読み聞かせたという，事実と反する証言をした。

Aが提出した尿の鑑定書の証拠能力は認められるか。

【解答へのヒント】

いわゆる違法収集証拠法則が問題となっていることは問いから明らかですが，本問は特に違法性の承継を検討すべき事案です。連続する手続の関係と，それによって得られる証拠との関係について着目しながら，違法収集証拠排除法則の根拠論をふまえつつ，証拠排除の基準を導きましょう。

具体的なあてはめにおいては，捜査機関の行動がその違法性にどのような影響を与えるのかを，事実を評価して答案のなかにしっかり表現しましょう。

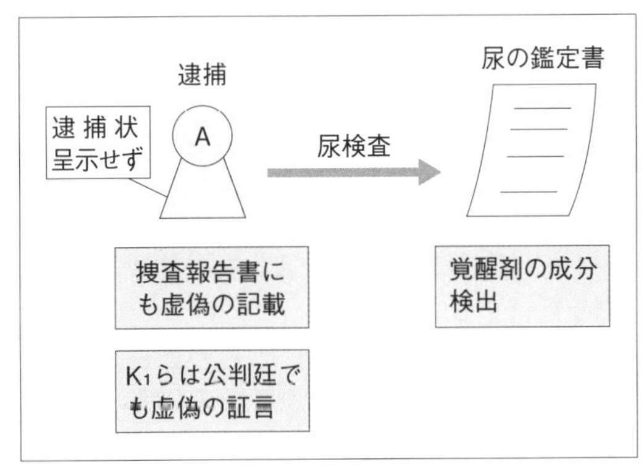

答案例①

1　本件尿鑑定書の収集手続に違法があれば，証拠能力が否定されうるところ，Aは強制を加えられることなく任意で採尿に応じたのであるから，尿の採取手続自体に違法はない。しかし，尿の採取手続は，警察官K_1らがAに対し本件逮捕状を呈示することなく逮捕するなどをしたうえで行われている。そこで，本件尿鑑定書の証拠能力は先行する逮捕手続に違法があるとして否定されないか。採取の先行手続が違法な場合に，収集証拠が排除されるか否かが問題となる。

論 違法収集証拠排除法則，違法性の承継

(1)　この点，証拠物の押収等の手続の違法を看過することは，適正手続の保障（憲法31条），司法の廉潔性，および将来の違法捜査抑制の観点から好ましくない。

そうであれば，先行する手続に違法がある場合，その証拠を排除するべきである。

もっとも，軽微な違法があるにすぎない場合にも証拠能力を否定すると，真実発見（刑事訴訟法１条。以下，法名省略）が害される。

➡規範

そこで，違法収集証拠が排除されるのは，①証拠採取に先行する手続の違法の程度が，令状主義の精神を潜脱し，没却するような重大な場合にかぎるべきである。

そして，将来における違法捜査抑制の見地から，②上記手続に密接に関連する証拠の証拠能力は否定されるべきと解する。

➡あてはめ

(2)　これを本問についてみると，本件逮捕の際，警察官K_1らは逮捕時に逮捕状を呈示（201条１項）しておらず，逮捕状の緊急執行の手続（同条２項・73条３項）もとられていない。そのため，本件逮捕は違法である。

また，警察官K_1らは，この違法をこ塗するため，本件逮捕状へ虚偽の記載をし，内容虚偽の捜査報告書を作成し，公判廷で事実と反する証言をしている。

以上のような経緯を通じて現れた警察官K_1らの態度は，警察官K_1らが本件逮捕の際に，令状主義の精神を没却する精神を有していたことを推認させる。したがって，本件逮捕手続の違法の程度は，令状主義の精神を潜脱し，没却するような重大なものといわざるをえない（①充足）。

そして，本件採尿は本件逮捕の当日になされたものであり，本件逮捕がなければ本件採取はありえなかったから，その尿および本件尿鑑定書は，上記のとおり重大な違法があるものといわざるをえない本件逮捕手続に密接に関連する証拠といえる（②充足）。

➡結論

(3)　そうすると，その証拠能力も否定されるべきである。

2　したがって，本件尿鑑定書の証拠能力は，認められない。

以上

答案例②

1　本件尿の採取手続は，警察官K₁らがAに対し本件逮捕状を呈示せずに逮捕するなどをしたうえで行われている。そこで，本件尿鑑定書の証拠能力は先行する逮捕手続に違法があるとして否定されないか。違法収集証拠の証拠能力が排除されるか，および排除される場合の要件が問題となる。

論 違法収集証拠排除法則

(1)　この点，適正手続の保障（憲法31条），司法の廉潔性の保持，将来の違法捜査抑制の観点から，違法に収集された証拠は排除すべきである。

もっとも，軽微な違法があったにすぎない場合であっても一律に証拠能力を否定することは，真実発見（刑事訴訟法1条。以下「刑事訴訟法」法名省略）を著しく困難ならしめることとなり現実的でない。

そこで，①証拠収集手続に，令状主義（憲法33条，199条1項）の精神を没却するような重大な違法があり，②これを証拠として許容することが将来における違法捜査抑制の見地からして相当でない場合には，証拠能力が否定されると解する。

➡ 規範

(2)　これを本問についてみると，Aは強制を加えられることなく任意で採尿に応じたのであるから，本件尿鑑定書の直接の収集手続たる尿の採取手続には違法がない。

➡ あてはめ
論 違法性の承継

もっとも，先行手続が違法である場合において，先行手続と後行手続が密接に関連するときは，先行手続の違法が後行手続にも承継されると解する。

➡ 規範

本問において，本件採尿は本件逮捕の当日になされたものであり，本件逮捕がなければ本件採取はありえなかった。そのため，本件採尿と本件逮捕は密接に関連するといえ，本件逮捕の違法が本件採尿にも承継される。

➡ あてはめ

そして，本件逮捕の際，逮捕状の呈示がなく，逮捕状の緊急執行の手続もとられていないため，本件逮捕は違法である。また，警察官K₁らはこの違法をこ塗するため，本件逮捕状へ虚偽の記載をし，内容虚偽の捜査報告書を作成し，公判廷で事実と反する証言をしている。これらのことは，警察官K₁らが本件逮捕の際に，令状主義の精神を没却する意図を有していたことを推認させ，本件逮捕とその違法を承継した本件採尿には，令状主義の精神を没却するような重大な違法があるといえる（①充足）。

また，たしかに本件尿鑑定書はAによる覚醒剤の使用の事実を証明する重要な証拠ではあるが，前述のとおりその違法の程度は大きい。加えて，逮捕して採尿することにより尿の鑑定書を得るのは頻繁に利用される捜査手法であり，将来の違法捜査の抑制の必要性は高い。したがって，本件尿鑑定書を証拠として許容することは，将来における違法捜査抑制の見地から相当でない（②充足）。

2　よって，本件尿鑑定書の証拠能力は認められない。　以上

➡ 結論

出題趣旨

違法性の承継は，司法試験では2015（平成27）年に出題されている。違法性の承継を検討する際には，違法収集証拠排除の根拠論をふまえた規範の導出ができることを前提に，どの要素に着目して証拠能力の有無を検討するのかが問題となる。要素をおさえて事案の検討をする練習のために，最判平成15年２月14日刑集57巻２号121頁（判例シリーズ95事件）を素材として，本問を出題した。ぜひ第43問とあわせて取り組んでほしい。

論点

1　違法収集証拠排除法則
2　違法性の承継

答案作成上の注意点

1　違法収集証拠排除法則

違法収集証拠排除法則は，刑事訴訟法に明文がなく，判例によって承認された法理です。その適用にあたっては，毎回答案に書くかどうかは別論として，違法収集証拠をなぜ排除しなければならないのか，その根拠をおさえておくことが必要です。第40問，第41問で述べたとおり，一般的には，①適正手続の保障（憲法31条），②司法の廉潔性，および③将来における違法な捜査の抑制が根拠としてあげられます。そして，この根拠と，違法収集証拠排除のリーディングケースである最判昭和53年９月７日刑集32巻６号1672頁（判例シリーズ93事件）が，「令状主義の精神を没却するような重大な違法があり」，「これを証拠として許容することが将来における違法な捜査の抑制の見地からして相当でないと認められる場合」に証拠能力が否定されるべきと述べていることとの関係で，違法収集証拠の排除の基準をどのように考えていくのかが問題となるのです。

詳しい説明は紙面の都合上省略しますが，答案例は次のような考えに立って作成しています。

> ○　前掲最判昭和53年で示された基準のなかで，(a)「令状主義の精神を没却するような重大な違法があり」という部分は，違法収集証拠排除の根拠のうち②の司法の廉潔性の観点から，(b)「証拠として許容することが，将来における違法な捜査の抑制の見地からして相当でないと認められる」という部分は，③の将来における違法な捜査の抑制という観点から要求されている。
> ○　(a)と(b)両方に該当する場合にのみ，証拠能力が否定される（いわゆる重畳的要件）。
> ○　よって，違法収集証拠排除の要件は，次の２つである。
> 　㋐違法の重大性　＋　㋑排除の相当性

㋐と㋑の存否を検討する際に，具体的に着目すべき要素は，第40問の答案作成上の注意点2の表をぜひ参考にしてください。

2　違法性の承継――判断枠組み

1　以上のように違法収集証拠排除法則の根拠論と排除の要件を確認したところで，本問に特徴的な論点の検討に移ります。違法性の承継です。

違法性の承継論とは，違法手続が先行する場合は，後続する証拠収集手続が適法であっても証拠が排除されるという法理をいいます。本問では，Aは強制を加えられることなく，任意で尿を提出しており，それ自体は適法な手続です。しかし，その尿の任意提出は，先行する違法な逮捕によって生じた身体拘束中に行われているのですから，まさに違法性の承継論が問題となる典型的な事案といえるでしょう。

そうすると，先行手続の違法性が後行の手続に承継され，後行の手続によって収集された証拠の証拠能力が否定されるのは，具体的にどのような場合であるか，その判断基準が問題となります。

2　この点につき，最判昭和61年４月25日刑集40巻３号215頁（判例シリーズ94事件）は，覚醒剤使用事犯の捜査にあたり，被告人宅へ承諾なく立ち入った警察官が明確な承諾を得ないまま警察署まで連行し，退去を拒否して尿を提出させた事案につき，採尿手続前に行われた一連の手続に任意捜査の域を逸脱した違法があることから，それに引き続いて行われた採尿手続も違法性を帯びると判断しています。そこで着目されている要素は，任意同行等の先行手続と採尿手続という後行行為が，被告人に対する覚醒剤事犯の捜査という同一目的に向けられたものであることと，採尿手続が任意同行等によってもたらされた状態を直接利用してなされていることです。

この判示内容に沿って考えると，違法性の承継を検討する際には，先行手続と後行手続の目的が同一かどうかと，後行行為が先行行為によってもたらされた状態を直接利用してなされたものであるかどうかという点から，後行手続すなわち直接の証拠獲得手続が違法性を帯びるかどうかを検討したうえで，後行手続が違法となる場合に，それによって収集された証拠の証拠能力を違法収集証拠排除法則に従って判断することになりそうです。

ところが，本問の素材となった前掲最判平成15年は，違法性の承継に関して，違法な逮捕に密接に関連する証拠を許容することは，将来における違法捜査抑制の見地からも相当でないと認められるから，その証拠能力を否定すべきであるとしており，同一目的や直接利用といった要素に言及せず，違法な逮捕中に任意に行われた採尿によって収集された尿とその鑑定書について，証拠能力を否定しました。これはどのように考えるべきでしょうか。

前掲最判平成15年の事案に着目しましょう。この事案では本問の事例と同様に，窃盗罪の被疑事実によって逮捕するために警察官が被告人方に赴き，適法な手続を欠く違法逮捕を行いました。窃盗罪を被疑事実とする逮捕と，特に覚醒剤自己使用罪の捜査において用いられることの多い採尿が，同一目的とはいいがたいと思われます。前掲最判平成15年は，違法性が承継されるのは同一目的や直接利用といえる場合にかぎられず，より一般的に，「違法な逮捕に密接に関連する」場合に違法性が承継されることを示したものといえるでしょう。

また，前掲最判平成15年は，文言上は，先行する逮捕の違法性のみについて判断し，後行の採尿手続の違法性については判断していないようにも思えますが，前掲最判昭和61年と整合的に解釈する立場からは，先行逮捕の違法性が後行の採尿手続に承継され，後行の採尿手続が違法となるので，これによって収集された証拠の証拠能力について，前掲最判昭和53年の基準で判断するということになるでしょう。

3　答案例は，①前掲最判平成15年の文言に沿って論述したものと，②前掲最判昭和53年の基準を示した後，違法の重大性の要件のなかで違法性の承継について触れるという枠組みで論述したものの２種類を用意しました。

答案例①では，判例の文言を重視して㋐違法の重大性で先行手続の違法の重大性を，㋑排除の相当性では先行手続と証拠の密接な関連性を検討するかのような表現を用いました。このような立場からは，㋐では先行手続の違法によって後行手続が違法性を帯びる場合の先行手続の違法性について検討し，㋑では将来の違法捜査抑止の見地から，違法な先行手続と尿の鑑定書との因果性の強さをもっとも重視すべき要素として考慮することになります。

答案例②では，㋐違法の重大性と㋑排除相当性という２つの要件を定立し，㋐違法の重大性の要件のなかで，先行手続と後行手続が密接な関連性を有することから後行手続に違法性が承継されることを論じたうえで，㋑排除相当性についても違法の重大性をひとつの考慮要素として検討しています。

どちらの構成でもよいですが，初学者にとってはなじみのある前掲最判昭和53年の枠組みで処理することができる答案例②の構成のほうがお勧めです。

	判断枠組み
答案例①	㋐違法の重大性で，先行手続の違法の重大性を検討する ㋑排除の相当性で，先行手続と証拠の密接な関連性を検討する
答案例②	㋐違法の重大性で，先行手続と後行手続の密接な関連性を検討したうえで，違法の重大性を検討する ㋑排除の相当性でも，違法の重大性をひとつの判断要素とする

3 違法性の承継――具体的な考慮要素

後行手続の違法性の前提として，先行する逮捕の違法性を判断することになるのですが，本問で具体的なあてはめを行う際に着目したい要素は，第40問の答案作成上の注意点2の表でいうと，違法の重大性の判断要素となっているうちのiii手続違反の有意性（令状主義逸脱の意図，計画性，認識の有無）です。

逮捕状や捜査報告書に虚偽記載がなされたことは，捜査機関の令状主義潜脱の意図を強く推認させるといえます。また，公判廷で捜査機関が事実と反する証言をしたことは，それ自体が手続の一部を構成して手続の違法性を高めるとはいえませんが，先行手続の時点で捜査機関が令状主義潜脱の意図を有していたことを推認させる事情として評価できるでしょう。

以上のように，具体的な事情を検討するためには，あらかじめ判例がどのような要素に着目しているのかを知っておくことが不可欠です。第40問の答案作成上の注意点の各表を確認しながら具体的な事情を評価する練習を重ねましょう。

【参考文献】

試験対策講座10章５節1～3・4【3】。判例シリーズ93事件，94事件，95事件。条文シリーズ２編３章４節5１～３。

第43問 A　毒樹の果実論

警察官K_1，K_2およびK_3は，窃盗罪の被疑者であるAの動向を視察し，その身体を確保するため，逮捕状（以下，「本件逮捕状」という）がすでに発付されているにもかかわらず，それを携行しないでA方に赴いた。K_1らは，A方の前（以下，「本件現場」という）で本人を発見し，任意同行に応じるように説得したがこれに応じなかったため，結局，本件逮捕状を呈示することなく逮捕し，しかも逮捕状の緊急執行の手続もとらずに，抵抗するAを警察車両に乗せて警察署に連行し，警察署に到着後間もなく，はじめて本件逮捕状を呈示した。ところが，本件逮捕状には，本件現場で令状呈示のうえで逮捕した旨の虚偽の記載がなされ，捜査報告書にも虚偽の記載がなされた。Aは，逮捕当日，警察署内で任意の採尿に応じたが，その際，強制が加えられることはなかった。Aの尿を鑑定した結果，覚醒剤の成分が検出された（ここまで第42問と同じ）。

その数日後，尿鑑定書（以下，「本件尿鑑定書」という）を疎明資料として覚醒剤使用事件についてA方を捜索場所とする捜索差押許可状が発付され，同日Aに対する窃盗事件についての捜索差押許可状の執行とあわせて捜索が行われた結果，覚醒剤が発見されて差し押さえられた。Aは，覚醒剤の自己使用および所持の事実で起訴され，さらに，本件窃盗の事実についても追起訴された。なお，公判廷において，K_1らは，本件逮捕状を本件現場でAに示すとともに被疑事実の要旨を読み聞かせた旨の事実と反する証言をした。

先行する逮捕手続に違法があるとして本件尿鑑定書の証拠能力が認められない場合，上記覚醒剤の証拠能力は認められるか。

【解答へのヒント】

第42問とほぼ同じ事案ですが，第42問で証拠能力が問題となった尿鑑定書から派生した覚醒剤の証拠能力が問題となっています。いわゆる毒樹の果実の問題です。第42問同様，具体的な考慮要素を適切にあげて評価するのがもっとも重要ですが，それを検討するうえでの枠組みも非常に重要です。解説では３通りの考え方を示していますので，どのような検討方法がありうるかを考えながら解いてください。

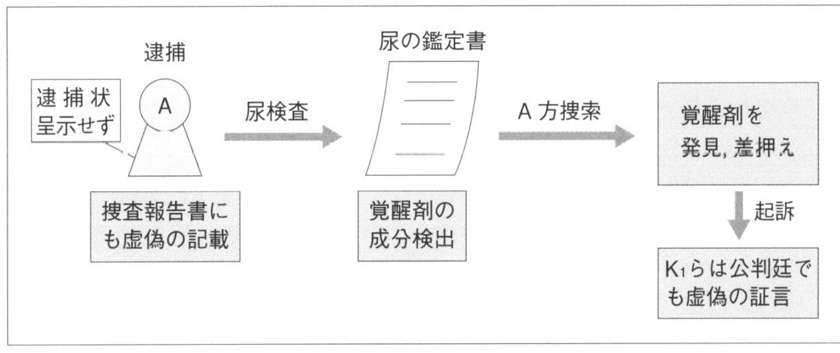

答案例

論 派生的証拠の証拠能力（毒樹の果実論）

1　本件覚醒剤は，覚醒剤使用を被疑事実とし，A方を捜索場所として発付された捜索差押許可状に基づいて行われた捜索により発見されて差し押さえられたものである。ところが，上記捜索差押許可状は本件尿鑑定書を疎明資料として発付されたものであるから，本件覚醒剤は，証拠能力のない証拠と関連性を有する証拠といえる。そこで，本件覚醒剤の証拠能力が否定されるのではないか。違法収集証拠から派生した証拠（派生的証拠）の証拠能力が問題となる。

(1)　この点，派生的証拠も排除される場合があるとしなければ，違法収集証拠排除法則は骨抜きになってしまう。

➡規範

そこで，派生的証拠の証拠能力も否定されうると解する（毒樹の果実の理論）。そして，排除されるか否かは，①第一次的証拠の収集方法の違法の程度，②派生証拠と第一次的証拠との関連性，③派生証拠の重要性等を総合的に考慮して判断すべきである。

➡あてはめ

(2)　これを本問についてみると，本件逮捕に先立って，逮捕令状自体は適法に発付されているし，Aは採尿には任意に応じている。しかし，本件尿鑑定書に先行する本件逮捕には，逮捕時に逮捕状の呈示（刑事訴訟法201条１項。以下法名省略）がなく，逮捕状の緊急執行の手続（同条２項・73条３項）もされていない。しかも警察官K_1らは，この手続的な違法をこ塗するため，本件逮捕状へ虚偽の記載をし，内容虚偽の捜査報告書を作成し，公判廷で事実と反する証言をしている。このような警察官K_1らの態度を考慮すると，本件逮捕の違法性は重大といえる。そして，①第一次的証拠の収集方法たる採尿も，本件逮捕による身体拘束中に行われたという点で本件逮捕と密接な関連性があるといえ，重大な違法性を帯びる。

他方で，本件覚醒剤の差押えは，Aに対する窃盗事件についての捜索差押許可状の執行とあわせて行われたものである。すると，本件覚醒剤は，窃盗事件についての捜索だけからでも不可避的に発見されていたであろう証拠といえる。また，令状審査が介在することによって，捜査機関は令状が却下されるリスクを負うから，本件尿鑑定書があることによって例外なく捜索・差押えが行われるとはいえない。よって，②本件覚醒剤と本件尿鑑定書との関連性は密接なものとまではいえない。

また，覚醒剤自己使用罪および所持罪は密行性の高い直接の被害者のいない犯罪であるから，③本件覚醒剤は，覚醒剤の自己使用および所持の事実にとって決定的に重要な証拠といえる。

➡結論

2　以上の事情を総合的に考慮すると，本件覚醒剤の証拠能力は否定されない。

以上

出題趣旨

派生的証拠の論点は，旧司法試験では2009（平成21）年度，新司法試験では2015（平成27）年に出題されている。違法収集証拠の証拠能力が問題となるのは，直接の証拠獲得手続に違法がある場合にかぎられず，それに先行する手続に違法がある場合もある。そして，後者の場合でも，とりわけ本問のように，違法な先行手続によって獲得された証拠が証拠能力を否定されるときに，それに由来する証拠が証拠能力を有するかが問題となる場面では，一般的に，いわゆる毒樹の果実論による解決が考えられる。第42問の違法性の承継とあわせて，説得的な論述ができるように練習を重ねよう。

論点

派生的証拠の証拠能力（毒樹の果実論）

答案作成上の注意点

1　派生的証拠の証拠能力（毒樹の果実論）

違法に収集された証拠を排除法則によって排除したとしても，その証拠から派生した証拠（典型的には，違法に収集された証拠を疎明資料として発付された捜索差押許可状に基づく捜索によって発見され，差し押さえられた証拠物）の証拠能力が例外なく認められるのであれば，違法収集証拠排除法則は骨抜きになってしまいます。かといって，さまざまな手続が相互に関連し合って進行する刑事訴訟手続において，違法収集証拠として排除された証拠物に関連する証拠物に証拠能力をいっさい認めないのは，真実発見の要請（1条）からして不合理ですし，裁判官を違法収集証拠の排除に対して過度に消極的にさせるかもしれません。

そこで，どの範囲の派生的証拠を排除するかが問題となります。これが，いわゆる毒樹の果実論です。その考慮要素としては，①違法の程度と②両証拠間の関連性がまずあげられますが，③証拠の重要性，④事件の重大性などを追加的に考慮するのが一般的な立場といえるでしょう。答案例では，基本的に上記同様の立場と考えられる最判昭和58年7月12日刑集37巻6号791頁における伊藤正己裁判官の補足意見を参考に，上記①から③までを受けて考慮要素を列記しました。具体的には，同補足意見は，派生的証拠＝第二次的証拠を，単に違法に収集された第一次的証拠となんらかの関連をもつ証拠であるということのみをもって一律に排除すべきではなく，第一次的証拠の収集方法の違法の程度，収集された第二次的証拠の重要さの程度，第一次的証拠と第二次的証拠との関連性の程度等を考慮して総合的に判断すべきものであるとしており，これを参考にしています。

2　不可避的発見の例外

本問のあてはめにおいては，上記の考慮要素を念頭におきながら，具体的な事情をどのように評価していくかがもっとも重要です。

その際に，本件覚醒剤が，違法収集証拠である本件尿鑑定書を疎明資料として発付された覚醒剤使用事件を被疑事実とする捜索差押許可状に基づく捜索が，窃盗事件についての捜索差押許可状の執行とあわせて行われたという事情をどう評価するか，具体的には，このような事情によって，第一次的証拠と第二次的証拠との関連性が弱まると評価できないかが問題となります。

この点，かりに疎明資料がなく，覚醒剤使用事件を被疑事実とする捜索差押許可状が発付されなかったとしても，窃盗事件についての捜索差押許可状に基づく捜索によって覚醒剤が発見されえたので，本件で覚醒剤自体の証拠能力を否定するのはおかしいという立論もありえます。これがいわゆる不可避的発見の例外です。すなわち，他の合法的な方法でも発見収集に必ず到達しえた場合は，違法行為の必然的な結果とはいえないことを理由に，違法収集証拠排除法則の適用除外とすべきとする議論のことです。

本問の素材となった最判平成15年2月14日刑集57巻2号121頁（判例シリーズ95事件）は，上記のような事情の評価に際して，逮捕前に適法に発付されていた窃盗事件についての捜索差押許可状の執行とあわせて行われたものであることなどを考慮したうえで，本件覚醒剤の「差押えと……鑑定書との関連性は密接なものではないというべきである」と判示しています。判例が不可避的発見の例外を承認しているかどうかは別論として，同様の問題意識に立ったうえで，窃盗事件についての捜索差押許可状の執行とあわせて行われたことを，②両証拠間の関連性を弱める事情のひとつにしていると解釈することは十分可能でしょう。

答案例でも，不可避的発見の例外を証拠排除の例外を定めた独立の基準として採用することはしませんでしたが，②派生証拠と第一次的証拠との関連性を判断するうえで考慮すべき事情としてあげています。

3 あてはめに関するその他の事情

本問では，派生証拠の証拠能力（もっと広くいえば，違法収集証拠排除法則）の判断における重要な考慮要素となりうるものがほかにもあるので，簡単に解説します。

まず，前掲最判平成15年が，前記引用部分の前で「司法審査を経て発付された捜索差押許可状によってされたものであること」を，すなわち令状発付段階で裁判官のチェックが入ったことを，②両証拠間の関連性を弱める事情のひとつとしてあげていることに注目しましょう。問題は，なぜ令状審査により第一次的証拠と第二次的証拠の関連性が弱まるのかです。この点，令状審査によって裁判官に違法捜査をチェックする機会が与えられ，これにより，捜査機関としても令状請求を却下されるリスクを負うため，令状主義の精神を没却するとの評価が弱まるから，という説明がありえます。

また，薬物事犯は，直接の被害者のいない，外部から発見・証拠収集しにくい犯罪である（これを密行性と称します）ことから，その犯罪事実の証明において，覚醒剤の現物は決定的に重要な証拠といえます。したがって，本問では薬物事犯であることが③証拠の重大性の判断に影響を与えます。

なお，違法の重大性の判断要素として，捜査機関の意図に着目するのも重要です。手続的な違法をこ塗するために警察官らが逮捕状に虚偽記載をするなどした本問の事情をどう評価するのかについては，第42問の解説を参照してください。

4 違法性の承継と派生証拠の証拠能力の関係

第42問で扱った違法性の承継と，本問で扱っている派生証拠の証拠能力（毒樹の果実論）は，いずれも違法な手続によって直接に収集された証拠ではなく，違法な手続になんらかの関連を有する後行の手続において収集された証拠の証拠能力が問題とされています。両者を適用できる場面が重なっているように思えるため，これらの判断枠組みの関係を，もう一度整理してみましょう。

この点につき，最終的に獲得された証拠の証拠能力を判断すればいいのであって，必ずしも後行の手続が先行する手続の違法性を承継するかを論じる必要はないという立場を前提とすると，両者の関係は以下のように整理できます。

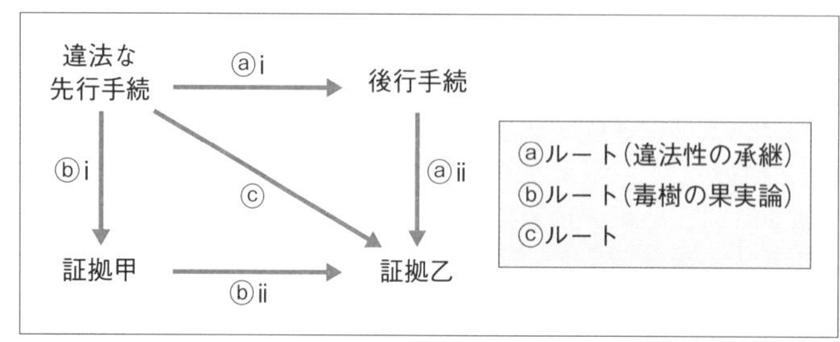

違法性の承継の議論というのは，違法な先行手続によって後行手続が違法性を帯び（ⓐⅰ），後行手続によって獲得された証拠（ⓐⅱ，証拠乙）の証拠能力を問題とするものです。

他方で，毒樹の果実論とは，違法な先行手続によって収集された証拠（ⓑⅰ，証拠甲）が令状発付の疎明資料になるなどして，そこから派生した証拠（ⓑⅱ，証拠乙）の証拠能力を検討することです。

こうしてみると，どちらも実質的には，先行行為の違法性と，その手続と最終的に獲得された証拠の関連性とを特に問題とする枠組みであって，違法性の承継で考えるか毒樹の果実論で考えるかは大差ありません。したがってより端的に，違法な先行行為と最終的な証拠がどのような関連性を有するかという観点をふまえたうえで，直さいに違法収集証拠排除法則によって証拠の証拠能力を検討することも考えられます（ⓒ)。念のため付言しておくと，ⓐ，ⓑ，ⓒのどのルートで検討するかで結論に違いはありません。

【参考文献】

試験対策講座10章５節４【2】・【3】。判例シリーズ93事件，94事件，95事件。条文シリーズ２編３章４節５４(2)。

第44問 B　択一的認定(1)

Aは自宅付近の雪を除雪している際，近くで除雪作業を手伝っていた妻Vを誤って雪の中に埋没させてしまった。雪の中からVを発見したAは，自己になんらかの嫌疑がかかると考え，事故に見せかけ遺棄しようと決意し，Vを国道脇に投げ捨てた。

検察官は，Aについて，本位的訴因を保護責任者遺棄罪，予備的訴因を死体遺棄罪として，公訴を提起した。裁判所は，AがVを遺棄した時点において，Vが生存していたのか，それとも死亡していたのか明らかでないとの心証を得た。

(1)　裁判所は「保護責任者遺棄または死体遺棄」との択一的な事実を認定したうえ，軽い死体遺棄罪で処断することができるか。

(2)　裁判所は死体遺棄の事実のみを認定して，死体遺棄罪で処断することができるか。

【解答へのヒント】

1　小問(1)について

いわゆる明示的択一的認定が問題になっています。本小問のような択一的認定をすることが，どのような原則との関係で問題となるのでしょうか。

2　小問(2)について

いわゆる秘められた択一的認定が問題となります。小問(1)の検討とどのような点が異なり，どのような点が同じなのかをふまえながら答案を作成しましょう。

本小問の事案においては，Vの生死という論理的に択一関係にある事実の存否が問題となっていることにも注意しましょう。

保護責任者遺棄（刑法218条）	死体遺棄（刑法190条）
○ 保護責任者が	× 死体を？
× 生きている者を？	○ 遺棄した
○ 遺棄した	

答案例

第1　小問(1)について

1　本問では，保護責任者遺棄罪（刑法218条前段）または死体遺棄罪（刑法190条）のいずれかが成立することは疑いない。しかし，そのいずれかが確定できない場合，「保護責任者遺棄または死体遺棄」と択一的認定をすることは許されるか。異なる構成要件にまたがる択一的認定（明示的択一的認定）であるため，罪刑法定主義（憲法31条）および利益原則（憲法31条，刑事訴訟法333条1項）に反しないかが問題となる。

論 明示的択一的認定

(1)　この点，罪刑法定主義は，行為の時点において明文として規定されていることを要求するのみならず，有罪判決が許されるために，証明すべき対象が実体法上の構成要件を基準に個別化されることをも要請するものである。そうだとすれば，明示的択一的認定をすることは，合成的構成要件によって処罰することとなり，罪刑法定主義の証明対象の構成要件的個別化の要請に反する。

また，明示的択一的認定は，いずれの事実についても合理的な疑いを超える程度の証明がなされているとはいえず，利益原則にも反する。

そこで，明示的択一的認定は許されないと解する。

➡規範

(2)　本問においても，「保護責任者遺棄または死体遺棄」の事実の択一的認定は許されない。

➡あてはめ

2　よって，裁判所は「保護責任者遺棄または死体遺棄」との択一的な認定をしたうえで，軽い死体遺棄罪で処断することはできない。

➡結論

第2　小問(2)について

1　そうだとしても，保護責任者遺棄罪と死体遺棄罪は遺棄された人体が生体か死体かという点でのみ異なり，論理的択一関係にある。

そこで，被告人に有利な軽い死体遺棄の事実を認定すること（秘められた択一的認定）はできないか。

論 秘められた択一的認定

(1)　たしかに，論理的択一関係にある場合，これを処罰できないとするのは国民の法感情に反する。そのため，秘められた択一的認定を認めるべきとも思える。

しかし，両事実のいずれであるかについてしか証明されていないから，秘められた択一的認定であっても，実質的にみれば合成的構成要件によって処罰するに等しく，罪刑法定主義に抵触する。

また，利益原則は，証拠不十分な事実を存在しなかったと積極的に認定することまで要求するものではないと解される。そうだとすれば，重いほうの事実の不存在を利益原則により認定することはできず，やはり軽いほうの事実は証明されていないというべきである。そのため，証明されていない軽いほうの事実を認定することは，利益原則にも反する。

したがって，論理的択一関係にある場合でも，軽い犯罪事実を認定することは許されないと解する。 ➡規範

(2) 本問においても，被告人に有利な軽いほうの死体遺棄の事実だけを認定することはできない。 ➡あてはめ

2 よって，裁判所は「保護責任者遺棄または死体遺棄」との択一的な事実を認定したうえ，軽い死体遺棄罪で処断することはできない。 ➡結論

以上

出題趣旨

択一的認定は，司法試験では2012（平成24）年，予備試験では2013（平成25）年で出題されている。具体的な事案のあてはめに重きがおかれることの多い刑事訴訟法の問題のなかでは規範の部分をしっかり書くことが求められる分野であり，理解の差が如実に結果に現れる。本問はその規範部分のトレーニングのため，札幌高判昭和61年３月24日判タ607号105頁（判例シリーズ97事件）を素材としている。解いた後には，ぜひ判決文にもあたってほしい。

論点

1　明示的択一的認定
2　秘められた択一的認定

答案作成上の注意点

1　明示的択一的認定

本問では，裁判所は，AがVを遺棄した時点において，Vが生存していたのか，それとも死亡していたのか明らかでないとの心証を得ています。小問(1)では，裁判所がそのような心証を抱いたときに，「保護責任者遺棄または死体遺棄」との択一的な事実を認定したうえでAを処罰できるかが問題となっています。

択一的認定には次の２つの問題があります。まず１つ目として，「Ⓐまたは Ⓑ」という事実を，訴因のように予備的・択一的な記載が明示的に許容されていない判決理由中において，「罪となるべき事実」（335条１項）として示してよいかが問題になります。そして，これを前提として２つ目に，「Ⓐまたは Ⓑ」という事実が認定できても，ⒶまたはⒷのどちらの事実が存在するか認定できない場合には，「犯罪の証明があつたとき」（333条１項）にあたらないのではないかということも問題になります。まず入り口の部分で，どの条文の解釈として検討を行うのかを明らかにしましょう。今回は後者を検討します。

明示的択一的認定の可否を検討するうえで，通説はこれを，同一構成要件内の択一的認定（概括的認定ともよばれます）と，異なる構成要件間の択一的認定とに分けます。本問では，「保護責任者遺棄または死体遺棄」という択一的な事実の認定が問題となっています。保護責任者遺棄罪（刑法218条前段）と死体遺棄罪（刑法190条）の構成要件は異なっているので，異なる構成要件間の択一的認定の場合にあたります。

これらを前提に，利益原則と罪刑法定主義，両者の観点から択一的認定の可否を検討することにしましょう。

2　利益原則

刑事訴訟では「疑わしきは被告人の利益に」の原則（利益原則）が妥当し，犯罪事実の存在が合理的な疑いをいれられないまでに立証されないかぎり，被告人は無罪とされます。この利益原則は，現行の刑事訴訟法上明文はないものの，適正手続の一部として，憲法31条の保障するところです。

さて，利益原則と択一的認定との関係について解説します。異なる構成要件間の択一的認定とは，異なる構成要件にわたって，事実ⒶまたはⒷいずれかであることは合理的な疑いを超える程度の証明がなされているが，そのいずれであるかが判明しない場合に，「ⒶまたはⒷのいずれかである」という認定をすることです。しかしこの場合，事実ⒶもⒷもそれを単独でみたときに，合理的な疑いを超える程度の証明がなされていないのです。したがって，利益原則をそれぞれの事実の認定に際して適用すると，ⒶもⒷも認定できず，犯罪が成立しないことになります。したがって，「Ⓐまたは Ⓑ」という認定をして明示的択一的認定をすることは利益原則に反することになります。

3　罪刑法定主義

罪刑法定主義とは，一定の行為を犯罪とし，これに刑罰を科するためには，あらかじめ成文刑法の規定が存在していなければならないとする原則のことです。ここでのポイントは，どこまでが罪刑法定主義によって要請されているかという点です。罪刑法定主義が，行為の時点においてどんな行為が処罰の対象になるのかを示すという要請にとどまるのであれば，Ⓐと Ⓑという行為がそれぞれ処罰の対象になることが行為の時点で法律によって示されていた場合には，「ⒶまたはⒷ」という認定をして被告人を処罰することが可能です。被告人には，ⒶまたはⒷの行為をしたら処罰されることが予告されていたのですから，そのどちらかを被告人が行ったことが証明できれば，被告を処罰してもその予測可能性を害するとはいえず，問題はないからです。

一方，罪刑法定主義は上記の要請にとどまらず，実体法に規定された個別の構成要件がすべてみたされることによってはじめて処罰が可能になるということまで要請していると考えると，問題が生じます。「ⒶまたはⒷ」という事実を認定してよいとすると，「Ⓐ」罪の構成要件も「Ⓑ」罪の構成要件も完全には証明されていないのに，被告人を処罰することになってしまい，上記の要請に反します。これは，あたかも「ⒶまたはⒷ」という法定されていない構成要件を合成して作出しているのと同じです。答案例の第１の１(1)では，このような罪刑法定主義の理解に立ち，異なる構成要件間の択一的認定である「保護責任者遺棄または死体遺棄」という択一的な事実の認定はできないと結論づけました。合成的構成要件という用語は，正確に理解すれば，択一的認定の問題で罪刑法定主義を検討する際に端的にその理解を示すことができて有効です。ただし，合成的構成要件を作出することがいかなる意味で罪刑法定主義に反するのかは，しっかりとおさえたうえで使用しましょう。

4　秘められた択一的認定

異なる構成要件間の択一的認定について，その明示的択一的認定を否定した場合には，そのうち刑が軽いほうの罪を構成する事実だけを認定して，被告人を処罰することができないでしょうか。これが，小問(2)で問われている問題意識，いわゆる秘められた択一的認定の問題です。Ⓐ事実に対応するⒶ罪，Ⓑ事実に対応するⒷ罪が定められており，Ⓐ事実とⒷ事実がいわゆる論理的択一関係に立つ例で考えてみましょう。

秘められた択一的認定について，これを肯定する考え方は，以下のように説明します。すなわち，Ⓐ事実およびⒷ事実について，ⒶまたはⒷの一方の事実が存在すれば，他方の事実の不存在は自明である。そして，「Ⓐ事実の存在」よりも「Ⓑ事実の存在」を認定した場合のほうが被告人にとって有利であれば，Ⓑ事実の存在を認定しても利益原則に反しないし，「Ⓑ事実の存在」を証明している以上，Ⓑ事実に対応する構成要件をみたしていれば，罪刑法定主義にも反しない，というわけです。

たしかに，Ⓐ事実，Ⓑ事実のいずれかは認められるのに，被告人を処罰できないとするのは，国民の法感情に反するといえるため，このように考えることが妥当とも思われます。

しかし，この見解に対しては，利益原則は，犯罪事実の存在が合理的な疑いを超える程度に立証されないかぎり，その犯罪事実をあるものとして扱うことはできないという原則にすぎず，その犯罪事実が真偽不明の場合に，その犯罪事実の不存在までを積極的に認めるものではないから，「Ⓐ事実の不存在」という事実を認定できることまでを意味しないし，その裏返しとしての「Ⓑ事実の存在」も認定することはできないとの批判があります。この理解に立つと，上記の例で利益原則を適用しても，「Ⓐ事実またはⒷ事実の存在」が証明できるにとどまることになります。

また，前述したように，罪刑法定主義は実体法に規定された個別の構成要件がすべてみたされることによってはじめて処罰が可能になるところまで要請しているとの理解に立つと，「Ⓐ事実またはⒷ事実の存在」が証明されたことを理由に処罰を認めるのは，やはり法定された構成要件に代わる構成要件を解釈によって作出するにほかならず，罪刑法定主義に反するとの批判を免れません。

したがって，答案例では上記のような観点から，秘められた択一的認定についても否定的に解しました。さまざまな見解がありうるところですが，自分の採用した見解と結論は整合的か，小問(1)と(2)でその見解は一貫しているかどうかを確認しましょう。

秘められた択一的認定についての見解

秘められた択一的認定を認めるか否か	理　由
①論理的択一的関係にある場合には肯定する説	○Ⓐまたは Ⓑの一方の事実が存在すれば，他方の事実の不存在は明らかであり，「Ⓐ事実の存在」よりも「Ⓑ事実の存在」を認定した場合のほうが被告人にとって有利であれば，Ⓑ事実の存在を認定しても利益原則には反しない ○「Ⓑ事実の存在」を証明している以上，Ⓑの事実に対応する構成要件をみたしていれば，罪刑法定主義にも反しない
②否定説	○利益原則は「Ⓐ事実の不存在」という事実を認定できることまでを意味しない ○実質的には，合成的構成要件により処罰しているものとみることができるため，罪刑法定主義に反する

【参考文献】

試験対策講座11章３節[3]【1】(1)，試験対策講座・刑法総論２章１節[1]。判例シリーズ97事件。条文シリーズ333条[2] 1 (2)(c)。

第45問 B　択一的認定(2)

Aは，「被告人は令和３年３月14日午前１時ころ，P市Q町１丁目２番先路上において，Vのズボン左後ろポケットから，同人所有の現金５万円在中の財布１点（時価１万円相当）を窃取したものである。」との公訴事実が記載された起訴状により，公訴を提起された。

公判において，Aは，本件は友人のBが計画したものであると主張した。他方，Bは犯行への関与を強く否定する供述をした。そこで検察官Pは，予備的に，Aが「単独でまたはBと共謀のうえ」財布を窃取したとの訴因を追加した。

裁判所は，Aが窃盗罪の実行行為のすべてを行ったことは確かであるが，それがBとの共謀に基づいて行われたのかどうかは明らかでないという心証を抱いた。裁判所はいかなる判決をなすべきか。Aが「単独でまたはBと共謀のうえ」財布を窃取したと認定する場合と，Aが単独で財布を窃取したと認定する場合に分けて検討せよ。

【解答へのヒント】

単独犯か共同正犯か，そのどちらであるかのみが裁判所にとって不明であるという場合に，択一的認定ができるかどうかを検討させる問題です。

まずは，本問の場合に，判決の基礎として裁判所がどのような認定をなしうるのかを考えます。具体的には，訴因のように「単独でまたはBと共謀のうえ」という認定をする場合と，「単独で」犯行を行ったという認定をする場合に分けて検討していくのがセオリーでしょう。

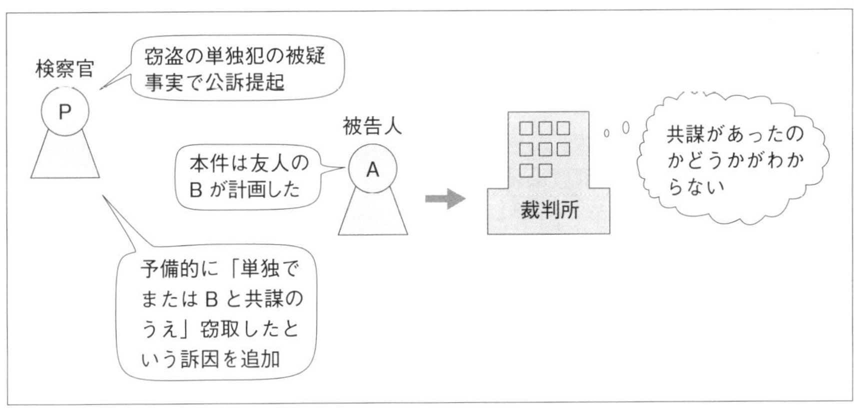

答案例

1　有罪判決をなすためには,「犯罪の証明があつた」(刑事訴訟法333条1項) ことが必要であるところ, 適正手続 (憲法31条) の理念により,「犯罪の証明があつた」とは, 犯罪事実の存在について合理的な疑いを超える程度の証明があることをいい, 合理的な疑いを超える程度の証明がないにもかかわらず有罪を認定することは, 利益原則 (「疑わしきは被告人の利益に」の原則) に反することとなる。

本問では, 裁判所は, 窃盗罪の共同正犯 (刑法60条, 刑法235条) か窃盗罪の単独正犯のどちらであるか明らかでないとの心証を抱いている。この場合, 裁判所は, Aが「単独でまたはBと共謀のうえ」財布を窃取したと認定することはできるか。そのような択一的な認定と利益原則との関係が問題となる。

論 単独犯と共同正犯の択一的認定

(1)　この点, 単独犯か共同正犯かは, 基本形式か修正形式かの違いはあるにせよ, 同一構成要件内に該当する単なる犯行様態の違いにすぎず, 法定刑・処断刑を異にしないので, このような認定をしても被告人に不利益とはいえず, 利益原則に反しないとして, Aについて上記のような認定をすることは可能とも思える。

しかし, 共謀の事実は刑法235条が規定する構成要件とは異なる独立した要件事実であり, AB間の共謀の事実につき合理的な疑いを超える証明がされていないのに, これを択一的に認定することは, 証明されていない犯罪事実を認定することとなり, 利益原則に照らして許されない。

➡規範

(2)　したがって, 裁判所は「単独でまたはBと共謀のうえ」財布を窃取したと認定することはできない。

➡結論

2　では, 裁判所は, Aが単独で財布を窃取したと認定して, 有罪判決をすることができるか。

(1)　この点, 刑法235条は単独犯の場合のみを規定したわけではないと解される。そして, 検察官が単独での犯行という訴因を設定するのは, 共犯者がいる場合を除外して起訴する趣旨ではなく, 正犯として起訴する趣旨だと解される。そうであるならば, ほかに共謀共同正犯者が存在するとしても, 被告人1人の行為により犯罪構成要件のすべてがみたされたと認められる場合には, 裁判所は被告人が正犯者であることにつき合理的な疑いを超える程度の証明がされているとして, これを認定することもできる。

➡規範

(2)　本件についていえば, 裁判所はAが窃盗罪の実行行為のすべてを行ったことについては認定できるので, AとBの共謀が証明されていなくても, Aが正犯者であるという意味において, Aが単独で財布を窃取したという訴因どおりに認定することができる。

➡あてはめ

3　したがって, 裁判所はAが窃盗罪の単独犯であるとの認定をして, 有罪判決をなすべきである。　以上

➡結論

出題趣旨

択一的認定は，司法試験では2012（平成24）年，予備試験では2013（平成25）年で出題されている。本問は，東京高判平成４年10月14日判タ811号243頁，東京高判平成10年６月８日判タ987号301頁，2013（平成25）年の予備試験を素材として，単独犯と共同正犯の択一的認定の可否を問うものである。今後も出題される可能性はあるが，学習の順序から手薄になりやすい分野でもある。しっかりとまず規範を書けるようにしておこう。

論点

単独犯と共同正犯の択一的認定

答案作成上の注意点

1　利益原則と択一的認定

択一的認定が問題となる事案では，そもそもなぜ択一的認定を認めない見解がありうるのかについて，しっかり理解しておく必要があります。

罪刑法定主義との関係も問題となりえますが，ここで問題にしたいのは利益原則です。刑事訴訟では「疑わしきは被告人の利益に」の原則（利益原則）が妥当し，犯罪事実の存在が合理的な疑いをいれられないまでに立証されないかぎり被告人は無罪とされます。この利益原則は，現行の刑事訴訟法上明文はないものの，適正手続の一部として，憲法31条の保障するところに属します。利益原則について言及する際には，憲法上の根拠にも触れるようにしましょう。

さて，利益原則と択一的認定との関係について解説します。択一的認定は，同一構成要件内の択一的認定と，異なる構成要件間の択一的認定に分けて考えるのが通説です。ここでは後者に絞ってみていくことにしましょう。

異なる構成要件間の択一的認定とは，異なる構成要件にわたって，事実A・Bいずれかであることは合理的な疑いを超える程度の証明がなされているが，そのいずれであるかが判明しない場合に，「AまたはBのいずれかである」という認定をすることです。しかしこの場合，事実AもBもそれを単独でみたときに，合理的な疑いを超える程度の証明がなされていません。したがって，利益原則をそれぞれの事実の認定に際して適用すると，AもBも認定できず，犯罪が成立しないことになります。また，かりにBを認定するとAを認定したときより刑罰が軽くなって被告人に有利であるということを根拠に，単に「B」という認定をした場合にも，「B」事実自体が証明されていないという批判は同様に妥当します。

そうはいっても，実際に犯罪が行われたこと自体（それに加えて，A・Bどちらかの事実は必ず存在すること）は裁判所にとっても明らかであるのに，A・Bどちらの事実であるかが認定できないことによって，両方とも処罰できないのは不合理であるとの考え方もあるでしょう。そこから，利益原則を適用して，「Aでないこと」を認定するという方法が提案されました。すなわち，Bを認定するとAを認定したときより刑罰が軽くなって被告人に有利であるような場合には，利益原則を事実Aに適用すると，被告人の利益になるように「Aでないこと」が証明され，その結果，論理的択一関係にある「Bであること」が証明されるというのです（秘められた択一的認定）。

しかしこれに対しては，利益原則は，犯罪事実の存在が合理的な疑いを超える程度に立証されないかぎり，その犯罪事実をあるものとして扱うことはできないという原則にすぎず，その犯罪事実が真偽不明の場合に，その犯罪事実の不存在までを積極的に認めるものではないという批判があり，この見解に従うと，利益原則をAに適用して「Aでないこと」を証明することはできません。

つまり，利益原則の解釈によって，択一的認定の場面での結論が変わりうるのです。

2　単独犯と共同正犯の択一的認定

では，単独犯と共同正犯の場合の択一的認定について考えてみましょう。以下では，本問のように被告人の行為によって犯罪構成要件のすべてがみたされており，共謀の有無だけが不明なケースを考えます。

まず，単独犯と共同正犯いずれかであることは合理的な疑いを超える程度の証明がなされているが，そのいずれであるかが判明しない場合に，単独犯と共同正犯というそれぞれの事実がどのような関係に立っているのかを考える必要があります。

もし，共同正犯は修正構成要件であって単独正犯とは行為態様を異にするにとどまると解し，単独犯または共同正犯という認定が同一構成要件内の択一的認定である（またはそれに類する）と考えると，その具体的な事実を，「単独犯または共同正犯」として認定することも，それが「罪となるべき事実」（刑事訴訟法335条１項）の特定の見地から十分であれば可能です。こちらの見解に立って解答を書くことも十分可能でしょう。

他方で，共同正犯も別個の構成要件であると解し，単独犯または共同正犯という認定をすることが，異なる構成要件内の択一的認定である（またはそれに類する）と考えると，1で解説した利益原則との関係から，そのような択一的な認定をすることは，共同正犯における共謀という証明されていない事実を認定することになり，許されません。

そうだからといって，ここで単純に単独犯であることを認定することも許されません。なぜなら，「共謀の事実が証明できないのだから単独犯であることが証明される」という意味で，1の秘められた択一的認定の問題が生じるからです。

したがって，単独犯または共同正犯という認定をすることが異なる構成要件内の択一的認定であると考える場合には，被告人の行為によって犯罪構成要件のすべてがみたされていることが証明できているのにもかかわらず，利益原則との関係で，共謀の有無が不明であることによって被告人を処罰することができないという結論になりかねないのです。

3　択一的認定によらない解決

そこで，択一的認定の問題に立ち入らないで解決するアプローチを検討します。

ここまで，単独犯か共同正犯かは，共謀という事実の存否によって決まると考えてきました。

しかし，「単独犯」という訴因の記載を「正犯」として解釈できるならば，問題は異なります。すなわち，検察官が訴因に単独犯と記載している意図を，「被告人を共犯ではなく単独犯として起訴する」とみるのではなく，「共犯であるかもしれないが，少なくとも被告人は正犯としての罪責を負う」とみるのです。そうすると，被告人の行為によって犯罪構成要件のすべてがみたされている以上，被告人が正犯であることは合理的な疑いを超える程度に証明されているといえるので，被告人を正犯として処罰することは何の問題もありません。

このような解釈は，窃盗の単独犯として起訴された被告人が，他に共犯者がいることを理由に単独犯という認定を事実誤認として争った事案で，被告人１人の行為によって犯罪構成要件はすべてみたされることを理由に，他に共謀共同正犯者が存在するとしても「訴因どおりに犯罪事実を認定することが許される」と判示した最決平成21年７月21日刑集63巻６号762頁に整合的です。

以上のように考えると，単独犯の訴因で起訴された被告人の単独の犯行を認定して処罰することは，正犯として起訴された被告人を正犯として処罰することにほかなりませんから，択一的認定の問題は生じません。

最後にあげた部分は難しいので，まずは同一構成要件なのか，異なる構成要件間なのかに分けて択一的認定の可否をしっかりと検討しましょう。択一的認定については，罪となるべき事実が異なるかどうかによって場合分けしていく考え方もありますが，ここでは省略します。

【参考文献】

試験対策講座11章３節3。判例シリーズ97事件。条文シリーズ333条2 1⑵(c)。

第46問 B　一事不再理効

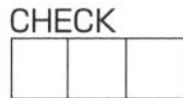

Aは，令和元年６月28日から令和３年９月15日までの間に，関西，北陸，九州，四国等の各地において31回にわたり，現金合計37万円および時価合計約４億円余りの物品を窃取した。これらはいずれも，深夜に，専用の器具で窓ガラスの一部を切除して解錠し，家屋に侵入するという態様で行われた。

Aは，令和４年５月19日に逮捕され，同年10月22日H地方裁判所において，令和３年６月20日に犯した窃盗の罪により懲役１年８か月の実刑判決を受け，同判決は令和４年11月６日確定した（この確定判決を経た事件を「本件前訴」とする）。

⑴　検察官はその後，令和元年６月28日から令和３年９月15日までの間の31回の窃盗行為のうち，確定判決を経ていない30回の窃盗行為につき，単純窃盗の訴因によりAを起訴した（この事件を「本件後訴①」とする）。裁判所は，判決で免訴の言渡しをすべきか。

⑵　検察官が上記期間の30回の窃盗行為を，⑴とは異なり，常習特殊窃盗の訴因により起訴した（この事件を「本件後訴②」とする）。裁判所は，判決で免訴の言渡しをすべきか。

【解答へのヒント】

1　小問⑴について

一事不再理効の問題は，具体的な事案のあてはめに入る前に，どのような枠組みでそれを検討するのかが重要です。一事不再理効に関係する免訴事由について定めた条文を正確に適示するところから，検討をスタートしましょう。

また，本問では一事不再理効が及ぶ範囲が問題となります。関連する判例の判示内容をふまえたうえでどの範囲で一事不再理効が及ぶかの判断基準を導出したら，前訴も後訴も単純窃盗である本小問について端的な判断を行いましょう。

2　小問⑵について

本小問では，後訴でAが常習特殊窃盗罪の訴因で起訴されています。小問⑴で導いた基準に沿って判断すれば十分です。ただし，答案に書くか書かないかとは別に，後訴が常習窃盗の場合と単純窃盗の場合とで，扱いを変える必要があるとすればそれはなぜなのかを考えながら検討するようにしましょう。また，その際には刑事実体法における罪数論の知識も不可欠です。

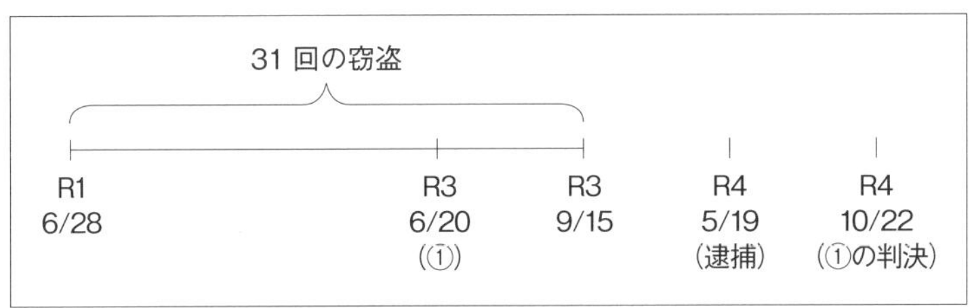

答案例

第１　小問⑴

1　本件前訴の判決が確定しているため，裁判所は本件後訴①において「確定判決を経た」として判決で免訴の言渡し（刑事訴訟法337条１号。以下「刑事訴訟法」法名省略）をすべきか。「確定判決を経た」として，一事不再理効の及ぶ範囲が問題となる。

論 一事不再理効の及ぶ範囲

⑴　この点，同一の刑事事件について再度の起訴を許さないとする一事不再理効の趣旨は，被告人が一度訴追の負担を課されたならば，同一犯罪について再度訴追・処罰の危険にさらすことを禁じるという二重の危険の原則を全うする点にある（憲法39条前段後半，後段）。

そして，審判対象たる訴因は「公訴事実の同一性」の範囲内で変更可能であり（312条１項），被告人はその範囲で訴追・処罰される危険にさらされている。

そこで，「公訴事実の同一性」の範囲内で，一事不再理効が及ぶと解する。

➡ 規範①

そのうえで，「公訴事実の同一性」とは，公訴事実が単一であることを意味するところ，「確定判決を経た」かどうかは，前訴・後訴の両訴因間で公訴事実が単一であるかどうかで判断する。

➡ 規範②

なお，審判対象は訴因なので訴因のみを基準に単一性を検討するのが原則であるが，訴因外の事実を考慮する契機が存在する場合には，例外的に同事実をも基準に単一性を検討する。

⑵　たしかに，本件前訴で審理された窃盗は，本件後訴①の審判対象となっている多数回の窃盗が行われた期間内に行われており，深夜に，同じ専用の器具を使用して窓から侵入するという行為の態様に照らしても，実体的に１つの常習特殊窃盗罪を構成し，公訴事実が単一であるとも思える。

➡ あてはめ

しかし，本件前訴と本件後訴①のいずれの訴因も常習として窃盗を行った旨の記載はないため，常習性という訴因外の事実を考慮する契機が存在しない以上，本件では訴因のみを基準に単一性を判断すべきである。

そして，本件前訴と本件後訴①の訴因を比較すると，それらは別の機会に行われた別個の窃盗であるので，両者は併合罪の関係にあり，公訴事実は単一でない。

⑶　したがって，「確定判決を経た」といえない。

2　よって，裁判所は判決で免訴の言渡しをすべきでない。

➡ 結論

第２　小問⑵

1　本件後訴②において，「確定判決を経た」といえるかを，小問⑴と同じ基準で検討する。

論 一事不再理効の及ぶ範囲

本件後訴②の訴因は常習特殊窃盗である。したがって，小問⑴と異なり，前訴と訴因のみを比較した場合にも，前

➡ あてはめ

訴の窃盗が常習性の発露として行われたかという訴因外の事実を考慮する契機が存在するといえる。そして，その点につき付随的に心証形成を行った場合，本件前訴で審理された窃盗は，本件後訴②で審判対象となっている窃盗と実体的には1つの常習特殊窃盗罪を構成するのであるから，公訴事実が単一であるといえる。

➡結論

2　したがって，後訴②は「確定判決を経た」といえ，裁判所は判決で免訴の言渡しをすべきである。

以上

出題趣旨

一事不再理効は，予備試験で2020（令和２）年に出題された。前提として刑事実体法の理解も必要となってくるのに加えて，学習するうえで対策が手薄になりやすい分野でもある。まずは基本をおさえよう。本問は，高松高判昭和59年１月24日判時1136号158頁の事例をモデルにして出題した。

論点

一事不再理効の及ぶ範囲

答案作成上の注意点

1　一事不再理効の根拠

一事不再理効の原則とは，審判がすんだ以上，同じ事件は二度と取り上げないという原則です。憲法39条前段後半では「既に無罪とされた行為について」，同条後段では「同一の犯罪について，重ねて」刑事上の責任を問われないと規定されており，これはそれぞれ，無罪判決と有罪判決が確定した場合に，同じ事件について再度の公訴提起を行わないという一事不再理効の原則を宣言したものとされています。この憲法39条を受けて，刑事訴訟法337条１号は，「確定判決を経たとき」に，判決で免訴の言渡しをすると定めています。そこで，一事不再理効の問題では，憲法39条と刑事訴訟法337条１号を指摘したうえで，刑事訴訟法337条１号の解釈問題，すなわち前訴との関係で，後訴が「確定判決を経たとき」にあたるかどうかというフレームで検討していくのが王道でしょう。一事不再理効の問題は取り掛かりの部分がまず難しいので，ここは大きなポイントです。

さて，一事不再理効が及ぶ範囲を検討するために，一事不再理効の根拠を確認しておく必要があります。憲法39条は，二重の危険の原則，すなわち個人は一定の犯罪について，一度だけ苦しむことを余儀なくされるが，国家に訴追の機会が与えられた以上，再度の起訴を許すべきではないという原則に由来するものだとされており，判例もこれを確認しています（最判昭和25年９月27日刑集４巻９号1805頁〔百選A46事件〕）。ここから，一事不再理効の及ぶ範囲の問題が，前訴において，どの範囲で被告人が訴追・処罰される危険にさらされていたか，という問題であることが明らかになります。答案例でも短くこの点について確認しました。

なお，一事不再理効はいわゆる内容的確定力との関係も問題になりえますが，その関係をストレートに問う問題以外は深入りしないのが，答案戦略上は賢明といえるでしょう。通説的な見解に立てば，実体裁判の内容的確定力によって再訴が禁じられる場合には，一事不再理効によっても再訴が禁じられるからです。これより先は各自の学習に委ねます。

2　一事不再理効の及ぶ範囲（原則）

一事不再理効の及ぶ範囲の問題は，前訴において，どの範囲で被告人が訴追・処罰される危険にさらされていたか，という問題でした。検察官が訴因変更（刑事訴訟法312条１項）によって訴因に取り込みうる事実，すなわち同項の「公訴事実の同一性」のある範囲の事実においては，検察官が前訴において訴因変更を行えば被告人が処罰される可能性が生じているのですから，少なくとも確定判決の訴因と「公訴事実の同一性」のある範囲の事実については，一事不再理効が及ぶといえます。

では，「公訴事実の同一性」をどのように判断すればいいのでしょうか。本問では，公訴事実の単一性が問題となっているところ，訴因のみを比較するのか，訴因以外の事実をも考慮するのかで結論が異なるので，どのように判断すればよいのかが問題となります。そこで，一事不再理効との関係で公訴事実の同一性が問題となった判例を確認しましょう。最判平成15年10月７日刑集57巻９号1002頁（判例シリーズ100事件）は，「公訴事実の単一性についての判断は，基本的には，前訴及び後訴の各訴因のみを基準としてこれらを比較対照する」のが相当であると述べています。この判示の「公訴事実の単一性」を「公訴事実の同一性」と同視するならば，「基本的には」前訴と後訴の訴因のみを比較対照することによって公訴事実の同一性を判断すべきであるということになります。

では，訴因外の事情として常習性の発露を考慮することはできるでしょうか。複数の窃盗罪の公訴事実があった場合に，常習性の発露が認められると，それらの窃盗罪は常習特殊窃盗罪として一罪を構成するので，公訴事実の単一性が認められることになります。

前掲最判平成15年は，本問と同様に，実体的には常習特殊窃盗罪を構成するとみられる窃盗行為が単純窃盗罪として起訴され，確定判決があった後，確定判決前に犯された余罪の窃盗行為（実体的には確定判決を経由した窃盗行為とともに１つの常習特殊窃盗罪を構成するとみられるもの）が，前訴同様に単純窃盗罪として起訴されたケースです。この事件で裁判所は，前訴および後訴の訴因がともに単純窃盗罪であって，両訴因を通じて常習性については争われておらず，かつ常習性について争う契機も存在しなかったことを理由に，常習特殊窃盗による一罪の観点をもち込む必要はないとしました。このように考えて，前訴と後訴の訴因のみを比べると，両者は併合罪の関係に立つため，一罪を構成しません。したがって，前訴と後訴の訴因は公訴事実の単一性を欠き，一事不再理効は後者に及ばないことになるのです。

よって，小問⑴については，上記の基準に従えば，両者はその訴因のみから一罪を構成しないことは明らかであり，前訴の一事不再理効は後訴には及ばないので，裁判所は後訴において免訴の判決をすべきでないことになります。

3 一事不再理効の及ぶ範囲（例外）

「基本的には」と前掲最判平成15年がいうように，前訴後訴の公訴事実の同一性を訴因の比較対照のみによって判断する基準には例外があります。それは，前訴後訴どちらかの訴因が常習窃盗罪（ここでは前掲最判平成15年に倣い，常習特殊窃盗罪または常習累犯窃盗罪をあわせたものをさす）である場合です。先ほどの基準をそのまま適用すれば，単純窃盗と常習窃盗は併合罪の関係に立つので，この場合も前訴の一事不再理効は後訴に及びません。しかし，本問の事例に即して考えれば，本問の31回の窃盗行為は，常習窃盗として一罪を構成するはずでした。それなのに，後訴の常習窃盗罪の一部を構成するはずの１回の窃盗行為について前訴で確定判決を経ている場合に，残りの窃盗行為につき常習窃盗罪の成立を認めてしまうと，31回の窃盗行為を常習窃盗として処罰したときよりも刑が重くなってしまいます。この結果は被告人に不利益であり，修正の必要があるのです。

そこで，前述の基準が訴因の比較対照のみで公訴事実の単一性を判断していたのを一部修正して，前訴後訴どちらかの訴因が常習窃盗罪である場合，裁判官が付随的に心証を形成し，前訴と後訴の公訴事実の単一性を判断してよいとします。どちらかの訴因が常習窃盗である場合は，裁判官にとって常習性についてうかがうべき事情があり，「一方の単純窃盗罪が他方の常習窃盗罪と実体的に一罪を構成するかどうかにつき検討すべき契機が存在する」（前掲最判平成15年の傍論）からです。

小問⑵は同様の事案ですから，前訴と後訴に公訴事実の単一性が認められ，一事不再理効が後訴に及ぶといえます。したがって，裁判所は後訴では免訴判決をすべきということになるでしょう。

答案例では，小問の⑴と⑵の両方に適用にできるように，「審判対象は訴因なので訴因のみを基準に単一性を検討するのが原則であるが，訴因外の事実を考慮する契機が存在する場合には，例外的に同事実をも基準に単一性を検討する」という基準を立てました。このように，設問の関連性が強い問題の場合には，因数分解のように全体を見通したうえで構成することが求められます。司法試験・予備試験に合格するためには，かぎられた時間で整理された答案を書くことが不可欠です。最初は簡単なものでよいですから，答案構成の練習も重ねましょう。

【参考文献】

試験対策講座12章２節1【1】，3【1】⑹。判例シリーズ100事件。条文シリーズ２編３章５節4，337条。

♠伊藤　真（いとう　まこと）

1958年東京で生まれる。1981年，大学在学中に１年半の受験勉強で司法試験に短期合格。同時に，司法試験受験指導を開始する。1982年，東京大学法学部卒業，司法研修所入所。1984年に弁護士登録。弁護士としての活動とともに，受験指導を続け，法律の体系や全体構造を重視した学習方法を構築する。短期合格者の輩出数，全国ナンバー１の実績を不動のものとする。

1995年，憲法の理念をできるだけ多くの人々に伝えたいとの思いのもとに，15年間培った受験指導のキャリアを生かし，伊藤メソッドの司法試験塾をスタートする。現在は，予備試験を含む司法試験や法科大学院入試のみならず，法律科目のある資格試験や公務員試験をめざす人たちの受験指導のため，毎日白熱した講義を行いつつ，「一人一票実現国民会議」および「安保法制違憲訴訟の会」の発起人となり，社会的問題にも積極的に取り組んでいる。

「伊藤真試験対策講座〔全15巻〕」（弘文堂刊）は，伊藤メソッドを駆使した本格的テキストとして受験生のみならず多くの読者に愛用されている。他に，「伊藤真ファーストトラックシリーズ〔全７巻〕」「伊藤真の判例シリーズ〔全７巻〕」「伊藤真新ステップアップシリーズ〔全６巻〕」「伊藤真実務法律基礎講座」など読者のニーズにあわせたシリーズを刊行中である。

（一人一票実現国民会議 URL：https://www2.ippyo.org/）

伊藤塾
〒150-0031　東京都渋谷区桜丘町17-5　03(3780)1717
https://www.itojuku.co.jp

刑事訴訟法【新伊藤塾試験対策問題集：論文⑤】

2022（令和4）年5月30日　初版1刷発行

監修者　伊藤　真
発行者　鯉渕友南
発行所　株式会社　弘文堂　101-0062　東京都千代田区神田駿河台1の7
TEL 03(3294)4801　振替 00120-6-53909
https://www.koubundou.co.jp

装丁　笠井亞子
印刷　三美印刷
製本　井上製本所

ISBN978-4-335-30431-6

伊藤塾呉明植基礎本シリーズ

愛弟子の呉明植が「伊藤真試験対策講座」の姉妹シリーズを刊行した。切れ味鋭い講義と同様に、必要なことに絞った内容で分かりやすい。どんな試験でも通用する盤石な基礎を固めるには最適である。　伊藤塾塾長　伊藤　真

▶どこへいっても通用する盤石な基礎を固める入門書
▶必要不可欠かつ必要十分な法的常識が身につく
▶各種資格試験対策として必要となる論点をすべて網羅
▶一貫して判例・通説の立場で解説
▶シンプルでわかりやすい記述
▶つまずきやすいポイントをライブ講義感覚でやさしく詳説
▶書き下ろし論証パターンを巻末に掲載
▶書くためのトレーニングもできる
▶論点・項目の重要度がわかるランク付け
▶初学者および学習上の壁にぶつかっている中級者に最適

憲法［第2版］	3000円
民法総則［第2版］	3000円
物権法・担保物権法	2500円
債権総論	2200円
債権各論	2400円
親族・相続	
刑法総論［第3版］	2800円
刑法各論［第3版］	3000円
商法(総則・商行為)**・手形法小切手法**	
会社法	
民事訴訟法	
刑事訴訟法［第3版］	3900円

弘文堂

＊価格(税別)は2022年5月現在